GIS与考古学空间分析实践教程

GIS YU KAOGUXUE KONGJIAN FENXI SHIJIAN JIAOCHENG

张海 著

北京大学出版社
PEKING UNIVERSITY PRESS

图书在版编目(CIP)数据

GIS 与考古学空间分析实践教程/张海著. —北京：北京大学出版社，2018.9

（博雅大学堂·考古文博）

ISBN 978-7-301-29714-8

Ⅰ.①G… Ⅱ.①张… Ⅲ.①地理信息系统—应用—考古学—教材 Ⅳ.①K851-39

中国版本图书馆 CIP 数据核字（2018）第 169215 号

书　　名	GIS 与考古学空间分析实践教程 GIS YU KAOGUXUE KONGJIAN FENXI SHIJIAN JIAOCHENG
著作责任者	张　海　著
责任编辑	谭　燕　赵　阳
标准书号	ISBN 978-7-301-29714-8
出版发行	北京大学出版社
地　　址	北京市海淀区成府路 205 号　100871
网　　址	http://www.pup.cn　新浪微博：@北京大学出版社
电子信箱	pkuwsz@126.com
电　　话	邮购部 62752015　发行部 62750672　编辑部 62765910
印刷者	北京中科印刷有限公司
经销者	新华书店
	965 毫米 × 1300 毫米　16 开本　彩插 4　21.75 印张　341 千字 2018 年 9 月第 1 版　2018 年 9 月第 1 次印刷
定　　价	58.00 元

未经许可，不得以任何方式复制或抄袭本书之部分或全部内容。

版权所有，侵权必究

举报电话：010-62752024　电子邮箱：fd@pup.pku.edu.cn

图书如有印装质量问题，请与出版部联系，电话：010-62756370

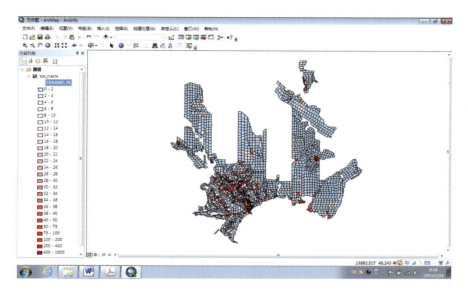

彩图1 Kythera岛考古调查由网格记录的地表陶片密度

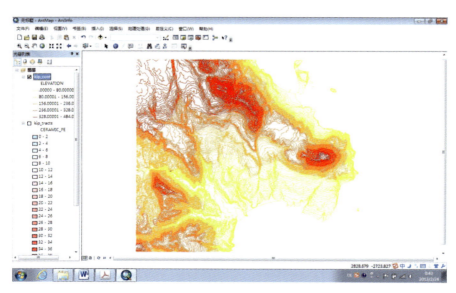

彩图2 按照颜色分级显示的Kythera岛考古调查区域的等高线

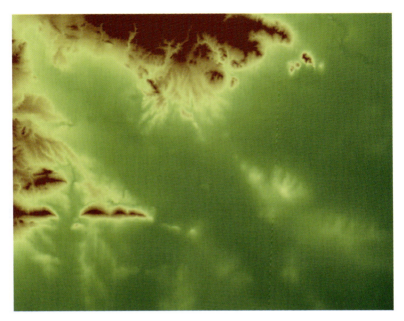

彩图3 按绿—黄—褐色显示的数字高程模型

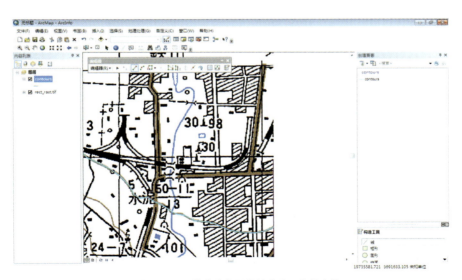

彩图4 ArcGIS软件编辑器描绘完半一条等高线

彩图5 GeoEye彩色合成影像(3-2-1波段)

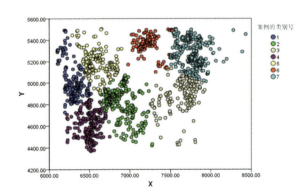

彩图6 分组数为7的k均值聚类结果

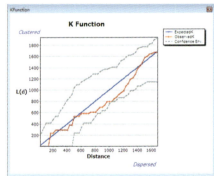

彩图7 新石器时代遗址Ripley's k分析结果

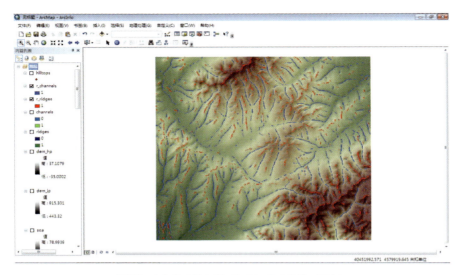

彩图8 重分类后的山脊（红色）和山谷线（蓝色）

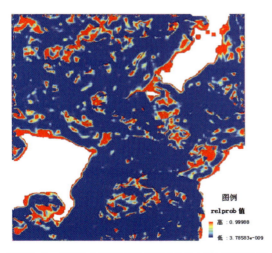

彩图9 ArcGIS软件以概率形式记录的考古遗址预测模型

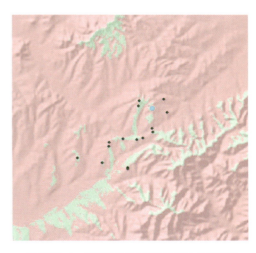

彩图10 ArcGIS软件牛河梁1号遗址点的视域

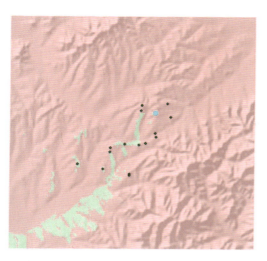 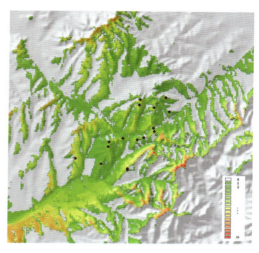

彩图11 ArcGIS软件牛河梁遗址1号地点俯视西南方向的视域范围

彩图12 ArcGIS软件牛河梁16处遗址点的积累视域

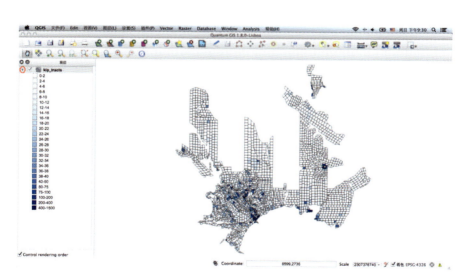

彩图13 QGIS软件Kythera岛考古调查由网格记录的地表陶片密度

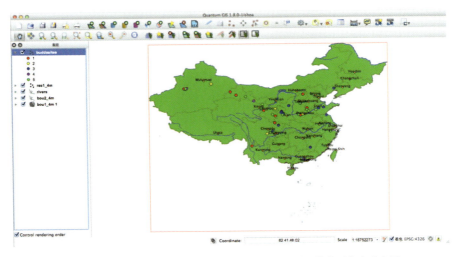

彩图14　按批次分颜色显示的全国重点文物保护单位之佛教石窟寺分布图

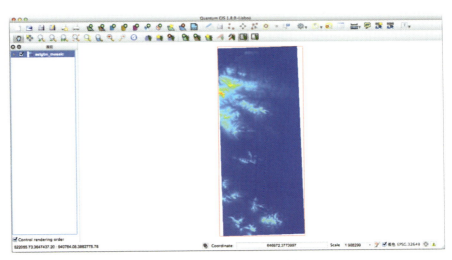

彩图15　伪彩色显示的镶嵌后的栅格图层

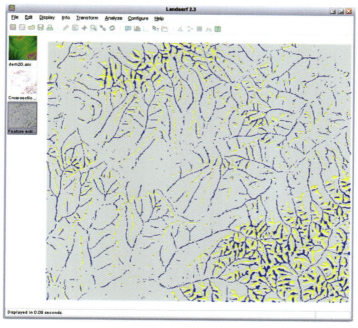

彩图16 地形特征

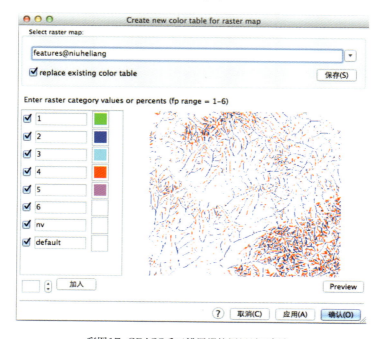

彩图17 GRASS手工设置栅格图层显示颜色

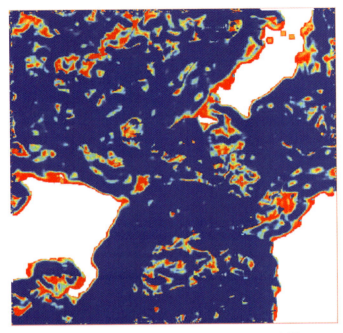

彩图18 GRASS GIS软件以概率表示的考古遗址预测模型

彩图19 GRASS GIS软件1号地点视域（竖直角表示）

目　录

前　言 ·· 1

上编　商业软件篇（ArcGIS）

第一章　**GIS 桌面产品 ArcGIS 介绍** ·· 3
　一　ArcGIS 简介 ·· 3
　二　ArcGIS Desktop 的界面与初步使用 ·· 4
第二章　**地图与地理坐标系** ·· 11
　一　定义地图的地理坐标系 ·· 11
　二　添加地理坐标点 ·· 16
　三　坐标系统的转换 ·· 19
第三章　**矢量数据的采集（一）** ··· 23
　一　DXF 格式数据的导入 ·· 23
　二　E00 格式数据的导入 ··· 28
第四章　**矢量数据的采集（二）** ··· 33
　一　数字栅格图的地理配准与矢量化 ·· 33
　二　高级矢量化与空间信息的提取 ··· 42
第五章　**空间数据的处理** ··· 51
　一　矢量图形的处理 ·· 51
　二　栅格图层的处理 ·· 56
第六章　**地理数据库与空间数据的汇总、查询与展示** ··························· 62
　一　矢量数据的关联、连接、汇总、查询与展示 ···································· 62
　二　栅格数据的查询与统计 ·· 72
第七章　**空间数据的表面插值** ··· 77
　一　常用表面插值法 ·· 77
　二　密度分析 ·· 82

第八章　数字高程模型及其精度评估 ……………………………………… 88
　　一　利用 ArcGIS 水文模型生成 DEM …………………………………… 89
　　二　不同插值方法生成 DEM 及其精度评估 …………………………… 93
第九章　空间定量分析（一） ……………………………………………… 98
　　一　景观考古调查与线性回归分析 ……………………………………… 98
　　二　基于空间统计的非参数检验 ……………………………………… 100
第十章　空间定量分析（二） ……………………………………………… 105
　　一　k 均值聚类 ………………………………………………………… 105
　　二　点的空间分布模式 ………………………………………………… 112
第十一章　栅格数据的计算与地形特征的提取 …………………………… 117
　　一　栅格图层的高低通道分析 ………………………………………… 117
　　二　地形特征的提取 …………………………………………………… 120
第十二章　考古遗址预测模型 ……………………………………………… 126
　　一　考古遗址预测模型 ………………………………………………… 126
　　二　构建考古遗址预测模型 …………………………………………… 127
　　三　模型的评估 ………………………………………………………… 135
第十三章　基于数字高程模型的 GIS 水文分析 …………………………… 138
第十四章　土壤侵蚀模型 …………………………………………………… 144
　　一　土壤侵蚀模型 ……………………………………………………… 144
　　二　构建 USLE 模型 …………………………………………………… 146
　　三　构建 USPED 模型 ………………………………………………… 148
第十五章　GIS 成本面分析 ………………………………………………… 151
　　一　ArcGIS 空间同向成本面分析 ……………………………………… 152
　　二　Idrisi 空间同向成本面分析 ………………………………………… 158
　　三　Idrisi 空间异向性成本面分析 ……………………………………… 165
第十六章　GIS 视域分析 …………………………………………………… 168
　　一　简单视域分析 ……………………………………………………… 168
　　二　复杂视域分析 ……………………………………………………… 172

下编　开源软件篇（QGIS + GRASS）

第一章　开源 GIS 软件 QGIS 与 GRASS GIS 介绍 ……………………… 177
　　一　QGIS 简介与初步使用 …………………………………………… 177

二　GRASS GIS 的简介与初步使用…………………………… 183
第二章　**地图与地理坐标系**……………………………………… 189
　　一　定义地图地理坐标系…………………………………… 189
　　二　添加地理坐标点………………………………………… 193
第三章　**矢量数据的采集（一）**………………………………… 197
　　一　DXF 格式数据的导入 ………………………………… 197
　　二　E00 格式数据的导入 ………………………………… 201
第四章　**矢量数据的采集（二）**………………………………… 205
　　一　数字栅格图的地理配准与矢量化……………………… 205
　　二　高级矢量化与空间信息的提取………………………… 211
第五章　**空间数据的处理**………………………………………… 218
　　一　矢量图形的处理………………………………………… 218
　　二　栅格数据的处理………………………………………… 223
第六章　**地理数据库与空间数据的汇总、查询与展示**………… 229
　　一　矢量数据的汇总、连接、查询与展示………………… 229
　　二　栅格数据的查询与统计………………………………… 235
第七章　**空间数据的表面插值**…………………………………… 239
　　一　常用表面插值法………………………………………… 239
　　二　密度分析………………………………………………… 242
第八章　**数字高程模型及其精度评估**…………………………… 249
　　一　GRASS 的 r.surf.contour 模块插值 DEM …………… 250
　　二　不同插值方法生成 DEM 及其精度评估 ……………… 252
第九章　**空间定量分析（一）**…………………………………… 256
　　一　景观考古调查与线性回归分析………………………… 256
　　二　基于空间统计的非参数检验…………………………… 257
第十章　**空间定量分析（二）**…………………………………… 262
　　一　k 均值聚类 ……………………………………………… 262
　　二　点的空间分布模式……………………………………… 265
第十一章　**栅格数据的计算与地形特征的提取**………………… 271
　　一　栅格图层的高低通道分析……………………………… 271
　　二　空间尺度分析与地形特征的提取……………………… 273
第十二章　**考古遗址预测模型**…………………………………… 279
　　一　考古遗址预测模型……………………………………… 279

二　构建考古遗址预测模型 …………………………………… 280
　　三　模型有效性评估 …………………………………………… 290
第十三章　基于数字高程模型的 GIS 水文分析 ………………… 293
　　一　基于 r.watershed 模块的简单水文分析 ………………… 293
　　二　基于 r.stream.* 模块的复杂水文分析 …………………… 296
第十四章　土壤侵蚀模型 …………………………………………… 302
　　一　土壤侵蚀模型 ……………………………………………… 302
　　二　构建 USLE 模型 …………………………………………… 304
　　三　构建 USPED 模型 ………………………………………… 306
第十五章　GIS 成本面分析 ………………………………………… 311
　　一　空间同向成本面分析 ……………………………………… 312
　　二　空间异向成本面分析 ……………………………………… 316
第十六章　考古遗址资源域与 XTENT 模型 ……………………… 320
　　一　考古遗址资源域 …………………………………………… 320
　　二　XTENT 模型计算中心聚落的领域 ……………………… 322
第十七章　GIS 视域分析 …………………………………………… 327
　　一　简单视域分析 ……………………………………………… 327
　　二　复杂视域分析 ……………………………………………… 330
　　三　视觉网络分析 ……………………………………………… 334

参考文献 ………………………………………………………………… 337

前　　言

作为"时空解释的新手段"，GIS（地理信息系统）技术应用于考古学和文化遗产管理已经不再是新鲜之事。尤其对考古学空间分析而言，GIS技术带来了从方法到理念上的全新变革，推动了"景观考古学"的大发展。毫不夸张地说，GIS技术已经成为考古学研究和文化遗产管理不可或缺的重要工具。

与其他科技考古手段一样，"GIS考古"的发展也大致经历了三个阶段：从最初考古工作者开始对GIS感兴趣，并尝试求教于从事计算机和GIS的技术人员解决一些考古问题；再到考古工作者和GIS技术人员共同参与设计考古和文化遗产管理项目；进而到具有计算机语言背景的考古工作者使用GIS语言思考考古问题，建构解释模型。可以看到，GIS与考古的融合不仅仅是技术和方法的深入，更是研究者自身交叉研究素质的提高。因此，对于考古学研究者和文化遗产管理者而言，系统地学习以景观考古学为理论指导和考古学空间分析为方法的GIS技术是十分必要的。然而遗憾的是，对于初学者而言，尽管目前国内关于GIS软件使用的基础教程已经不胜枚举，但却鲜有针对考古学研究和文化遗产管理的案例。有鉴于此，我们结合在北京大学考古文博学院开设的研究生课程"GIS考古与空间分析"的教案和《GIS与考古学空间分析》教材，编写了这部分上下编的实验教程，专供从事GIS和景观考古研究的初学者参考。

本教程主要内容包括基础和实践两部分。其中，基础部分主要介绍相关GIS软件的基础知识、基础地理数据的获取和处理方法、地理数据库的创建、数字表面模型DEM的生成以及基本的空间统计分析方法；实践部分主要介绍基于数字高程模型的景观考古分析、水文分析及其土壤侵蚀模型的应用、成本面分析及考古遗址资源域的构建、视域及复杂视域分析等。

本教程的编写主要突出了如下特点：

1. 本教程主要是配合《GIS 与考古学空间分析》教材的应用实战,按照由浅入深的原则,通过详细讲解 GIS 及其相关统计分析软件的上机操作方法,使读者对计算机处理地理信息的基本方法和常规流程有所了解;同时也力图通过解析一些具体的考古学研究和文化遗产管理的实例,让读者学会如何使用计算机语言来重构这些考古和文化遗产管理的问题。

2. 在练习数据资料的使用上,本教程主要选择国内考古和文化遗产管理的实例,包括"三普"文物普查、区域系统调查、专题性研究资料等,同时也适当选择了一些国外成功的案例。为了方便读者,所有的练习数据资料均附有详细的考古背景。需要特别说明的是,除非特殊注明之处,所用数据资料均源自真实的考古或文化遗产管理项目,数据的使用均得到所有者的一次性授权,因此读者未经同意请勿转用。

3. 软件的使用上,本教程更强调计算机处理地理和考古信息的思想和方法,因此不拘泥于使用单一的软件。整体来讲,GIS 软件可分为商业和开源两大类;商业软件的界面友好,拥有完善的使用说明,易于上手,但代码封闭,难以实现复杂的空间分析;开源软件的代码公开,易于二次编程和数据分析,但缺乏友好界面,不易掌握。鉴于此,本教程分上下编的商业软件篇和开源软件篇,对同一问题分别采用商业和开源两种软件进行处理,方便读者进行比较。其中,教程中涉及的商业软件主要使用运行在 Windows 系统上的美国 ESRI 公司开发的 ArcGIS 桌面版,开源软件主要使用运行在 Macintosh 系统上的 QGIS 和 GRASS 的组合。

4. 为了便于读者理解,教程中使用的具体案例均经过简化处理,与实际研究情况之间仍存在一定的差距,读者在具体的应用中还需谨慎。此外,教程中的案例多采用问题式和启发式的讲解模式,对同一考古和文化遗产的问题可以提出不同的解决方案,也无固定答案,因此读者完全可以不拘泥于教程本身而做更多的发挥。

"GIS 考古"是一门应用性很强的分支学科,需要经过不断的练习和实践才能熟练掌握,并理解其中的一些基础概念和基本方法。希望本教程能够抛砖引玉,激发读者在考古学研究和文化遗产管理中学习和应用 GIS 的兴趣。由于作者水平有限,教程中错误之处在所难免,请读者不吝指正。

上编　商业软件篇(ArcGIS)

第一章　GIS 桌面产品 ArcGIS 介绍

本章内容主要是介绍 ESRI 公司开发的商业 GIS 软件 ArcGIS。通过练习,我们将熟悉 ArcGIS 软件的操作界面。练习使用的数据源自 Kythera Island Project(www.ucl.ac.uk/kip)考古调查项目。练习之前先在本地电脑建立一个文件夹,命名为"tut1",并将练习的数据保存在此文件夹下。

一　ArcGIS 简介

ArcGIS 软件功能强大、界面友好,是本教程使用的主要商业软件。该软件由美国环境研究所(Environmental Research Systems Inc.,简称 ESRI)开发,是目前使用最为广泛的商用 GIS 软件之一。该软件系统包括桌面产品 ArcGIS Desktop、服务端产品 ArcGIS Server、嵌入式产品 ArcGIS Engine 和移动端产品 ArcPad。我们使用的是 ArcGIS Desktop 系列。

ArcGIS 的桌面 GIS 又包括三个层次的软件产品:ArcView、ArcEditor、ArcInfo。这三种软件可以安装在相同的目录下,界面看起来也比较类似,但区别是:ArcView 是小型化的低等级版本,提供了 GIS 的最基本功能,如制图、查询、简单的数据编辑和分析;ArcEditor 提供了高级的空间数据编辑功能;ArcInfo 提供了高级的空间数据分析和建模功能。我们目前使用的是 ArcInfo 10 的版本[①]。

上述三个软件都有两个基本的程序包:ArcMap、ArcCatalog。其中

[①] ArcGIS 10 是 ESRI 公司于 2010 年推出的最新版本,与之前的版本相比具有三方面的优点:1. 支持云架构,实现了 GIS 由共享向协同的发展;2. 具备了真正的 3D 建模、编辑和分析能力,实现了三维 GIS 向时空 GIS 的飞跃;3. 整合了遥感与 GIS,实现了遥感与 GIS 的一体化。

ArcMap 是基本的工具,用来显示地图、分析数据、展示分析结果,我们可以用它来显示或关闭不同的地理和考古数据图层,根据考古资料的属性信息选择合适的显示颜色、符号等,进行空间数据的查询和执行各种空间分析命令,制作所需的地图,同时它也具有简单和较复杂的空间图形的编辑功能。ArcCatalog 主要用于管理空间地理数据,按照空间数据库的结构要求构建和管理空间地理数据库(Geodatabase),既可以在本地,也可以通过互联网实现远程数据管理。除了这两个基本程序包之外,ArcInfo 还提供有 ArcScene 和 ArcGlobe 两个高级程序包,用来处理和展示三维数据。

ArcGIS Desktop 的扩展模块很多,其中最常用的有:

1. 空间分析 Spatial Analyst 为矢量和栅格数据提供复杂的空间分析功能;

2. 地统计分析 Geostatistical Analyst 提供克里格等复杂的空间插值的地统计分析功能;

3. 地理校正 Georectifying 用于校正栅格图像、航空和卫星遥感照片;

4. 3D 分析 3D Analyst 用于三维分析和建模;

5. 测绘分析 Survey Analyst 读取和管理调查数据,如全站仪、GPS 数据;

6. 追踪分析 Tracking Analyst 用于追踪分析;

7. MrSID encoder 用于有效处理大型的遥感照片;

8. ArcSDE 用于空间数据库与其他格式数据库的对接,如 Oracle、SQL 等;

9. ArcIMS 用于提供基本的网络服务 WEB-GIS 功能。

二 ArcGIS Desktop 的界面与初步使用

1. ArcGIS 的文件管理

ArcGIS 在进行地理信息的处理时生成一系列的文件,包括空间图形信息的文件、空间地理坐标的文件和空间属性信息的文件,这些文件相互关联形成了一个空间分析的 GIS 项目。一般情况下,要把所有文件放在一个文件夹内,以便于管理。ArcMap 可以生成一个扩展名为

.mxd的文件,这个文件并不包含所有的GIS项目的数据,而是一个索引文件,指明每个数据文件的具体路径,因此如果你将一个GIS项目的文件夹拷贝到磁盘其他的位置或其他的电脑上时,就需要重新定义文件目录。

2. ArcCatalog 的使用

(1)将本章练习所用的文件解压到 tut1 文件夹下。从"开始"菜单的"程序"下启动"ArcGIS"的"ArcCatalog 10"。

(2)点击工具栏的"连接到文件夹"按钮,在"连接到文件夹"对话框中,将练习所用的文件夹 tut1 添加到"目录树"面板下。(图1-1)

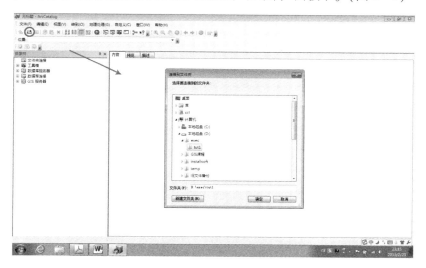

图1-1 添加练习文件夹目录

(3)在左侧的树形目录中浏览到 tut1 文件夹,点击其下的 kip_cont.shp 文件,在右侧可以看到三个选项卡"内容""预览""描述"。

"内容"显示了该文件的最基本的内容;

"预览"显示了该文件的基础图形;

"描述"显示了该文件的详细信息,包括投影坐标、地理范围、制作者、制作日期等。

分别点击这三个选项卡,观察显示栏中的变化。(图1-2)

(4)在浏览目录中右键点击文件夹目录,在出现的选项卡中可以新建各种 ArcGIS 文件,并用于定义图层文件的投影坐标等信息。

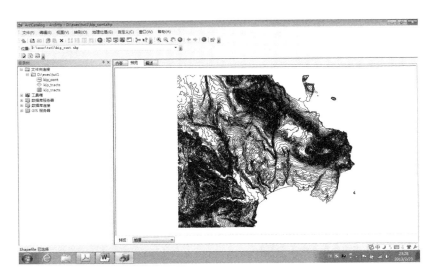

图1-2 ArcCatalog"预览"图形

3. ArcMap 的使用

(1)关闭 ArcCatalog 10,从"开始菜单"的"程序"下启动"ArcGIS"的 ArcMap 10。如图1-3所示,ArcMap 窗口除了主菜单界面之外还有两个常用的工具栏:"标准"工具栏和"显示"工具栏,分别显示了 ArcMap 最常用的工具按钮。如果它们没有出现,可以在"自定义"菜单的"工具条"下将其打开。

ArcMap 主界面左侧为"导航栏",用于添加、删除、管理图层数据;右侧为"地图显示窗口",用于显示按图层叠加的地图;最下面一栏为状态栏,如果没有显示,可以从"视图"菜单中将其打开,该栏用于显示 ArcMap 的工作状态并在右下角显示鼠标当前所在位置的地理坐标。

(2)ArcMap 认可的常用文件包括:

.shp 图形的几何形状

.shx 图形几何形状的索引文件

.dbf 属性数据库文件

.sbn 和.sbx 图形空间属性信息索引文件

(3)添加一个文件,可以使用"标准"工具栏中的"添加数据"按钮♦。

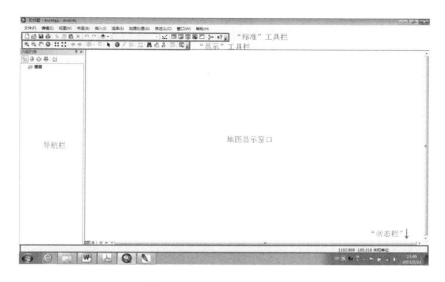

图1-3 ArcMap窗口主界面

首先,在"添加数据"对话框中,从"查找范围"下拉菜单栏选择"文件夹连接"下的本练习的文件夹目录"…tut1"。如果"文件夹连接"下没有我们所需的文件夹目录,则需要首先点击该对话框的"连接到文件夹"按钮来添加。(图1-4)

图1-4 "添加数据"对话框定位到文件夹目录

然后,选择其中的 kip_tracts.shp 文件,点击"添加"后将到导航栏和地图显示窗口中。添加过程中出现了一个错误提示,说明该文件缺乏空间坐标信息,这是因为该文件尚未进行地理坐标的定义。忽略它直接进入。该图层文件显示为图1-5。这是一个希腊 Kythera 岛考古调查中,用于记录地表考古和景观信息的网格文件 tract(即土地斑块)。

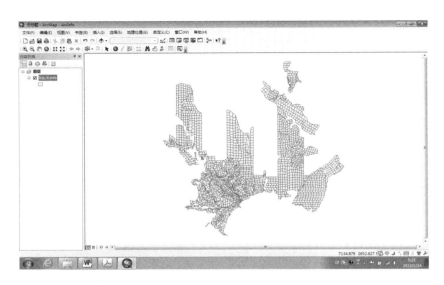

图 1-5　ArcMap 显示的 kip_tracts.shp 图层文件

(4)右键点击导航栏中的 kip_tracts 文件,在出现的下拉菜单中选择"移除"将其删除。再次通过"添加数据"按钮,添加 kip_tracts.lyr 文件。可以看到 kip_tracts 文件虽然被添加进来,但却没有显示。这是因为这个文件带有路径信息,是在其他的电脑上制作的,所以路径信息不匹配,需要重新定义。(图 1-6)

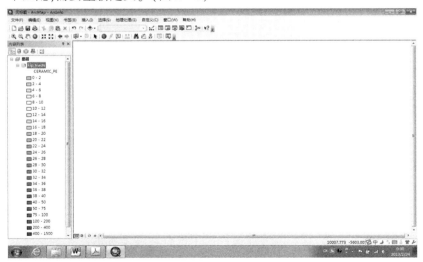

图 1-6　ArcMap 缺少正确路径信息的图层文件

解决的方法是点击导航栏中该图层前的红色的叹号,将路径重新定义到 kip_tracts.shp 文件。现在显示出的地图代表了 kythera 岛调查网格的陶片分布密度,从蓝色到红色的渐变代表了平均每 100 平方米的陶片数目。(彩图 1)

(5)点击去掉导航栏中 kip_tracts.shp 文件前的对号,将该图层隐藏。再添加一个新的文件 kip_cont.shp 作为一个新的显示图层。这是一个等高线文件层。(图 1-7)

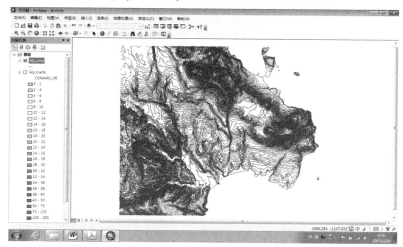

图 1-7　Kythera 岛调查区域的等高线

我们可以尝试编辑它的颜色。右键点击导航栏中的 kip_cont 文件,选择其中的"属性",再选择其中的"符号系统"选项卡。在"显示"对话框中,选择"数量"→"分级色彩",根据等高线的高程数值渐变显示。在"字段"的"值"属性中选择 ELEVATION,并选择合适的"色带",如图 1-8 所示:

图 1-8　按照高程值显示等高线的设置窗口

点击"确定"显示结果。(彩图2)

(6)在导航栏中点击 kip_tracts 图层前的对号显示该图层,然后再用鼠标左键点中该图层将其拖到等高线层 kip_cont 之上,显示结果如图 1-9 所示:

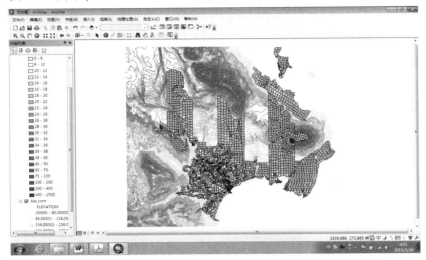

图 1-9　ArcMap 同时显示 Kythera 岛等高线与陶片密度的图层

(7)现在可以用右键点击 kip_cont 文件,选择"另存为图层文件",将名字定为 kip_cont.lyr。如此可将上述对等高线分类显示的结果,保存在这个文件中。

思考:在 ArcMap 中直接添加 kip_cont.shp 图层与添加 kip_cont.lyr 图层有什么区别？lyr 图层保存了哪些信息？

第二章　地图与地理坐标系

本章内容主要是练习在 ArcMap 中正确地定义图层的地图坐标系,添加地理坐标点,以及实现地理坐标系之间的相互转换。练习之前先在本地电脑建立一个文件夹,命名为"tut2",并将练习的数据保存在此文件夹下。

一　定义地图的地理坐标系

本章练习使用的栅格图层为河南禹州地区的数字高程模型(Digital Elevation Model,简称 DEM),数据来源于 1∶50,000 地形图等高线和高程点数据的插值,地表分辨率为 15 米。

1. 加载并显示栅格图层

(1)启动 ArcMap 10,使用工具栏中的"添加数据"按钮将练习文件夹下的栅格图层 5kdem 添加到导航栏和地图显示窗口。注意:需要首先使用"连接到文件夹"按钮将本练习的"tut2"目录添加到"文件夹连接"之下。(图 2 – 1)

图 2 – 1　将栅格图层 5kdem 添加到"文件夹连接"之下

（2）点击"添加"后，出现如图2－2所示的缺少地图"空间参考"的信息提示，这是因为我们还没有对该图层定义地理坐标系。这里点击"确定"将缺少地理坐标系的栅格图层5kdem添加到ArcMap中显示。

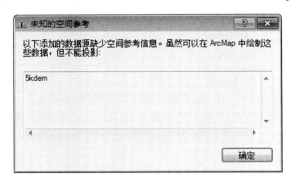

图2－2　缺少地理坐标系统的信息提示

（3）在导航栏中右键点击5kdem图层，打开图层的属性。在"图层属性"对话框中，选择"源"选项卡，可以看到"空间参考"一项显示为"未定义"。（图2－3）因此，我们需要首先定义该图层的地理坐标系统。

图2－3　属性显示5kdem图层暂缺少地理坐标系

2. 定义地理坐标系

我们使用的数字地面模型 5kdem,来源于河南禹州地区 20 世纪 70 年代测绘的 1:50,000 地形图,采用的是"北京 1954 坐标系统"。该地区位于东经 113 度附近,属于第 19 号投影带的范围(6 度带)。

(1)点击工具栏中的"ArcToolbox"按钮 ![], 启动 ArcToolbox 工具栏(图 2 - 4a)。选择其中"数据管理工具"→"投影和变换"→"定义投影"工具,双击将其打开(图 2 - 4b)。

图 2 - 4a　ArcToolbox 工具栏　　　图 2 - 4b　定义投影工具

(2)在"定义投影"对话框中,选择"输入数据集或要素类"右侧的下拉小三角按钮,选中我们要定义的 5kdem 图层。点击"坐标系"右侧的属性按钮,启动"空间参考属性"对话框。(图 2 - 5)

(3)在"空间参考属性"对话框中,点击"选择"按钮,依次选择"Projected Coordinate Systems"→"Gauss Kruger"→"Beijing 1954"→"Beijing 1954 GK Zone 19. prj"。即高斯 - 克吕格投影下的北京 1954 坐标系第 19 度带。(图 2 - 6)

图 2-5 定义投影对话框

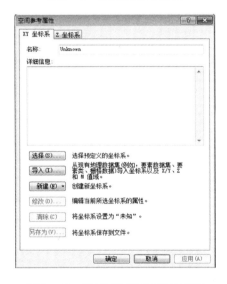

图 2-6 定义空间参考对话框

(4)依次点击"确定"后程序开始给图层 5kdem 定义地理坐标系，完成后会在屏幕的右下角出现任务完成的提示信息。

完成图层的坐标系统定义后图层本身没有变化，但导航栏中再次打开 5kdem 的属性，查看"源"选项卡的"空间参考"信息。可以看到，图层已经定义了正确的地理坐标系：中央经度线 111，投影比例 1，东西偏移量 500,000 米。（图 2-7）

图2-7 定义了地理坐标系统的栅格文件

(5)在图层属性对话框中继续打开"符号系统"选项卡。选择采用"拉伸"的方式对图层进行显示,在"色带"中选择褐色—土黄色—绿色的显示方式,并选中"反向"。(图2-8)

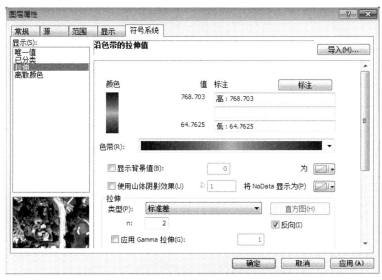

图2-8 图层属性"符号系统"选项卡

点击"确定"后,数字高程模型显示如彩图 3 所示。

二 添加地理坐标点

ArcMap 可以方便地添加以(x,y)坐标形式记录的点数据。本练习文件夹中的 sites.txt 文件,记录了第三次全国文物普查所采集的部分河南禹州地区的考古遗址的信息,其中每个遗址都使用 GPS 手持机采集了经纬度坐标,以下我们将练习如何将它们显示在地图上,并定义正确的地理坐标。

从文本文件添加地理坐标点

(1)将 ArcMap 关闭,选择不保存项目,再重新开启。

(2)在工具栏中使用"添加数据"按钮直接将 site.txt 文本文件添加到 ArcMap 的导航栏。右键点击该文件,选择"打开",将该文件以"表"的形式打开如图 2-9 所示:

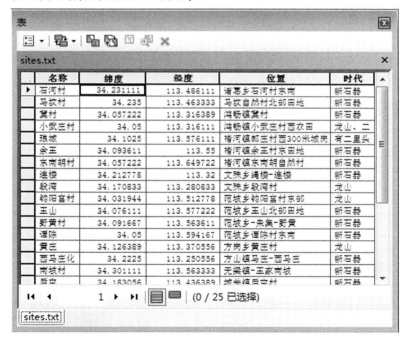

图 2-9 记录遗址点数据的文本文件

该调查表格中记录了各考古遗址的"名称""经度""纬度""位置"和"时代"五项信息。其中,经纬度采用的是十进制的记录方式,以下我们就根据这些经纬度坐标将各遗址添加到地图上。

(3)从"文件"菜单下,选择"添加数据"→"添加 XY 数据"工具,打开"添加 XY 数据"对话框。如图 2-10 所示,选择"sites.txt"表格,在"X 字段"和"Y 字段"选项分别选择"经度"和"纬度"作为横纵坐标,然后点击"确定"后将遗址点添加到图层中。出现错误提示可以暂时不用理睬,这主要是因为表中缺少图形关联字段,因此下一步还需要将该图层转换成关联了图形的 shapefile 文件。

(4)在导航栏中右键点击刚刚生成的"sites.txt 个事件"图层,选择"数据"→"导出数据"工具,打开"导出数据"对话框,点击"输出要素类"右侧的文件夹选项,将新生成的文件输出到练习文件夹下,并命名为 yz_sites.shp。注意:保存类型要选为"Shapefile"。确定后选择将导出的数据添加到地图图层,并在导航栏中将"sites.txt 个事件"图层删除。(图 2-11)

图 2-11a

图 2-10 添加 XY 数据工具对话框   图 2-11b

(5)现在我们已经将遗址点添加到了地图上,但还没有定义遗址点图层的地理坐标系。由于 GPS 记录的是经纬度坐标,即"WGS 1984"坐标系。因此,我们还需按照本章第一部分的方法,使用 ArcToolbox 工具箱中的"定义投影"工具定义该图层的地理坐标系统。在"空间参考属性"对话框中依次选择"Geographic Coordinate Systems"→"World"→"WGS 1984.prj",如图 2-12 所示。

图 2-12 定义 WGS 1984 坐标系

(6)在导航栏中,右键点击位于最顶端的"图层",选择"属性",打开"数据框属性"对话框,选择其中的"常规"选项卡。在"单位"的"地图"中选择"十进制度","显示"中选择"度分秒",点击"确定"后观察状态栏,可以看到此时已经正确显示了遗址点图层的经纬度坐标。(图 2-13)

图 2-13 图层坐标属性显示对话框

三 坐标系统的转换

下面我们要将遗址点图层叠加到数字高程模型 DEM 上,以便更好地观察考古遗址空间分布的特点。现在的问题是:上述我们使用的 DEM 是"1954 年北京坐标系",而考古遗址点采用的是 GPS 使用的"WGS 1984"坐标系,因此我们首先需要将考古遗址点转换成与 DEM 相同的"1954 年北京坐标系"。

1. 坐标系统转换

(1)设定转换参数

我们知道从大地坐标系投影到平面直角坐标系有相应的转换参数,因此首先需要设定这些具体的转换参数。

依次打开 ArcToolbox 工具箱的"数据管理工具"→"投影和变换"工具包,双击启动"创建自定义地理(坐标)变换"工具。在"地理(坐标)变换名称"中输入"WGS84_TO_BEIJING54_GKZONE19";在"输入地理坐标系"中点击右侧选项按钮,选择定位到"WGS 1984.prj";在"输出地理坐标系"中点击右侧选项按钮,选择定位到"Beijing_1954_GK_Zone_19";在"自定义地理(坐标)变换"的"方法"下选择三参数法"GEOCENTRIC_TRANSLATION",这里暂时保持三参数的数值不变,点击"确定"完成。(图 2-14)

图 2-14　设置坐标转换参数对话框

(2)坐标系统的转换

在设置好了坐标系统转换的参数后,我们就可以利用这个转换方法将遗址点图层的坐标系统转换为北京1954坐标系。

在 ArcToolbox 的"投影和变换"工具包下,选择并开启"要素"下的"投影"工具。在"输入要素集或要素类"下选择 yz_sites,其"输入坐标系"自动添加;在"输出数据集或要素"下选择 tut2 文件夹,并输入文件名"yz_sites_54"作为输出文件;在"输出坐标系"下选择定位到"Beijing_1954_GK_Zone_19";在"地理(坐标)变换(可选)"下选择刚刚生成的"WGS84_TO_BEIJING54_GKZONE19"转换方法。点击"确定"等待程序完成操作。(图2-15)

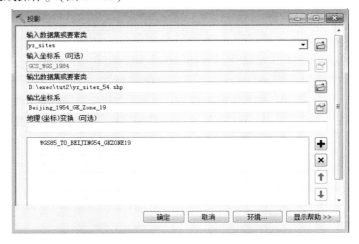

图2-15 坐标转换对话框

2. 正确显示图层

(1)关闭程序,不保存项目,并重启 ArcMap。

(2)依次添加定义在相同坐标系统下的栅格图层 5kdem 和矢量图层 yz_sites_54,将考古遗址显示在数字高程模型之上。右键点击 5kdem 图层,打开"属性"对话框的"符号系统"选项卡,参照本章第一部分的内容设置正确的显示方式。

(3)右键点击 yz_sites_54 图层,打开"属性"对话框,选择"符号系统"选项卡,选择"要素""单一符号",选择其中的圆形符号 circle 1,并将颜色调至红色,大小调至8。(图2-16)

图2-16a 设置遗址点显示属性　　图2-16b 设置遗址点显示属性

(4)继续在"图层属性"对话框中打开"标注"选项卡,选择"标注字段"为"名称",即遗址按照名称进行标注。(图2-17)

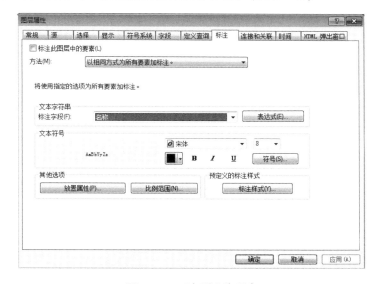

图2-17 "标注"选项卡

(5)"确定"后遗址点可正确显示在数字高程模型上。右键点击导航栏中 yz_sites_54 图层,选择"标注要素",增加遗址点的名称标注。(图2-18)

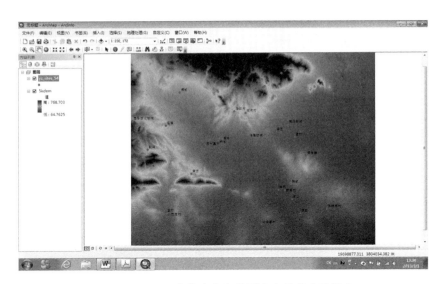

图2-18 显示在数字高程模型之上的考古遗址点

第三章 矢量数据的采集（一）

本章主要练习如何向 ArcMap 导入外部交换的矢量数据，包括常用的 DXF 格式和 E00 格式的数据，以及如何对这些数据进行分层处理。练习之前先在本地电脑建立一个文件夹，命名为"tut3"，并将练习的数据保存在此文件夹下。

一 DXF 格式数据的导入

DXF 格式（Drawing Exchange Format）是 Autodesk 公司开发的用于 AutoCAD 与其他矢量绘图软件之间进行图形数据交换的 CAD 数据文件格式。由于 AutoCAD 的流行，DXF 也被广泛使用，成为矢量绘图数据的常用标准。绝大多数 GIS 软件都能读入或输出 DXF 格式的文件。目前，很多公司和机构所提供的地理信息数据也常以 DXF 格式作为标准。

本练习使用的 DXF 格式数据节选自陕西周原遗址的考古测绘项目，基础数据源自矢量化的 1:10,000 地形图。

1. 加载 DXF 格式数据

（1）启动 ArcMap，使用工具栏中的"添加数据"按钮启用添加数据对话框。通过"连接到文件夹"按钮连接到本章练习的文件夹 tut3。（图 3-1）

（2）在该文件夹下有一个 DXF 格式的文件 R20130303.dxf。双击该文件，将其展开如图 3-2 所示：

图 3-1　添加数据按钮连接到正确的文件夹

图 3-2　ArcMap 中显示的 DXF 格式文件

我们看到,DXF 格式文件实际上是一个图形压缩文件,包括 Annotation"注记"图层、MultiPatch"贴图"图层、Point"点"图层、Polygon"多边形"图层和 Polyline"多线段"图层。其中常用的以点、线、面的形式记录的矢量图形分别保存在后三种图层中。

（3）选中其中的"Polyline",点击"添加"将多线段添加到 ArcMap 中,显示如图 3-3 所示:

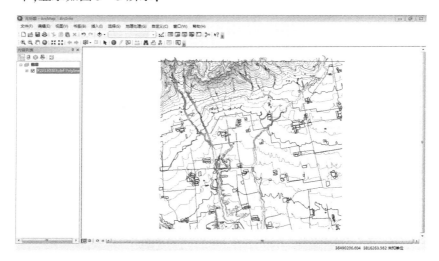

图 3-3　ArcMap 中加载 DXF 格式文件中的多线段图层

文件中所有的多线段均被加载到了 ArcMap 中。

（4）采用同样的方法将"多边形"和"点"图层也加载到 ArcMap 中,如图 3-4 所示:

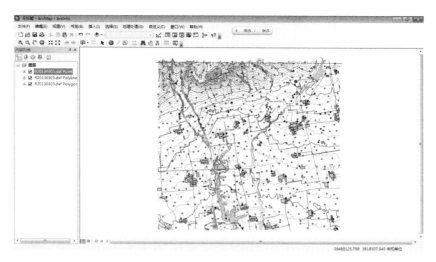

图 3-4　ArcMap 中加载 DXF 格式文件中的点、多线段和多边形图层

2. 矢量图层的提取

我们看到 DXF 不同属性的图层加载到 ArcMap 后被整合到了一个图层中，因此还需要根据属性分别将其提取出来。

（1）首先处理多线段图层。在"选择"菜单中，点击"按属性选择"命令，打开"按属性选择"对话框。

首先，在"图层"中选择"R20130303.dxf Polyline"，即多线段图层。

然后，双击"Layer"字段名，将其添加到创建选择语句条件对话框中。

点击"＝"，将"＝"添加到选择语句条件对话框。

单击"获取唯一值"按钮，将 Layer 字段中的所有记录类型都显示出来，双击其中的"首曲线"将其添加到选择语句条件对话框。

……

按照同样的方法，在选择语句条件对话框中完成如下选择条件语句：

"Layer"＝'首曲线' OR "Layer"＝'计曲线'

即：选择多线段图层中，Layer 属性为"首曲线"或"计曲线"的多线段。

完成后点击"确定"。（图 3-5）

图3-5 "按属性选择"对话框

(2)多线段图层中的等高线都被选择出来,显示为高亮效果。(图3-6)

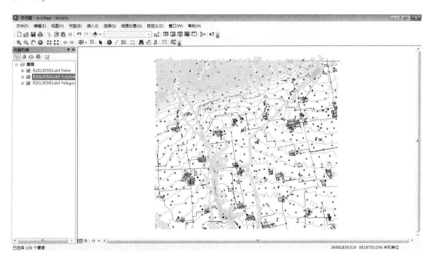

图3-6 显示为高亮效果的等高线

(3)在导航栏中,右键点击 R20130303.dxf Polyline 图层,在下拉菜单中选择"数据"→"导出数据",打开"导出数据"对话框。将数据导出至本章练习文件夹下,命名为 contours.shp。(图3-7)

图3-7 导出数据对话框

(4)点击"确定"后,所有被选择的等高线被导出为 shp 格式文件。导出过程中按照提示的要求继续选择将该图层添加到 ArcMap 中。

在导航栏关闭其他图层,可以看到等高线图层 contours.shp 被提取出来。(图3-8)

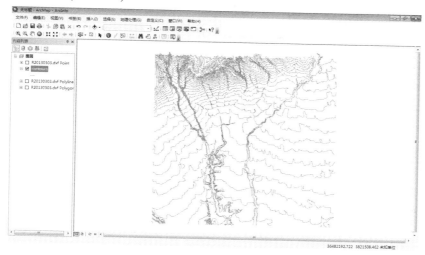

图3-8 提取出的 contours.shp 图层

(5)采用同样的方法,从 R20130303.dxf Polygon 图层中将"居民地"提取出来,输出为 buildings.shp 文件;从 R20130303.dxf Point 图层中将"出土青铜器地点"提取出来,输出为 sites.shp 文件。

从导航栏中右键点击并删除 DXF 的三个图层 R20130303.dxf Polygon、R20130303.dxf Polyline 和 R20130303.dxf Point。调整等高线 contours、居民地 buildings 和遗址点 sites 图层的显示效果,如图3-9所示:

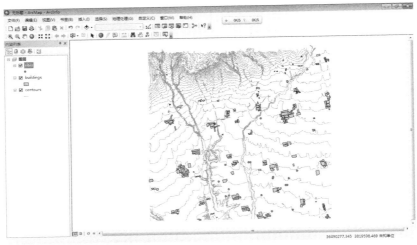

图 3-9 从 DXF 数据中提取出来的 shp 格式图层

二 E00 格式数据的导入

后缀名为 E00 格式的数据是美国 ESRI 公司的一种通用交换格式文件,属于 ESRI 公司早期产品 Arc/Info WorkStation 使用的数据交换格式,至今仍有广泛的使用。E00 格式文件包含完整的要素及其属性信息,如点、线、面、属性、控制点等等。由于 E00 文件是 ASCII 明码格式的,因此许多软件都把 E00 文件作为与 ESRI 系列软件的数据接口。

本练习使用的 E00 格式数据下载自国家基础地理信息平台网站 http://nfgis.nsdi.gov.cn/,考古遗址的数据来源于国务院颁布的第 1—5 批全国重点文物保护单位的佛教石窟寺部分。

1. 导入 E00 格式数据

(1)关闭并重启 ArcMap。

(2)在工具栏中点击并打开 ArcToolbox 工具栏。定位到"转换工具"→"转为 Coverage"→"从 E00 导入"命令,双击并打开导入 E00 格式文件对话框。在"输入交换文件"中定位到本章练习文件夹下的 bou1_4m.e00 文件,"输出文件夹"和"输出名称"会自动生成。(图 3-10)

(3)点击"确定"后,待程序运行完毕将该文件转换成 Coverage 格

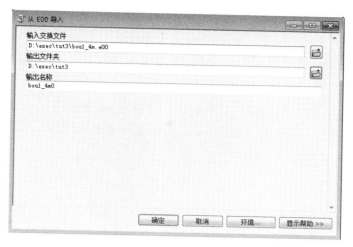

图 3-10 导入 E00 格式文件对话框

式的文件。Coverage 格式是 Arc/Info 的常用文件。在工具栏中点击"添加数据"按钮,定位到本练习文件夹下,会看到多出一个名为 bou1_4m0 的文件,双击该文件展开,如图 3-11 所示:

图 3-11 ArcGIS 显示的 Coverage 的结构

我们看到,Coverage 文件中包含了"弧边"(arc)、"标注"(label)、"多边形"(polygon)、"节点"(tic)四种类型的数据图层。其中,弧边即多线段数据,多边形由弧边组成,弧边由节点组成。因此,一个 Coverage 文件包含有完整的图形拓扑结构,这一点在网络分析中十分有用。这里我们仅提取其中的多边形数据。

点击"polygon",选择添加,将其加载到 ArcMap,如图 3-12 所示为一幅中国陆地边界的多边形图层。

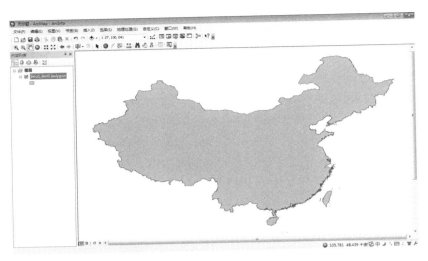

图 3-12 Coverage 格式的中国国界图层

(4)采用同样的方法,将 bou2_4m.e00、hyd1_4m.e00、res1_4m.e00 三个文件均转换成 Coverage 文件,并分别将其中的 arc、arc 和 point 图层导入到 ArcMap。(图 3-13)

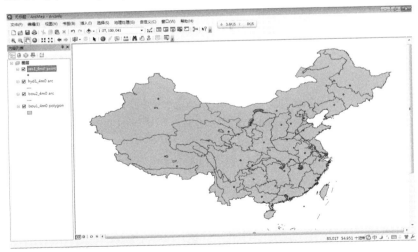

图 3-13 加载了国界、省界、主要河流和主要城市的 Coverage 格式图层

2. 提取矢量图层

我们要在此基础上制作一张中国主要石窟寺遗迹分布图,因此还需要从中提取有用的信息制作相应的图层。

(1)分别用右键点击导航栏中的 bou1_4m0 polygon、bou2_4m0 arc、res1_4m0 point 三个图层,通过"数据"→"导出数据"将这三个文件导出为 shp 格式文件,并加载到 ArcMap 中。

(2)在"选择"下拉菜单中,点击"按属性选择",打开按属性选择对话框,选择其中的 hyd1_4m0 arc 图层,设置选择条件为"GBCODE" = 21011。确定后将编号为 21011 的主要河流选择出来。右键点击导航栏中的 hyd1_4m0 arc 图层,通过"数据"→"导出数据"将该图层中被选中的部分导出为 shp 格式文件,并加载到 ArcMap 中。

(3)在导航栏中删除所有的 Coverage 图层,仅保留 Shapefile 格式的图层。(图 3 – 14)

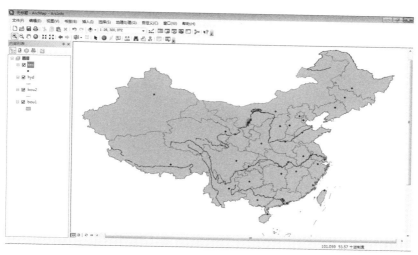

图 3 – 14　转换为 shapefile 格式后的图层

3. 矢量制图

(1)对提取出来的四个 shapefile 格式的图层,分别通过其"属性"对话框下的"符号系统"选项卡,对其显示效果进行设置,并标注其中的省会城市图层。(图 3 – 15)

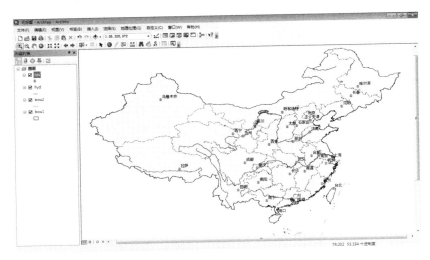

图 3-15　设置了正确显示属性的图层

（2）参照第二章的相关内容，加载 buddasites.csv 数据，按照经纬度信息将其添加到图层中，并按照批次进行分类显示，最后标注遗址名。（图 3-16）

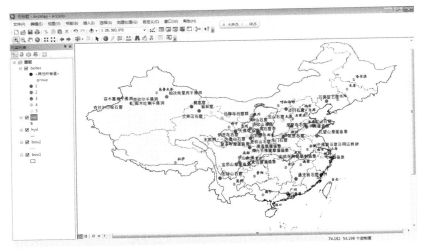

图 3-16　第 1—5 批全国重点文物保护单位佛教石窟寺遗址分布图

思考：图 3-16 是否使用了投影坐标系？应如何正确设置该图层的投影座标？（提示：可设置成 China-Lambert 投影，中央经度线为 105°）

第四章 矢量数据的采集(二)

本章主要练习空间图形数据的采集和处理方法,包括两部分内容:1.数字栅格图的地理配准和矢量化;2.高级矢量化与空间信息的提取。练习之前先在本地电脑建立一个文件夹,命名为"tut4",并将练习的数据保存在此文件夹下。

一 数字栅格图的地理配准与矢量化

数字栅格图(Digital Raster Graphic,简称DRG)是我们获取地理信息的重要资料来源之一,包括以图像方式存储于计算机的各种比例尺的地形图、航片、卫片和各类资源图等。这些图像资料必须按照统一的坐标系统和投影方式,并通过正确的地理配准才能对其进一步矢量化,提取其中的有用信息,为 GIS 的空间分析提供基础资料。

一般情况下,GIS 软件都提供对图像数据进行地理配准的工具。这里我们使用 ArcGIS。

工具包里的"地理配准"工具对影像资料进行配准。配准方式包括:1.根据已知点坐标的配准;2.根据已有矢量地图的配准。

矢量化功能主要是练习使用简单的图形编辑功能进行栅格图像的矢量化,获取具有正确拓扑关系的空间图形。另外,根据考古学研究的需要,采用一些特殊的矢量化方法也很必要。

本练习使用的栅格数据,裁选自河南舞钢地区古代冶铁遗址景观考古研究项目所使用的1:50,000地形图,采用的是1980西安坐标系,带号为19。

1. 栅格图的地理配准

(1)启动 ArcMap,使用工具栏的"添加数据"按钮添加本章练习文件夹下的栅格图层数据 I49E017023RCO.tif。(图4-1)

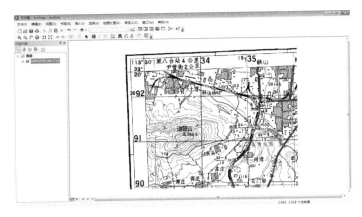

图4-1　添加至 ArcMap 的数字栅格图(缺坐标)

(2)从"自定义"菜单的"工具条"中启动"地理配准"工具条。(图4-2)

图4-2　地理配准工具条

(3)点击"地理配准"工具条上的"添加控制点"按钮,将十字形鼠标点放置在如图4-3所示的地图标识点位置,先点击鼠标左键,定位到该点的位置上,然后点击鼠标右键,选择"输入 X 和 Y",打开"输入坐标"对话框。通过地图图框上坐标网格的标识,我们知道该点的地理坐标为(19733000,3692000),单位为米。因此,分别在 X 和 Y 中输入19733000 和 3692000,点"确定"后完成该标识点的坐标输入。

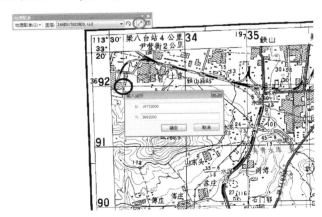

图4-3　输入地图标识点的坐标

(4)点击"确定"后,地图在地图显示窗口中消失,是因为地图的位置已经移动到了该标识点附近。因此,我们需要在导航栏中,右键点击地图 I49E017023RCO.tif 图层,选择"缩放至图层",将其重新显示在地图显示窗口中。

(5)采用同样的方法,输入此地图上的其他 11 个坐标标识点的地理坐标。(图 4-4)注意:输入的前 3 个标识点务必不能在一条直线上,否则会产生"共线"错误。

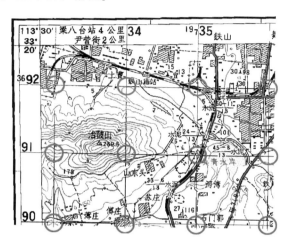

图 4-4　设置了 12 个标识点坐标的栅格图

(6)点击"地理配准"工具条中的"查看链接表"按钮,打开"链接表"对话框。(图 4-5)

图 4-5　链接表对话框

在链接表对话框中我们可以看到,使用"一阶多项式"建立的坐标转换模型,其 RMS 的总误差是 4.22772(二阶多项式的 RMS 更小),而地图的比例尺为 1:50,000,因此 RMS 小于最低精度阈值(1:50,000/1:3,000 = 16.67),满足精度要求。这里可以点击"保存"按钮,将当前的标识点保存在本章练习的文件夹中,命名为 ctrl_p.txt,以备使用。

(7)点击"确定"后关闭链接表对话框。在"地理配准"工具条中,点击"地理配准"打开下拉菜单,首先点击"更新地理配准",然后点击"校正",打开校正对话框。将输出位置改为本章练习的文件夹,输出名称改为 rect_rast.tif,点击"保存"后完成对栅格图层的地理配准,配准后的栅格图为 rect_rast.tif。(图 4-6)

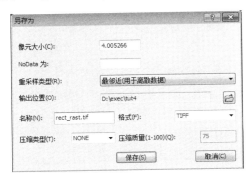

图 4-6 地理配准的校正对话框

2. 栅格图层的矢量化

我们已经完成了栅格图层的地理坐标配准,下面就可以根据这个配准了坐标的栅格图层提取其中的地物信息,进行矢量化的操作。

(1)关闭"地理配准"工具条,关闭并重启 ArcMap(这里不保存任何数据)。

(2)添加已经配准了地理坐标的栅格图层 rect_rast.tif。观察状态栏中显示的坐标,看看是否已经有了正确的地理坐标系?

(3)点击工具栏中的"目录窗口"按钮,打开目录窗口,如图 4-7 所示:

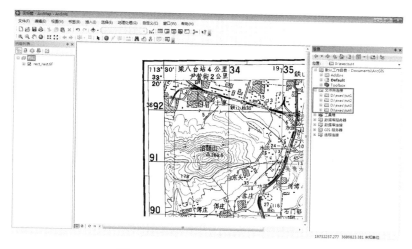

图 4 - 7　ArcMap 中显示目录窗口

(4)在"目录"窗口中,展开"文件夹连接",右键点击本章练习文件夹,选择"新建"→"Shapefile(S)",打开"创建新 Shapefile"对话框。(图 4 - 8)

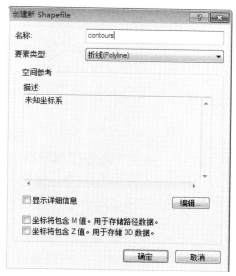

图 4 - 8　创建新 Shapefile 对话框

这里我们首先选择对等高线进行矢量化,因此创建一个等高线图层。在"名称"中输入 contours,"要素类型"中选择折线(Polyline),暂不定义空间参考,点击"确定"后完成。这样我们看到在"目录窗口"中已经新建了一个名为 contours 的线性 shapefile 文件。

(5)关闭"目录窗口"。从 ArcMap 的"自定义"菜单的"工具条"下打开"编辑器"工具条。(图4-9)

图 4-9　编辑器工具条

(6)点击"编辑器"下拉菜单下的"开始编辑",contours 图层被自动加载到"创建要素"窗口中。在"创建要素"窗口中,点击 contours 图层,使得该图层处于被编辑状态。

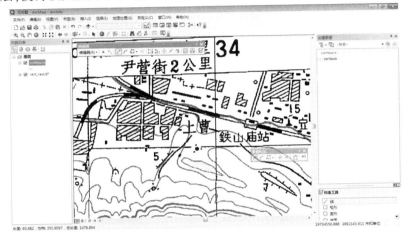

图 4-10　描绘等高线

(7)将地图放大,选择一条等高线使用"编辑器"中的"直线段"开始进行描绘,描绘方法如图4-10所示,依次描绘等高线上的特征点。描绘结束时,双击鼠标左键完成,刚刚描绘完成的等高线会显示为高亮的颜色。(彩图4)

(8)采用同样的方法描绘其他等高线。编辑完所有等高线之后,要在"编辑器"菜单下选择"停止编辑",并保存编辑内容,完成作业。

3.高级矢量化功能的应用

(1)在描绘等高线过程中,我们可以尝试使用高级矢量化的功能。首先,打开"编辑器"工具条的"编辑器"菜单下的"选项",打开"编辑选项"对话框。在"常规"选项卡中,将"流模式"下的"流容差"和"传输流时□个点按组集合在一起"分别改为 10 和 1。表示在采用流方式进行矢量化时采集点的平均频率。(图 4 – 11)

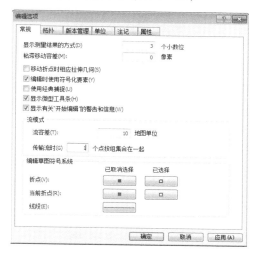

图 4 – 11　图形编辑功能选项卡

(2)点击"编辑器"工具条中的"直线段"按钮后,点右键,选中其中的"流"选项。

选择其中一条等高线,从一端点击一次后开始描绘,到另一端结束时点右键,选择"完成草图"结束。(图 4 – 12)

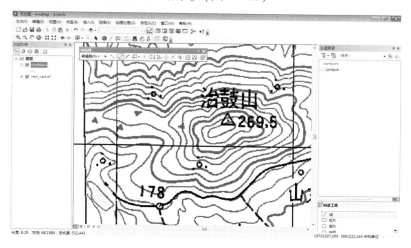

图 4 – 12　使用"流"方式绘制等高线

(3)我们可以看到采用这种方法矢量化,每10个单位均匀采集一个点。下面,选择"编辑器"菜单下"更多编辑工具"的"高级编辑"工具。(图4-13)

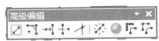

图4-13 "高级编辑"工具条

选中刚刚采用"流"的方式均匀采集的等高线,点击其中的"概化"按钮,在"概化"对话框中,输入"最大允许偏移"为2,即一条直线段仅用2点来表示。(图4-14)

图4-14 概化对话框

(4)观察比较概化前后等高线上节点的情况:平直等高线上的节点较少,弯曲等高线上的节点则较多。(图4-15)

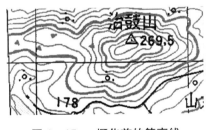

图4-15a 概化前的等高线

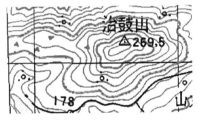

图4-15b 概化后的等高线

思考:如果将这种方式矢量化的等高线或地形特征线的节点提取出来,然后再使用GIS空间分析工具计算点的分布密度得出的点密度图反映了什么样的地貌信息?

4.完成矢量化

(1)采用与等高线矢量化相同的方法,完成对地图上的河流和村庄图层的矢量化工作,其中村庄要采用多边形,河流有线状水和面状水的区别。(图4-16)

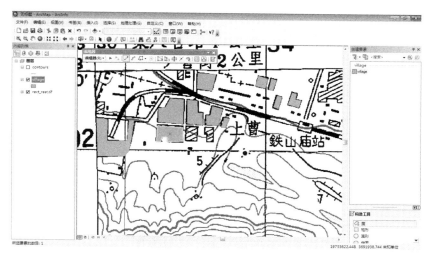

图 4-16　村庄的矢量化

（2）完成各图层的描绘，并保存后，将栅格图层 rect_rast.tif 删除。

（3）按照本书第二章的方法，采用 ArcToolbox 工具箱下的"数据管理工具"→"投影和变换"→"定义投影"工具分别定义等高线、线状水、面状水、村庄图层的地理坐标为"Xian 1980 GK Zone 19"。

（4）调整各个图层的叠放次序和显示效果，如图 4-17 所示：

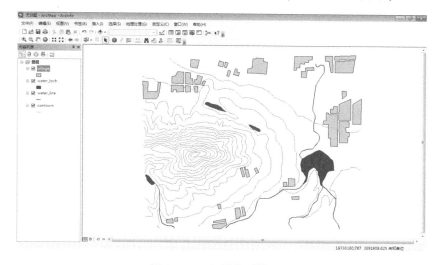

图 4-17　矢量化后的图层

二 高级矢量化与空间信息的提取

在实际应用中,我们常常会遇到一些较为复杂的矢量化问题,比如处理多边形图形时就要考虑图形之间的拓扑关系。这种情况下往往需要应用到高级矢量化的功能,以下我们介绍通过切割的方法实现多边形图层正确矢量化的途径。练习的数据,来源于河南省禹州市考古区域系统调查所使用的高分辨率卫星遥感影像。

1. 基于卫星遥感影像的多边形数据采集

(1) 重新启动 ArcMap 填加一个空白项目。使用"添加数据"按钮添加本章练习文件夹下的卫星遥感影像数据 geoeyeimage.tif。在出现的是否为遥感影像创建影像金字塔的提示中,选择"是",将影像加载至 ArcMap。(图4-18)

图4-18 为卫星遥感影像构建影像金字塔的提示

(2) 这是一幅由美国商业卫星 GeoEye 于 2011 年获取的多光谱遥感数据合成彩色影像。数据节选自南水北调禹州段考古区域系统调查项目,右键点击导航栏中的遥感影像图层,查看属性,其地理坐标为北京1954年坐标系,属于第19号6度带,空间分辨率为0.66米。(彩图5)

这个考古调查项目的一个重要目标是开展景观考古学的研究,因此调查设计按照现代土地利用状况记录地表景观和考古遗存信息的方法,即将调查区域按照土地利用状况划分为若干可控制的网格,称为"记录"(tract),即现代土地的地块。调查前,根据高分辨率卫星遥感影像将这些地块划分出来,并统一编号,在调查中可依据卫星影像对这些地块进行观察和记录。下面,我们练习如何利用 ArcMap 切分这些地块,并进行统一编号。

(3)首先打开"目录窗口",在本章练习文件夹上点击右键,选择新建一个面状的 Shapefile 文件,命名为 tracts。在"空间参考"中,点击"编辑",并选择"导入"的方式定义该图层与遥感影像相同的坐标系统,即北京 1954 年坐标系,第 19 度带。(图 4 - 19)

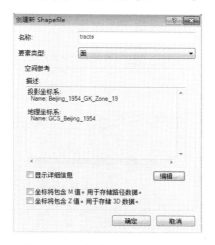

图 4 - 19　新建 tracts.shp 文件

(4)确定后将该图层添加到导航栏,关闭"目录窗口",打开"编辑器"工具条。

(5)在"编辑器"工具条中,选择"编辑器"下的"开始编辑",将 tracts 图层置于可编辑状态。在"创建要素"窗口中,点击 tracts 图层,激活可编辑器中的"直线段"工具。

(6)定义一个覆盖整个调查区域的大多边形,然后从中切割小多边形的方法完成对地块的划分。

首先,点击遥感影像左下角,输入研究区域的第一个点。

然后,点击右键,在出现的菜单中选择"方向/长度",出现"方向/长度"对话框。分别输入 0 和 1390 后按回车键。可以发现系统从当前点出发沿着 0 度方向绘制一条长度为 1390 米的直线,从而确定了第二个点。(图 4 - 20)

图 4 - 20　"方向/长度"对话框

第四章　矢量数据的采集(二)

采用同样的方法绘制图形的第三和第四个点,方向/长度分别为:"90/390""180/1390"。

完成覆盖调查区域的长方形图形后,点击右键,选择"完成草图",完成图形的绘制。

最后,在导航栏中,点击 tracts 图层,更改其显示属性为空心多边形,边框显示为红色。结果如图 4-21 所示:

图 4-21　表示为空心长方形的调查区域

(7)切割这个长方形。

首先,将图形的一角放大,选中长方形,在"创建要素"栏中点击 tracts,使得该图层处于"编辑器"被激活的可编辑状态。

点击"编辑器"上的"裁剪面工具"按钮，将鼠标放置在图中一个地块的边缘点上,如图 4-22 所示,鼠标点会自动吸附在长方形 tracts 边的一个点上,点击该点定义切割的起始点。

在 tracts 图形内部,将这个地块描绘出来,并选择将结束点结束在 tracts 边的另一个点上。然后双击鼠标,完成切割。切割下来的多边形如图 4-23 所示。

图 4-22 定义切割多边形的起始点

图 4-23 从 tracts 上切割下一个多边形

实际上,这种方法是沿着边缘将一个小多边形从大多边形上切割下来。下面,采用同样的方法,依据卫星遥感影像,将所有的地块都切割成多边形。最终结果如图 4-24 所示。

注意:1.切割时要从选中的多边形上切割才能有效;2.切割的起始点和结束点都必须位于被切割多边形的边缘上;3.切割过程中可以利

图 4-24 完成地块切割的 tracts 图层

用"编辑器"菜单下的"合并""联合""裁剪"等工具对复杂的图形进行处理;4.切割过程中不要移动多边形的位置,以免造成图层拓扑关系的错误。

(8)将切割完的 tracts 图层中居民地、公路、河流等无法实现地表踏查的地区选中并删除。完成后,选择"编辑器"下的"停止编辑",并保存编辑内容。

2.多边形地块的编号

在田野考古调查中,要对这些按照现代土地利用状况切割下来的多边形地块 tracts 进行调查,还需要对它们进行统一的编号。下面,我们按照《田野考古工作规程》对测量系统与编号系统需统一的要求,对这些地块按照地理坐标进行统一的编号。

(1)关闭"编辑器"。在导航栏中,右键点击 tracts 图层,选择"打开属性表"对话框。在 tracts 图层的属性表中,点击左上角"表选项"下拉菜单,点击其中的"添加字段"。(图4-25)

(2)在"添加字段"对话框中,输入新字段的"名称"为 tract_id,用来保存地块的编号;"类型"选择为文本;长度设为9。"确定"后添加一个 tract_id 字段。(图4-26)

图 4 – 25　属性表中添加字段　　　图 4 – 26　添加字段对话框

采用同样的方法,再添加两个字段,分别命名为 coor_x 和 coor_y,字段类型均为短整型,长度为 10。结果如图 4 – 27 所示:

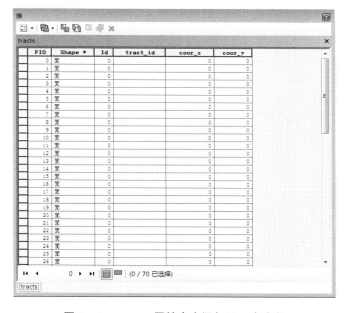

图 4 – 27　tracts 属性表中添加了 3 个字段

(3)右键点击 coor_x 字段头,在下拉菜单中选择"计算几何",点击"是"忽略掉错误信息后打开"计算几何"对话框。在"属性"中选择

“质心的 X 坐标”，单位为米，点“确定”开始计算，结果添加到属性表中。（图 4 - 28）

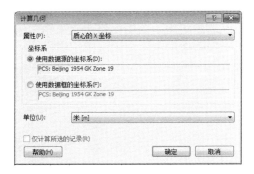

图 4 - 28　计算多边形几何数据对话框

采用同样的方法计算 coor_y 字段的“质心的 Y 坐标”，结果如图 4 - 29所示：

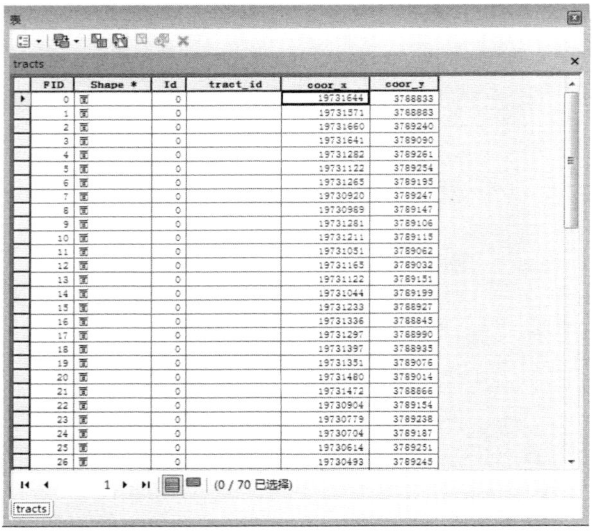

FID	Shape *	Id	tract_id	coor_x	coor_y
0	面	0		19731644	3788833
1	面	0		19731571	3788883
2	面	0		19731660	3789240
3	面	0		19731641	3789090
4	面	0		19731282	3789261
5	面	0		19731122	3789254
6	面	0		19731265	3789195
7	面	0		19730920	3789247
8	面	0		19730989	3789147
9	面	0		19731281	3789106
10	面	0		19731211	3789115
11	面	0		19731051	3789062
12	面	0		19731165	3789032
13	面	0		19731122	3789151
14	面	0		19731044	3789199
15	面	0		19731233	3788927
16	面	0		19731336	3788845
17	面	0		19731297	3788990
18	面	0		19731397	3788935
19	面	0		19731351	3789076
20	面	0		19731480	3789014
21	面	0		19731472	3788866
22	面	0		19730904	3789154
23	面	0		19730779	3789238
24	面	0		19730704	3789187
25	面	0		19730614	3789251
26	面	0		19730493	3789245

图 4 - 29　tracts 属性表中添加了多边形中心点坐标

（4）coor_x 和 coor_y 字段分别记录了 tracts 图层中每个多边形地块中心点的 X 和 Y 坐标（北京 1954 年坐标系），由于每个多边形的空间位置不同，因此其质心的坐标也不相同，下面我们就利用这个坐标生成每个多边形地块的编号。

右键点击 tract_id 字段头,在下拉菜单中选择“字段计算器”。利用其中的“字符串”函数 Mid( ) 构建一个新字段:Mid([coor_x] ,5,4) + ” - “ + Mid([coor_y] ,4,4)。意思是从第 5 个字符开始截取 coor_x 字段的 4 个字符;从第 4 个字段开始截取 coor_y 字段的 4 个字符;中间用“ - ”来连接。(图 4 - 30)

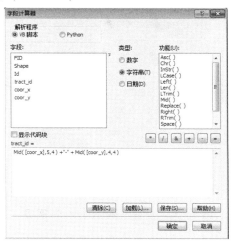

图 4 - 30　字段计算器

(5)点击“确定”后,生成 tract_id 的编号,如图 4 - 31 所示:

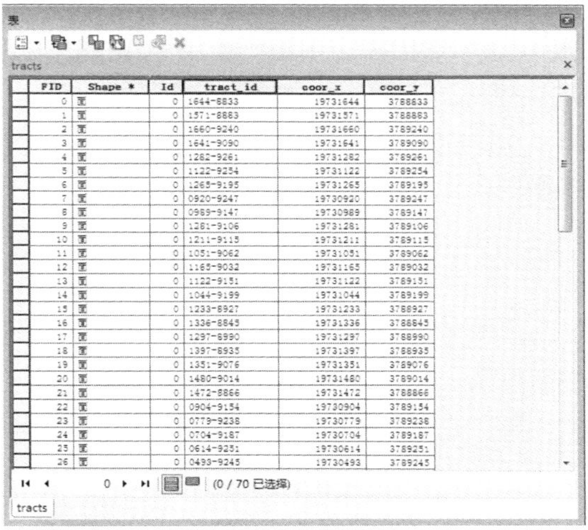
表

tracts

FID	Shape *	Id	tract_id	coor_x	coor_y
0	面	0	1644-8833	19731644	3788833
1	面	0	1571-8883	19731571	3788883
2	面	0	1660-9240	19731660	3789240
3	面	0	1641-9090	19731641	3789090
4	面	0	1282-9261	19731282	3789261
5	面	0	1122-9254	19731122	3789254
6	面	0	1265-9195	19731265	3789195
7	面	0	0920-9247	19730920	3789247
8	面	0	0989-9147	19730989	3789147
9	面	0	1281-9106	19731281	3789106
10	面	0	1211-9115	19731211	3789115
11	面	0	1051-9062	19731051	3789062
12	面	0	1165-9032	19731165	3789032
13	面	0	1122-9151	19731122	3789151
14	面	0	1044-9199	19731044	3789199
15	面	0	1233-8927	19731233	3788927
16	面	0	1336-8845	19731336	3788845
17	面	0	1297-8990	19731297	3788990
18	面	0	1397-8935	19731397	3788935
19	面	0	1351-9076	19731351	3789076
20	面	0	1480-9014	19731480	3789014
21	面	0	1472-8866	19731472	3788866
22	面	0	0904-9154	19730904	3789154
23	面	0	0779-9238	19730779	3789238
24	面	0	0704-9187	19730704	3789187
25	面	0	0614-9251	19730614	3789251
26	面	0	0493-9245	19730493	3789245

0 (0 / 70 已选择)

tracts

图 4 - 31　生成编号的 tracts 属性表

(6)关闭属性表。在导航栏中右键点击 tracts 图层,打开属性。在"标注"选项卡中设置标注字段为 tract_id,并调整标注的字体和颜色。完成后,在 tracts 图层中显示标注,如图 4-32 所示:

图 4-32 标注了编号的 tracts 图层

思考:将此图打印出来,在野外考古调查中如何利用该图定位到需要观察和记录的地块?高分辨率卫星遥感影像和手持式 GPS 如何辅助田野考古调查?如何利用 3S(GPS、GIS、RS)手段实现田野考古调查的测绘系统与记录系统的统一?

第五章 空间数据的处理

本章主要练习 ArcGIS 处理空间数据的基本方法,包括矢量图形的剪裁、拼接、融合、合并、相交和栅格图层的镶嵌、裁剪。练习之前先在本地电脑建立一个文件夹,命名为"tut5",并将练习的数据保存在此文件夹下。

一　矢量图形的处理

在 GIS 的实践应用中,我们常常需要对矢量图形进行处理。同一个图层中的矢量图形之间的问题,在前一章的练习中已有涉及。本章我们主要练习处理不同图层之间的矢量图形,包括基于不同图层的矢量图形的切割、合并和融合等。练习使用的数据,节选自国家基础地理信息中心提供的 1:4,000,000 行政区划图的河南省部分。

1. 图形裁剪

(1)启动 ArcMap,添加本章练习文件夹下的 henan_bount 和 clip 两个矢量图层文件。在属性选项中将 clip 图层设置为空心显示。(图5-1)

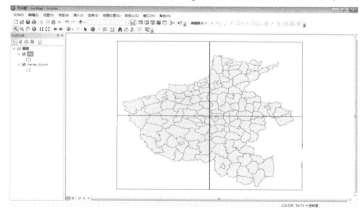

图5-1　河南省县市行政区划图

(2)使用工具栏上的选择命令按钮，选中 clip 图层左上角的四边形。(图 5-2)

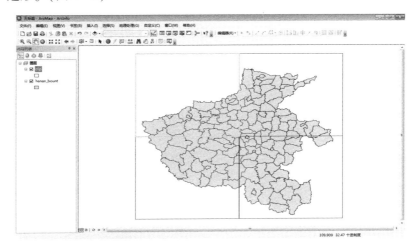

图 5-2　选中单个图形要素

(3)启动 ArcToolbox 工具箱,打开"分析工具"→"提取"→"裁剪"命令对话框。在"输入要素"中选择 henan_bount 图层;在"裁剪要素"中选择 clip 图层;"输出要素"定位到本章练习文件夹下,输入输出要素类的名称为 henan_c1。(图 5-3)

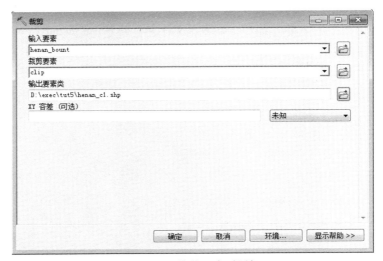

图 5-3　裁剪要素对话框

点"确定"后按照选中的 clip 图层中的图形裁剪 henan_bount 图层。结果如图 5-4 所示：

图 5-4　裁剪下来的矢量图层

（4）采用同样的方法选择 clip 图层中的其他三个四方形，分别将 henan_bount 图层裁减成 henan_c2、henan_c3 和 henan_c4 四个图层。（图 5-5）

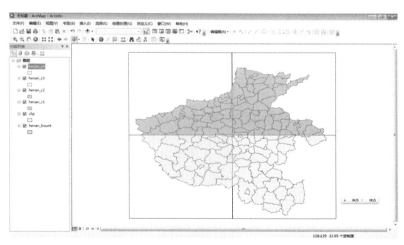

图 5-5　裁剪完成的四个矢量图层

思考：GIS 实践中上述图层之间的裁剪可用来解决哪些问题？

2. 图形的拼接

完成了图形的剪裁,下面我们再尝试图形的拼接。

(1)启动 ArcToolbox 工具箱下的"数据管理工具"→"常规"→"合并"命令。在"输入数据集"中依次将 henan_c1、henan_c2、henan_c3、henan_c4 四个图层添加至合并列表,在"输出数据集"定位到本章练习文件夹,并命名为 henan_m。(图 5-6)点击"确定"后观察合并的结果。

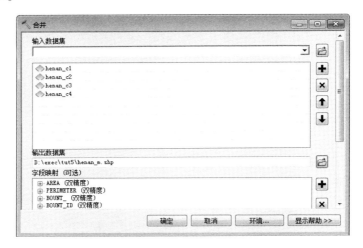

图 5-6　合并图层对话框

思考:新合并的图层与最初的 henan_bount 图层之间有何区别？如何解决其中的问题？

(2)添加河南省的省界图层 henan,尝试将 henan 与 henan_c1 两个图层分别置于"分析工具"→"叠加分析"下的"擦除""相交""联合"三个命令对话框中执行,观察结果,并思考这些命令可以解决哪些实际问题？

3. 要素融合

(1)启动 ArcToolbox 的"数据管理工具"→"制图综合"→"融合"命令对话框。在"输入要素"中选择 henan_bount;"输出要素"定义为 henan_div;选择"融合_字段"为"地区"。(图 5-7)

图 5-7 要素融合对话框

(2) 观察要素融合后的新图层,如图 5-8 所示。

思考:要素融合在实践中有何应用之处?

图 5-8 按照"地区"属性进行要素融合后的图层

二 栅格图层的处理

1. 数据下载

（1）登陆中国科学院计算机网络信息中心网站地理空间数据云http://www.gscloud.cn，注册用户后用自己的用户名和密码登陆。（图5-9）

图5-9 中国科学院地理空间数据云平台网站

（2）在"高级检索"菜单下的"数据集"，可以看到目前有两种数字高程模型DEM数据可供免费下载。其中，GDEM数据是根据美国-日本环境资源卫星Terra-Aster多光谱遥感影像数据的立体影像，获取的30米空间分辨率的DEM；SRTM数据是根据美国航天飞机的雷达影像，获取的90米空间分辨率的DEM。这两组数据基本覆盖全球，该网站是覆盖我国境内数据的下载镜像。

这里我们选择下载其中的"GDEM数据检索"，进入下载数据检索页面。

（3）利用"放大"和"移动"工具将地图定位到感兴趣的地区，并使用矩形选择需要下载的数据的范围，如图5-10所示。点击"搜索"对数据进行检索。

（4）系统将检索到的符合条件的遥感影像列表，可根据实际的需

图 5-10 定义感兴趣的区域进行数据检索

要,选择列表右侧的操作栏下的下载工具,将我们所需要的 DEM 下载到本地电脑。(图 5-11)

图 5-11 GDEM 数据下载页面

2. 数据的加载

(1)将下载的数据放置到本地工作文件夹,并将其解压。

(2)启动 ArcMap,使用"添加数据"按钮加载其中以 DEM_UTM. img 结尾的文件(下载的每一幅 DEM 数据都包括三个文件:img 格式的

两个文件,其中 DEM 包含栅格数据、NUM 用来定义坐标系统;jpg 格式的文件是预览文件)。(图 5 – 12)

图 5 – 12　添加下载的 GDEM 栅格数据

(3)观察发现:1.我们设定的研究区域(河南禹州市范围)被分割在了两幅图层上,因此需要对图层进行拼接;2.需要将研究区域从图层中裁剪下来;3.这两幅 DEM 数据都采用了 UTM 坐标系,而为了与其他数据坐标系统的统一,还需要将其转换为北京 1954 年坐标系。

3. 数据的镶嵌

(1)GIS 中对栅格图层的拼接称为"镶嵌"(mosaic)。启动 ArcToolbox 工具箱的"数据管理工具"→"栅格"→"栅格数据集"→"镶嵌至新栅格"工具对话框。在"输入栅格"中加载上述两幅栅格数据图层;"输出位置"选择为本章练习的文件夹;在"具有扩展名的栅格数据集名称"中输入新的栅格数据名称为 gdem30_yz;在"波段数"输入 1。点击"确定"后进行两幅栅格图层的拼合。(图 5 – 13)

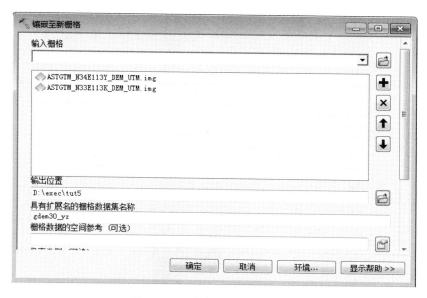

图 5-13 镶嵌栅格图层对话框

（2）如图 5-14 所示，通过图层镶嵌，我们已经将两幅 DEM 拼合为一幅 DEM。

图 5-14 拼合后的新 DEM 图层

4. 转换投影坐标系

参照本书第二章的相关练习,将拼合后的 DEM 图层 gdem30_yz 从 UTM 坐标系(WGS_84_UTM_ZONE_49N)转换为北京 1954 年坐标系(Beijing_1954_GK_Zone_19),命名为 gdem30_yz_54。

5. 数据的裁剪

(1)重新启动 ArcMap,并依此加载 gdem30_yz_54 栅格图层和 yz_54 矢量图层。(图 5 – 15)

图 5 – 15 加载了统一坐标系的栅格和矢量图层

(2)现在矢量图层和栅格图层的坐标系统都统一为北京 1954 年坐标系,下面我们就可以根据矢量图层划定的范围对栅格图层进行裁剪。

启动 ArcToolbox 工具箱的"Spatial Analyst 工具"→"提取分析"→"按掩膜提取"工具对话框。在"输入栅格"中选择 gdem30_yz_54;在"输入栅格数据或要素掩膜数据"中选择 yz_54;在"输出栅格"中输入 yzdem30。(图 5 – 16)点"确定"后对栅格图层按照矢量图形的范围进行裁剪。

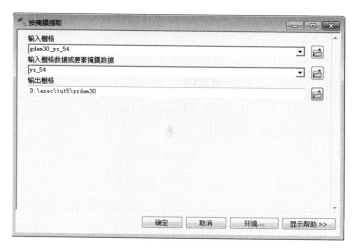

图 5-16　按掩膜提取栅格图层对话框

（3）裁剪完毕后，在导航栏中关闭除了新生成的栅格图层 yzdem30 之外的所有图层，并对 yzdem30 的显示属性进行设置，效果如图 5-17 所示：

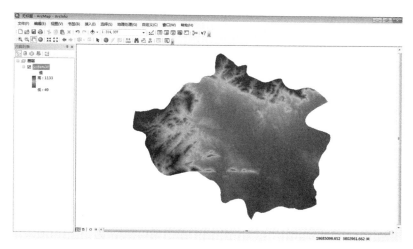

图 5-17　按照研究区域裁剪的 DEM 图层

综合思考：综合第一至五章的练习，思考在 GIS 支持的考古和文化遗产管理项目中如何实现不同来源的数据资料地理坐标的统一？

第六章　地理数据库与空间数据的汇总、查询与展示

本章主要练习使用 ArcGIS 对空间数据进行关联、汇总、查询与展示的基本方法,内容包括矢量数据和栅格数据两部分。练习之前先在本地电脑建立一个文件夹,命名为"tut6",并将练习的数据保存在此文件夹下。

一　矢量数据的关联、连接、汇总、查询与展示

矢量数据是构建地理数据库的核心。GIS 中常用数据表来构建关系型的地理数据库,其中不同表格之间的数据通过关键字段的关联建立联系,而借助于图形与属性之间的关联,则可以实现对地理空间数据的汇总与查询。地理数据库的构建及其查询、汇总在考古学和文化遗产管理实践中有广泛的应用,本章练习使用的数据来源于希腊 Kythera 岛田野考古调查项目,相关介绍可参考网站 www.ucl.ac.uk/kip。

1. 空间数据的关联

(1)首先,使用 Office 软件打开本章练习文件夹下的 Excel 文件 kip_obs.xls。观察发现这个表记录了 Kythera 岛上每个考古遗址调查采集的黑曜石遗物的情况。表格按照遗物来记录,每条记录包括了该黑曜石所在的遗址(site_id)、类型(category)和测量数据包括的长度(length)、宽度(width)和厚度(thickness)。表格中共有 800 条数据,即记录了 800 件调查采集的黑曜石的情况。

(2)将该文件 kip_obs.xls 保存为 DBF 格式的文件 KIP_OBS.DBF。

注意:Office 2007 以上版本使用 Excel 软件无法直接保存 dbf 格式文件,需要借助于 Access 实现;如果保存为 csv 格式的文件,在 ArcMap 中则无法正确加载数值与文本混合的字段,如本练习中的 site_id 字段

将统一转换成数值型字段,从而导致文本内容的丢失。

(3)打开 ArcMap,添加 kip_cont. shp、kip_sites. shp 和 KIP_OBS. DBF 三个数据文件。其中 KIP_OBS 作为数据表加入到了 Source 中,但并没有显示。(图 6-1)

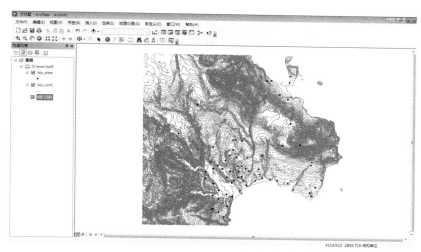

图 6-1　添加田野考古调查图层和数据文件

(4)在导航栏中,分别选择 kip_sites 和 KIP_OBS 图层,右键点击"打开属性表"发现这两个数据表格之间是"一对多"的关系:一个遗址采集有多件黑曜石,而每件黑曜石只能属于一个遗址。这两个图层之间的关键字段分别是"SITE_NO"和"SITE_ID"。下面我们就利用这两个字段建立表格之间的关联。

(5)在导航栏中,右键点击 kip_sites 图层,选择"连接和关联"→"关联",打开"关联"对话框。在"选择该图层中关联将基于的字段"为 SITE_N0;"选择要关联到此图层的表或图层,或者从磁盘加载"为 KIP_OBS;"选择关联或图层中要作为关联基础的字段"为 SITE_ID;"为关联选择一个名称"为关联 1。点"确定"后,完成两个图层之间的关联。(图 6-2)

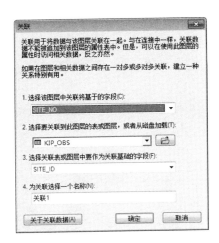

图6-2 建立关联对话框

（6）建立了关联的两个图层表面上看不出任何变化。但用鼠标点击工具栏中的识别按钮 ⬤，并在地图显示栏中点击其中的某个遗址，即可查询该遗址点的属性信息和关联信息。如图6-3所示，093号遗址点采集到的所有黑曜石信息都关联到了该点上。

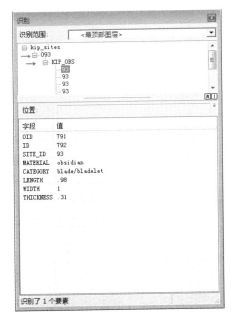

图6-3 查询关联属性对话框

2. 数据的汇总

在地理数据库中，通过"一对多"的关系实现空间数据的查询和分类展示比较困难，通常情况下需要将"一对多"的关系转换成"一对一"的关系。"一对多"到"一对一"的转换需要对数据进行汇总。

(1)在导航栏中，右键点击 KIP_OBS 图层，选择"打开属性表"。在属性表中我们看到，SITE_ID 字段有若干重复记录，这是因为每个遗址会出土多件黑曜石遗物。那么我们就可以根据 SITE_ID 字段进行汇总，生成新的表格，计算每个遗址出土黑曜石的总体状况。

(2)右键点击 SITE_ID 字段头，在下拉菜单中选择"汇总"，打开汇总对话框。在"选择一个或多个要包括在输出表中的汇总统计信息"下，展开"LENGTH"字段，选中"平均"；指定输出表为 obs_cont（注意：保存为 dBASE 格式）。（图 6-4）

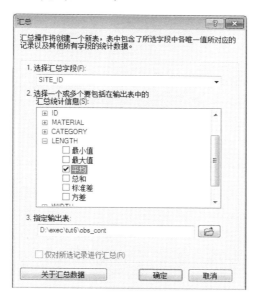

图 6-4　汇总属性对话框

点击"确定"后将汇总后的表格加载至导航栏，并用右键点击，选择"打开属性表"将其打开，如图 6-5 所示：SITE_ID 字段变成了唯一字段，即每个遗址一条记录；Count_SITE_ID 字段记录的是从原表格 KIP_OBS 中汇总了多少个 SITE_ID 相同的字段，即每个遗址采集了多少件黑曜石;Average_LENGTH 字段记录的是所有 SITE_ID 相同的记录的 LENGTH 值的平均值,即每个遗址所有采集的黑曜石的平均长度。

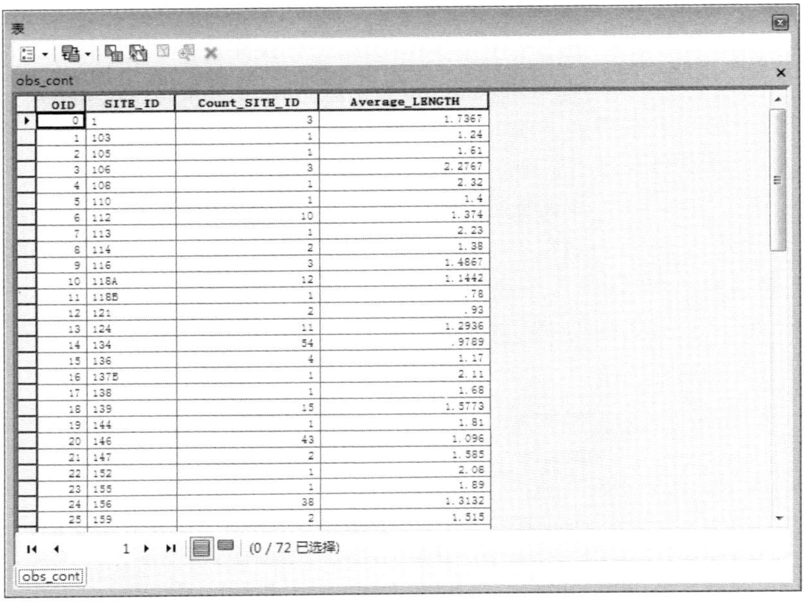

OID	SITE_ID	Count_SITE_ID	Average_LENGTH
0	1	3	1.7367
1	103	1	1.24
2	105	1	1.61
3	106	3	2.2767
4	108	1	2.32
5	110	1	1.4
6	112	10	1.374
7	113	1	2.23
8	114	2	1.38
9	116	3	1.4867
10	118A	12	1.1442
11	118B	1	.78
12	121	2	.93
13	124	11	1.2936
14	134	54	.9789
15	136	4	1.17
16	137B	1	2.11
17	138	1	1.68
18	139	15	1.5773
19	144	1	1.81
20	146	43	1.096
21	147	2	1.585
22	152	1	2.08
23	155	1	1.89
24	156	38	1.3132
25	159	2	1.515

图 6-5　汇总后表格

3. 数据的连接与分类展示

上述汇总后的表格 obs_cont 是按遗址记录的采集遗物的情况,那么与矢量图层 kip_sites 之间就是"一对一"的关系,因此下面我们采用"连接"的方法将这两个表格(obs_cont 表和 kip_sites 的属性表)连接起来,并根据汇总的遗物的属性对遗址点进行分类展示。

(1)导航栏中右键点击 kip_sites 图层,在下拉菜单中点击"连接和关联"→"连接",打开"连接数据"对话框,在"选择该图层中连接将基于的字段"为 SITE_NO;在"选择要连接到此图层的表,或者从磁盘加载表"中选择 obs_cont;"选择此表中要作为连接基础的字段"为 SITE_ID。点"确定"后完成数据连接。(图 6-6)

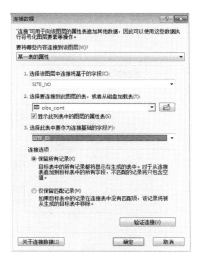

图 6-6 连接数据对话框

(2)打开 kip_sites 图层的属性表,可以看到 obs_cont 表已经根据关键字段连接进来,下面可依据其属性值进行分类展示。

(3)导航栏中,右键点击 kip_sites 图层,打开"属性"对话框。在"符号系统"选项卡下,选择"显示"方式为"数量"→"分级符号";选择分级显示的"字段值"为 Count_SITE_ID;符号大小为 4-18;颜色为红色。(图 6-7)

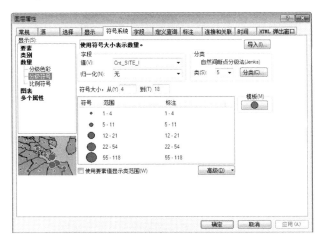

图 6-7 调整符号显示系统

点击"确定"后,显示按符号分级显示的遗址大小,如图6-8所示;符号的大小代表了该遗址采集到的黑曜石的数量的多少。

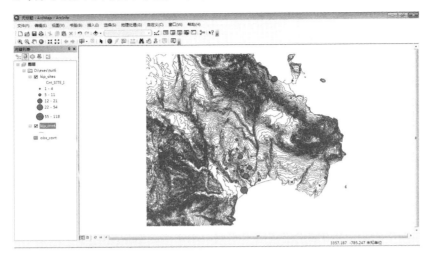

图6-8 按出土黑曜石数量的分级展示

(4)下面请按照各遗址采集到的黑曜石的平均长度分类展示。结果如图6-9所示:

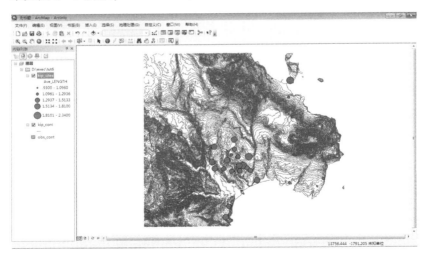

图6-9 按出土黑曜石平均长度的分级展示

4. 基于属性信息和空间信息的查询

假设我们有这样一个研究的需要:选择青铜时代早期第Ⅱ段(公元前2700—前2200)发现黑曜石数在 5 个以上,且距离海岸线 1 公里范围内的遗址。我们可以按照以下的步骤完成这个选择过程。

(1)首先在 ArcMap 的菜单中点"选择"下的"按属性选择",打开属性选择对话框。选择"图层"为 kip_cont;字段"LAYER"的属性值为 0 的空间数据,即选海拔高度为 0 的海岸线。(图 6 – 10)

图 6 – 10　按海拔高度属性选择海岸线

点"确定"后将海拔高度为 0 的等高线选择出来,如图 6 – 11 所示。

(2)关闭属性选择对话框,然后重新打开它。这次,选择的对象是 kip_sites 文件。这里我们要同时选择年代信息和黑曜石计数的信息。因为年代为青铜时代早期第Ⅱ段的信息记录在 EBII1 字段中,其中属性值为 2 和 3 的记录表示存在这一时期的遗存,符合条件。黑曜石计数的信息记录在 Count_SITE_ID 字段中,其中大于 5 的值符合条件。所以,满足需求的 SQL 语句如图 6 – 12。注意其中 OR 和 AND 的使用。

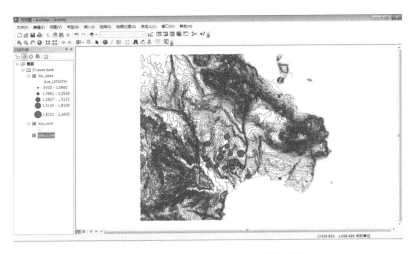

图 6-11　选择海拔高度为 0 的海岸线

图 6-12　按照年代和属性信息的综合选择

点"确定"后将所有属于青铜时代早期第Ⅱ段,发现黑曜石数量大于 5 的遗址选择出来,如图 6-13 所示。

(3)下面再进行空间位置的选择。这次从"选择"菜单中点击"按位置选择",打开空间位置查询对话框。注意:我们是要从上述已经选择出来的信息中继续选择,即"选择方法"为"从当前在以下图层中选

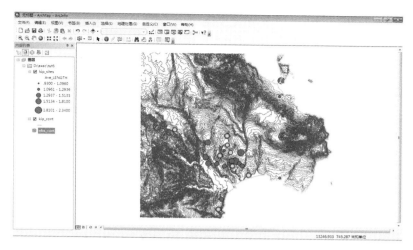

图6-13　青铜时代早期第Ⅱ段发现黑曜石数量大于5的遗址

择的要素中选择";被选择的"目标图层"是 kip_sites;"源图层"为 kip_cont(我们上面已经选择了该图层中海拔高度为0的海岸线,因此下面的处理均只针对该海岸线进行,而不是所有的等高线);"空间选择方法"是"目标图层要素在源图层要素的某一距离范围内";"应用搜索距离"设置为1000,即距离海岸线1公里的范围。(图6-14)

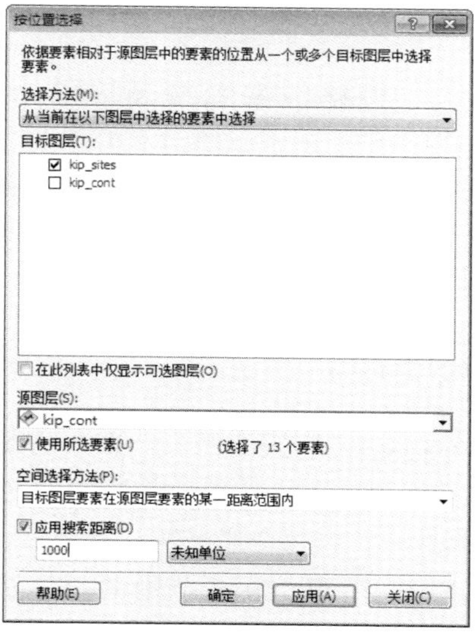

图6-14　按位置选择对话框

点击"确定"后完成最终的选择,即选择所有"距离海岸线1公里范围内属于青铜时代早期第Ⅱ阶段且采集到的黑曜石数大于5的遗址"。(图6-15)

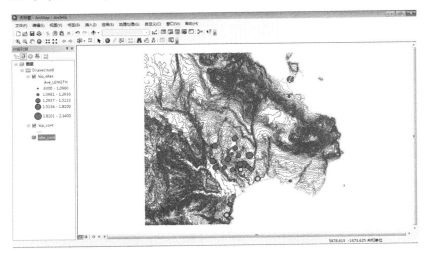

图6-15 按照属性信息和空间信息综合选择的遗址

下面还可以点击导航栏中的 kip_sites 图层,选择"数据"→"导出数据",将最终选择的遗址点图层导出为新的图层。

二 栅格数据的查询与统计

栅格数据的查询与统计是 GIS 进行景观考古分析的常用手段,栅格数据的查询包括基于栅格与栅格数据、矢量与栅格数据之间的查询,下面的练习主要是矢量与栅格数据之间的查询。

矢量——栅格数据查询

(1)关闭 kip_cont 图层,加载练习文件夹下的栅格图层 slope。这是一个记录研究区域地表坡度状况的栅格图层。(图6-16)

(2)下面我们据此来查询每个遗址所处位置的坡度状况。

首先,生成遗址所处位置200米范围的圆形缓冲区。打开 ArcToolbox 工具栏下的"分析工具"→"邻域分析"→"缓冲区"对话框。如图6-17所示:在"输入要素"中选择 kip_sites;"输出要素类"保存到本

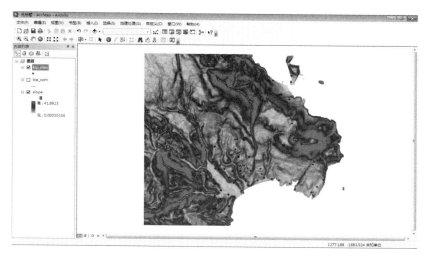

图 6-16 坡度栅格图层与考古遗址

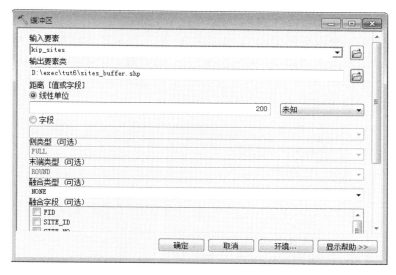

图 6-17 缓冲区分析对话框

章练习文件夹下,命名为 sites_buffer;"距离"输入 200,即 200 米的范围。点击"确定"后生成以各遗址为中心的 200 米范围的缓冲区。

结果如图 6-18 所示:

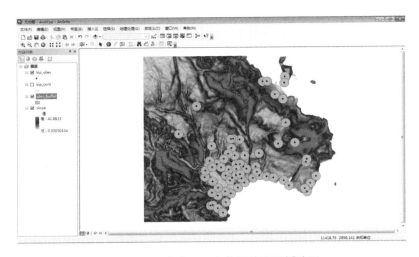

图 6-18 遗址 200 米范围的圆形缓冲区

(3) 查询并统计各遗址 200 米缓冲区范围内坡度状况。

打开 ArcToolbox 工具栏下的"Spatial Analyst 工具"→"区域分析"→"以表格显示分区统计"对话框。在"输入栅格要素或要素区域数据"中选择 sites_buffer;"区域字段"选择为 SITE_ID,即按遗址编号统计;"输入赋值栅格"选择为 slope,即坡度;"输出表"为 stat_sites;"统计类型"选择为 ALL,即各种统计。(图 6-19)

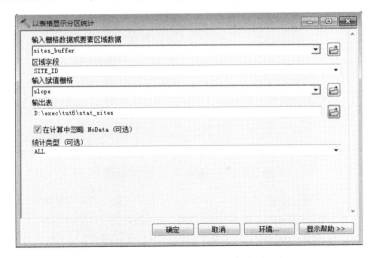

图 6-19 以表格显示分区统计对话框

点“确定”后将统计的结果加载至导航栏。右键点击 stat_sites，选择“打开”，打开统计表，如图 6－20 所示：其中 SITE_ID 为遗址的编号；字段 COUNT 和 AREA 记录的是缓冲区范围内栅格的数量和总面积；字段 MIN、MAX、RANGE、MEAN、STD、SUM 分别记录的是缓冲区范围内坡度栅格的最小值、最大值、值域、均值、标准差和总和。

Rowid	SITE_ID	ZONE-COD	COUNT	AREA	MIN	MAX	RANGE	MEAN	STD	SUM
1	074	1	315	126000	.243678	11.224471	10.980793	5.047208	2.630994	1589.8706
2	076	2	311	124400	.216556	20.294359	20.077805	7.906354	5.322443	2458.876
3	075	3	245	98000	2.010449	10.600869	8.590421	5.724273	1.896057	1402.4468
4	071	4	317	126800	1.534711	14.335775	12.801064	5.428678	2.822161	1720.891
5	072	5	304	121600	.290577	12.552129	12.261552	5.787711	3.246344	1759.464
6	073	6	209	83600	.841625	18.793613	17.951988	8.581148	4.288555	1793.4601
7	064	7	265	106000	.195719	13.088463	12.892744	4.857132	3.241506	1287.1399
8	060	8	313	125200	.388045	20.812113	20.424068	8.439793	5.121128	2641.6553
9	062	9	315	126000	.463848	16.238045	15.774197	8.773872	4.241106	2763.7698
10	061	10	269	107600	.888120	26.682098	25.793978	12.140569	7.35302	3265.813
11	063	11	270	108000	.159338	20.589668	20.43033	10.277041	4.821406	2774.801
12	065	12	242	96800	.062918	16.361708	16.29879	6.118843	4.31837	1480.76
13	066	13	214	85600	.473171	20.699884	20.226713	7.894463	5.005412	1689.415
14	069	14	317	126800	.367067	11.401313	11.034245	5.015684	2.087021	1589.9716
15	070	15	287	114800	1.038098	17.093513	16.055416	7.852541	3.188831	2253.6794
16	068	16	284	113600	.165774	13.05575	12.889976	4.869667	2.75931	1382.9854
17	091	17	312	124800	.668356	18.809765	18.141409	8.9333	4.322639	2787.1895
18	090	18	314	125600	.429736	19.716051	19.286316	8.670134	4.198792	2722.4219
19	099	19	309	123600	2.951129	22.455643	19.504513	13.589999	4.100425	4199.3101
20	100	20	94	37600	1.343577	24.690792	23.347216	9.4911	4.522311	892.16839
21	117	21	240	96000	.046175	14.719307	14.673132	6.369556	3.082736	1528.6932
22	097	22	261	104400	2.805642	26.270292	23.464649	11.970433	6.511657	3124.283
23	116	23	298	119200	.899843	24.428509	23.528666	10.555799	6.328189	3145.6282
24	087	24	275	110000	.420185	17.611019	17.190834	6.273616	5.454535	1725.2444
25	129	25	236	94400	.242243	12.289982	12.047739	3.162493	2.467775	746.34845
26	130	26	306	122400	.144514	16.764969	16.620455	7.947904	4.661886	2432.0583

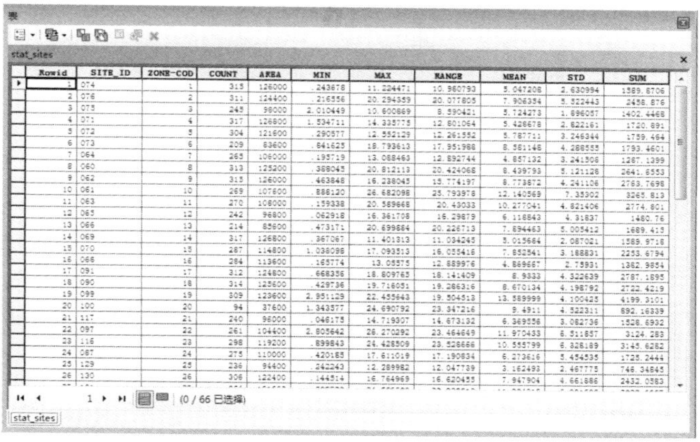

图 6－20　按遗址缓冲区统计的坡度状况

(4) 观察遗址坡度的分布状况。

在统计表左上方的“表选项”下拉菜单中选择“创建图表”。在创建图表向导对话框中，选择“图表类型”为直方图；“图层/表”为 stat_sites；“值字段”为 MEAN，即均值；“图格数目”为 12。(图 6－21)

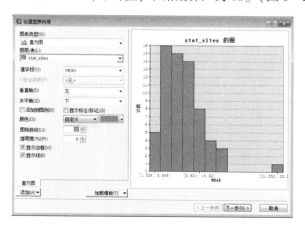

图 6－21　创建图表对话框

点击"下一步"生成图表,如图6-22。观察可见遗址的坡度为偏态分布,多数遗址集中在3-6度之间缓坡上。

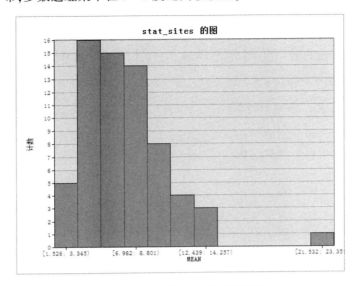

图6-22　遗址坡度统计直方图

思考:我们能否直接依据遗址点而不是遗址缓冲区来统计各遗址的坡度分布状况?为什么?

第七章　空间数据的表面插值

很多情况下,我们采集到的考古空间数据是以离散点的形式存在,这些点记录的数据准确,称为空间采样点。但是,在实际应用中却可能用到这些采样点之外的数值,这样就需要通过已知采样点的数值来推算未知采样点的数值。这个过程称为空间数据的表面插值(Interpolation)。插值的结果是生成连续的栅格表面,这对于考古学空间分析尤其是景观分析具有重要作用。因此,本章将主要练习空间数据的表面插值方法。练习之前先在本地电脑建立一个文件夹,命名为"tut7",并将练习的数据保存在此文件夹下。

一　常用表面插值法

常用的表面插值法包括:趋势面插值、反距离加权插值、样条函数插值、克里格插值等。不同的插值方法产生不同的插值效果,究竟使用哪种具体的方法取决于数据空间分布的特点以及研究的需要。下面我们以采集的考古数据为依据,尝试使用不同的插值法生成栅格表面。

1. 加载数据、设定工作环境

(1)启动 ArcMap,将本章练习文件夹下的子文件夹 exec1 中的所有数据加载至 ArcMap,包括 sites.csv、boundary.shp 和 chin.shp。打开 sites.csv 表格,观察数据表。这个表格记录了中国主要早期稻作农业遗址点的经纬度和碳十四测年数据的信息,我们希望据此生成栅格表面,反映稻作农业的传播过程。

(2)参照第二章的练习,利用"添加 XY 数据"工具将表格中的遗址点按照经纬度坐标添加到图上,并重新输出命名为 sites.shp。(图 7-1)

(3)由于考古工作的局限,我们还大量缺乏广大地区最早稻作农

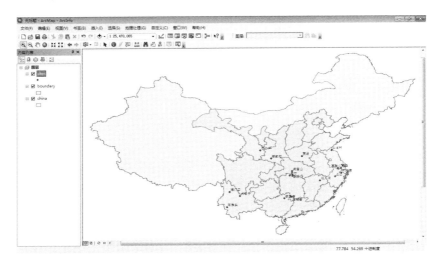

图7－1　中国主要早期稻作农业遗址分布图

业出现的碳十四数据,因此这里暂时将空间插值分析的范围设置为开展工作相对较多的区域,即 boundary 图层的范围。

点击"地理处理"菜单下的"环境"工具,设置工作环境。在对话框中,将"处理范围"设置为"与图层 boundary 相同";将"栅格分析"中的"掩膜"设置为 boundary。(图7－2)

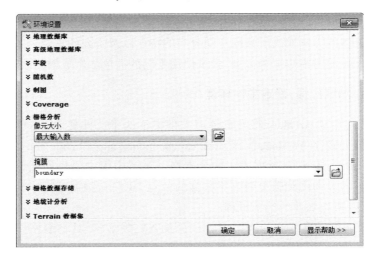

图7－2　设置空间插值的工作环境

(4)启动"自定义"菜单下的"扩展模块"对话框,将其中的 3D Analyst 和 Spatial Analyst 两个模块打开。(图 7-3)

2. 趋势面插值

(1)我们首先尝试使用趋势面(Trend Surface)插值法。启动 ArcToolbox 工具箱下的"3D Analyst 工具"→"栅格插值"→"趋势面法"工具。在"输入点要素"中选择 sites,"Z 值字段"选择为碳十四数据 CAL;输出栅格命名为 trend_1;"多项式的阶"输入为 1,即 1 阶多项式。(图 7-4)

图 7-3 启动空间分析模块

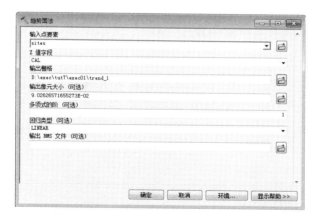

图 7-4 趋势面插值法工具对话框

点"确定"后耐心等待插值结束。

(2)重新调整插值后栅格图层的显示效果:采用"拉伸的方式"显示趋势面栅格图层 trend_1;将 boundary 图层置于趋势面图层 trend_1 之上,并设置为空心显示;将 china 图层置于最底部。最终显示结果如图 7-5 所示。

(3)重新运行趋势面插值工具,但将"多项式的阶"分别输入 2 和

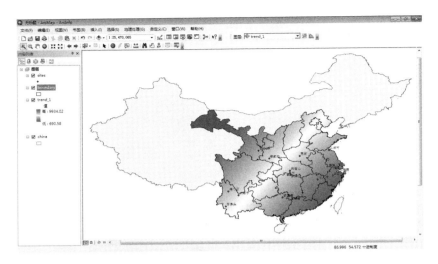

图 7-5　中国早期稻作农业传播的一阶趋势面图

3,插值结果命名为 trend_2 和 trend_3。观察 2 阶多项式和 3 阶多项式趋势面插值的结果有何不同。

3. 反距离权重插值(IDW)

(1)启动 ArcToolbox 工具箱下的"3D Analyst 工具"→"栅格插值"→"反距离加权法"工具。在"输入点要素"中选择 sites,"Z 值字段"选择为碳十四数据 CAL;"输出栅格"命名为 idw_2;"幂"输入为 2。(图 7-6)

图 7-6　反距离加权插值法工具对话框

点"确定"后观察插值结果,如图7-7所示:

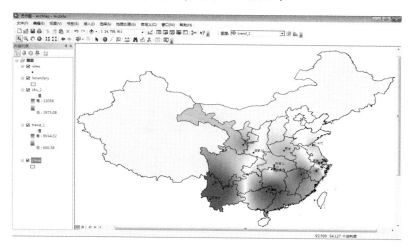

图7-7 中国早期稻作农业传播反距离加权插值图

(2)重复反距离加权插值,但将"幂"参数设置为4,结果保存为trend_4,观察插值结果。

4.样条函数法

(1)启动 ArcToolbox 工具箱下的"3D Analyst 工具"→"栅格插值"→"样条函数法"工具。在"输入点要素"中选择 sites,"Z 值字段"选择为碳十四数据 CAL;"输出栅格"命名为 spline_1;"权重"输入为0.1。(图7-8)

图7-8 样条函数插值法工具对话框

点"确定"后观察插值结果,如图7-9所示:

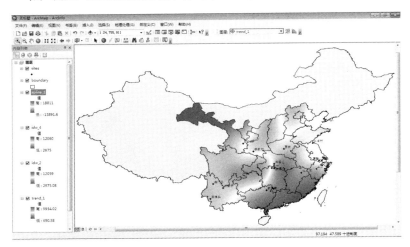

图7-9 中国早期稻作农业传播样条函数插值图

(2)重复样条函数插值,但将"权重"参数设置为0.2,结果保存为spline_2,观察插值结果。

思考:综合比较上述各种插值方法的结果,各种插值方法的特点如何?分别适用于哪种类型的数据和分析?

二 密度分析

密度分析是考古学空间分析常用的方法,某一时期的聚落分布密度图、地表遗物分布密度图等常用来了解一个时期或某一时段内人类活动的特征。密度分析包括:点密度分析和核密度分析。无论是点密度还是核密度分析都需要设定一定的搜索区域。其中,点密度分析中,落在搜索区域内的点或线有相同的权重,先对其求和,再除以搜索区域的大小,从而得到每个点的密度值;核密度分析中,落入搜索区的点具有不同的权重,靠近搜索中心的点会被赋予较大的权重,反之则权重较小,它的计算结果分布较平滑。

下面我们尝试利用区域考古调查的数据,计算区域相对人口分布密度图。练习使用的数据为内蒙古赤峰敖汉旗红山文化聚落分布状况。资料来源于《中国文物地图集·内蒙古分册》和30米空间分辨率的ASTER GDEM。

1. 导入数据、设置工作环境

(1) 重启 ArcMap,导入本章练习文件夹的子文件夹 exec2 下的所有矢量和栅格图层:dem80 为重采样后的 80 米分辨率数字高程模型;boundary.shp 为敖汉旗的边界,即研究的范围;sites.shp 为调查发现的红山文化遗址,其属性表中的 area 字段为调查记录的遗址面积(单位为:万平方米)。调整图层的叠放顺序和显示效果如图 7-10 所示:

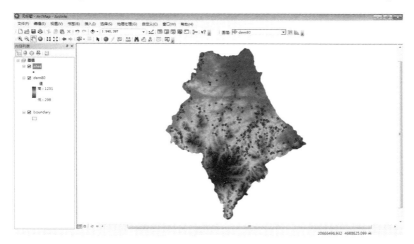

图 7-10 内蒙古敖汉旗红山文化遗址分布图

(2) 参照本章练习第一部分内容,设置工作环境:将"处理范围"设置为与 boundary 图层相同;"像元大小"设置为与 dem80 相同;"掩膜"设置为 boundary。

下面我们就根据这些考古调查资料计算该地区红山文化时期人口的相对密度图。计算主要基于如下考虑:

A. 研究表明:农业聚落有各自的生产活动范围,即遗址的资源域(catchment)。遗址资源域大小大致为步行 1 小时的范围,即约 5 公里半径。

B. 农业聚落资源域大致可以用以遗址为中心的泰森多边形表示,因此我们可以利用泰森多边形将遗址资源域的信息加入到密度分析中。

C. 聚落的面积与人口呈正相关,因此我们可以利用聚落面积的信息进行标准化处理,用来估算不同聚落之间的人口相对密度,并将这一信息也加入到密度分析的权重。

2. 生成各聚落的资源域

(1)启动 ArcToolbox 工具箱下的"Spatial Analyst 工具"→"距离分析"→"欧氏分配"工具对话框。如图 7-11 所示:在"输入栅格数据或要素源数据"中选择 sites;在"源字段"中选择 FID,即按每个遗址计算;在"输出分配栅格数据"中命名为 catch;在"最大距离"中输入 5000,即 5 公里的最大活动半径。

图 7-11　欧氏分配对话框

(2)点"确定"后,计算生成按照每个遗址计算的泰森多边形,即遗址的资源域,如图 7-12 所示:

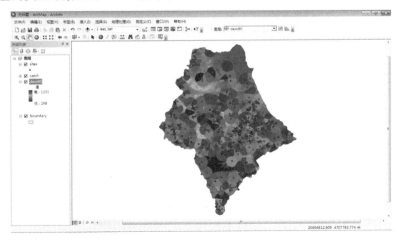

图 7-12　内蒙古敖汉旗红山文化聚落的资源域

3. 计算以聚落资源域和聚落面积为依据的人口相对密度权重值

(1) 导航栏中,右键点击 catch 图层,点击"打开属性表",观察发现:表中有三个字段 Rowid、VALUE 和 COUNT。前两个字段记录的是遗址的编号,COUNT 字段记录了每个遗址资源域范围内的栅格数量。下面我们就将这个表格的信息输出并关联到 sites 图层。

(2) 点击表格左上方的"表选项"下拉菜单,选择其中的"导出",将表格输出到本章练习子文件夹下,命名为 catchinfo,并加载到 ArcMap。

(3) 参照第六章的练习,将 catchinfo 表格连接到 sites 图层的属性表,关联的字段分别为 sites 图层属性表的 FID 和 catchinfo 表格的 VALUE。(图 7-13)

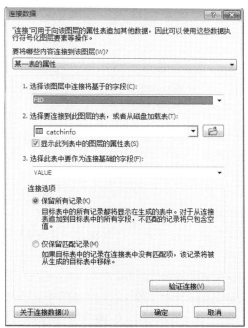

图 7-13　遗址图层与资源域信息的关联

(4) 计算按照遗址资源域的权重值。

首先,导航栏中右键点击 sites 图层,选择"打开属性表"。在"表选项"下拉菜单中,选择"添加字段"。新建一个字段,"名称"为 catchpower,"类型"为浮点型。

然后,在 sites 属性表中,右键点击新建的 sites.catchpower 字段头,在下拉菜单中选择"字段计算器"。如图 7 – 14 所示:在字段计算器中输入(3.1415926 * 5000 * 5000)/([catchinfo.COUNT] * 80 * 80)。其中,3.1415926 * 5000 * 5000 为理论上遗址资源域的最大值;[catchinfo.COUNT] * 80 * 80 为各遗址资源域的实际值,80 为栅格分辨率。

图 7 – 14　字段计算器计算遗址资源域权重值　　图 7 – 15　字段计算器计算遗址相对人口权重

点"确定"后完成对遗址资源域权重值的计算。

(5)再计算按照遗址面积估算的相对人口权重。

首先,在 sites 图层的属性表中再次新建一个字段,命名为 poppower,类型为浮点型。

然后,查看 area 字段,遗址面积最大值和最小值分别为 20 和 0.005。

右键点击 sites.poppower 字段头,下拉菜单中选择"字段计算器",输入"([sites.area] – 0.005)/(20 – 0.005)",即按照 min – max 方法对遗址面积值进行标准化处理。(图 7 – 15)

点"确定"后完成对遗址相关人口权重的计算。

(6)最后,在 sites 属性表中再新建一个字段,命名为 power,类型为浮点型。再次利用"字段计算器"计算"[sites.catchpower] * [sites.poppower]"作为最终的权重值。

4. 计算人口相对密度图

(1)启动 ArcToolbox 工具箱下的"Spatial Analyst 工具"→"密度分析"→"核密度分析"工具对话框。在"输入点或折线(polyline)要素"中选择 sites;在"Population 字段"中选择权重字段 sites.power;"输出栅格"为 dens_k;设置"搜索半径"为 5000。(图 7 – 16)

图 7 – 16　核密度分析工具对话框

(2)点"确定"后,计算生成以遗址资源域和相对人口数量权重的人口相对密度图。调整显示效果,如图 7 – 17 所示:

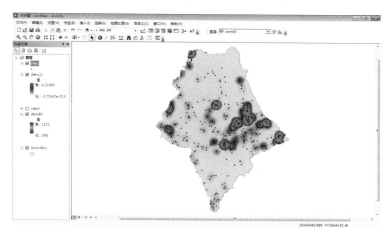

图 7 – 17　内蒙古敖汉旗红山文化时期人口相对密度图

思考:按照遗址资源域和聚落面积权重的密度图与单纯的聚落分布密度图有何区别?

第八章　数字高程模型及其精度评估

本章主要练习使用空间插值(Interpolation)从等高线和高程点生成数字高程模型(Digital Elevation Model,简称 DEM)的方法以及如何对 DEM 数据的质量进行有效评估。练习之前先在本地电脑建立一个文件夹,命名为"tut8",并将练习的数据保存在此文件夹下。

DEM 是利用 GIS 进行考古学空间分析,尤其是景观考古学研究中最重要和最基础的数据。DEM 质量的好坏对空间分析和景观分析的有效性有重要的影响,因此任何 GIS 空间分析都必须首先对其所使用的 DEM 数据进行质量评估,只有符合要求的 DEM 数据才能使用,这一点是目前很多 GIS 考古研究中常被忽略的重要内容。

DEM 数据的生成有两种主要的方法:1. 根据离散空间高程点的数据采用插值的方法生成(插值的方法包括:反距离加权、样条函数、多项式和克里格等方法);2. 根据摄影测量的原理,采用立体像对的方法生成。

第 1 种方法在有等高线和高程点的情况下生成的 DEM 质量较高,但制作成本较高,主要是矢量化过程费时费力。第 2 种方法生成过程快速,适合于大范围内 DEM 的制作,也是目前公开的 30 米分辨率的 ASTER GDEM 米和 90 米分辨率的 SRTM DEM 数据的制作方法,但缺点是干扰较多。

DEM 数据的质量主要是看生成的模型数据是否能够准确地表达真实地貌。由于存在插值所用底图不准确和等高线数据对相同高程点的过分强调的问题,会导致生成的 DEM 数据与真实地貌之间存在偏差。以下练习我们将采用第一种方法生成 DEM 数据,并对生成的数据进行质量评估。

一 利用 ArcGIS 水文模型生成 DEM

水文模型是 ArcGIS 独有的插值生成 DEM 的模型,具有其他插值生成 DEM 所不具备的优点,我们首先练习使用这一模型插值生成 DEM。练习使用的数据来自于河南禹州地区矢量化的 1:50,000 地形图。

1. 导入等高线和高程点数据

(1)启动 ArcMap,参照第四章练习的方法导入本章练习文件夹下的 DXF 文件 yzcontours.dxf。将多线段图层 polyline 中的 layer 字段属性为 LINE 和 LINE2 的线段(即等高线图层)提取出来,命名为 conts.shp,并加载到 ArcMap。

(2)同样,在点图层 point 中将字段属性为 POINT 的点提取出来,命名为 elevpoints.shp,也加载到 ArcMap。(图 8 – 1)

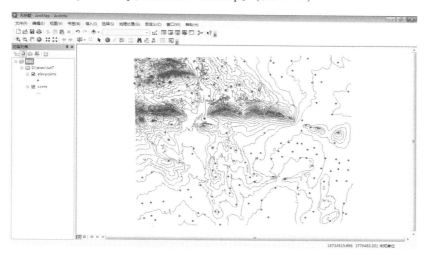

图 8 – 1 从 DXF 文件中提取的等高线和高程点图层

(3)将 DXF 图层从 ArcMap 中删除,只保留 SHP 格式的图层。

2. 利用水文模型生成 DEM

(1)在 ArcMap 的"自定义"菜单栏中启动"扩展模块"命令,并选中其中的 3D Analyst 和 Spatial Analyst 模块。(图 8 – 2)

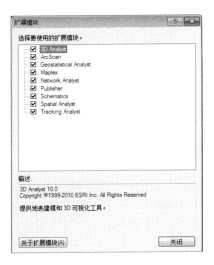

图8-2　扩展模块对话框

（2）启动ArcToolbox工具箱,在"3D Analyst工具"栏下启动"栅格插值"→"地形转栅格"模块。如图8-3所示:"在输入要素数据"下分别加载conts和elevpoints两个栅格图层;将conts图层"类型"设置为Contour,即等高线,"字段"为Elevation;将elevpoints图层"类型"设置为PointElevation,即高程点,"字段"为Elevation;"输出表面栅格"定位到本章练习文件夹,并命名为ydem15k;"输出像元大小"输入15,即15米栅格分辨率。点"确定"后进行DEM插值。

图8-3　地形转栅格工具对话框

（3）采用"拉伸"的方法重新显示ydem15k,如图8-4所示:

图8-4　采用 ArcGIS 水文插值模块生成的 DEM

(4)启动 ArcMap"自定义"菜单下的"工具条"→"Spatial Analyst"工具条。如图8-5所示：

图8-5　Spatial Analyst 工具条

将 ydem15k 图层加载进来,并点击右侧的"直方图"按钮,生成该 DEM 图层数据的直方图。(图8-6)

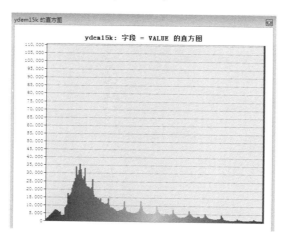

图8-6　DEM 直方图

思考：观察直方图,等高线插值生成的 DEM 数据有什么特点？为什么？

3. 正确显示 DEM 图层

（1）启动 ArcToolbox 工具箱下的"Spatial Analyst 工具"→"表面分析"→"山体阴影"工具。在"输入栅格"中选择 ydem15k；在"输出栅格"中定位到本章练习文件夹,并命名为 hillshaded。其他参数保存不变,点"确定"后生成名为 hillshed 的山体阴影栅格图层。（图 8-7）

图 8-7　山体阴影工具对话框

（2）在导航栏中,将 ydem15k 图层叠放在 hillshaded 图层之上,并在 ydem15k 图层的属性对话框中,选择"显示"选项卡,将"透明度"设置为 30。（图 8-8）

图 8-8　设置图层的透明度属性

点"确定"后显示结果如图 8-9 所示：

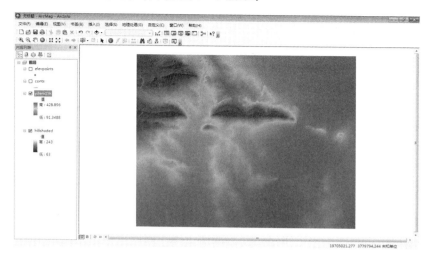

图 8-9　叠加了山体阴影效果的 DEM

二　不同插值方法生成 DEM 及其精度评估

利用等高线和高程点插值生成 DEM 非常常见，下面我们看看不同插值方法生成等高线的效果及其质量评估方法。练习使用的数据源自希腊 Kythera 岛的考古调查项目，详见 www.ucl.ac.uk/kip。

1. ArcGIS 水文插值法

（1）重启 ArcMap 加载一个新项目，并加载 k20m.shp、k_sh.shp 和 kcoast.shp 三个图层。

（2）利用上述第一节的方法，插值生成 DEM。注意：选择 k20m 为等高线、k_sh 为高程点、kcoast 为 Boundary 边界。输出的 DEM 命名为 k20_tg。

（3）利用 Spatial Analyst 工具条的直方图工具显示 k20_tg 的高程值分布，如图 8-10 所示。直方图表明插值结果产生了大量的等距穗状值，这是因为等高线上有大量高程相等的插值采样点所导致，因此这个 DEM 的质量并不好。

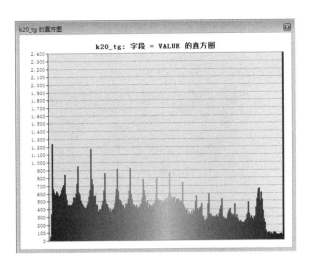

图 8 – 10　k20_tg 的直方图

（4）除了直方图之外，坡度图也是检验 DEM 质量的方法之一。在 ArcToolbox 工具箱中启动"Spatial Analyst 工具"→"表面分析"→"坡度"工具。如图 8 – 11 所示：在"输入栅格"中选择 k20_tg；在"输出栅格"中命名为 slope_k20_tg。其他参数保存不变，点"确定"后生成 k20_tg 的坡度图。

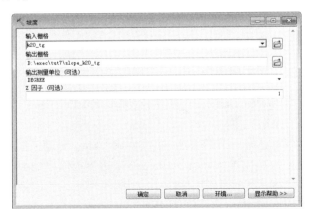

图 8 – 11　坡度命令对话框

在 k20_tg 的坡度图 slople_k20_tg 上可以观察到一些不太明显的"虎条斑"，这是使用单一类型等高线插值造成的结果。（图 8 – 12）

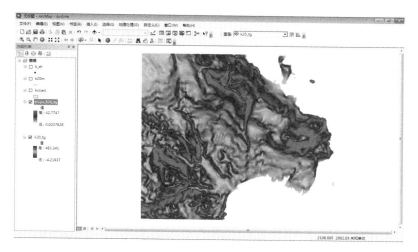

图 8-12　坡度图上的"虎条斑"现象

2. 反距离加权插值法(IDW)

反距离加权插值法生成 DEM 只能使用高程点,因此我们需要首先将等高线转换为高程点。

(1)等高线转高程点

在 ArcToolbox 中,选择"数据管理工具"→"要素"→"要素折点转点"。选择 k20m 图层为"输入要素";k20_p 为"输出要素类"。点"确定"后完成。(图 8-13)

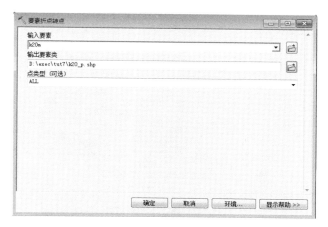

图 8-13　要素折点转点工具对话框

将新生成的点图层 k20_p 加载在 k20m 等高线之上，并放大到细节。观察可以发现，从 k20m 等高线上转换出来的点并不在等高线上均匀分布，相反如果等高线弯曲，则点的密度高，如果等高线平直，则点的数量少。（图 8 – 14）

需要注意的是，如果直接将等高线进行插值，程序会先将等高线栅格化，然后根据栅格后的等高线均匀插值。因此直接将等高线进行插值和首先将等高线转换成高程点后再插值，两种方法得到的结果是不一样的。

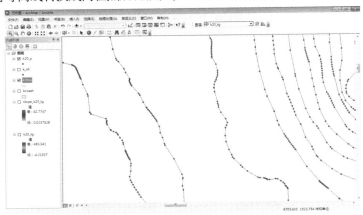

图 8 – 14　转为高程点的等高线细部

（2）合并点图层

在 ArcToolbox 中，选择"数据管理工具"下的"常规"→"合并"。选择 k20_p 和 k_sh 点图层进行合并，结果保存为 k_pts.shp 文件。其他接受默认设置。（图 8 – 15）

图 8 –15　合并矢量图层对话框

(3) 插值生成 DEM

我们现在进行反距离加权插值。在 ArcToolbox 的"3D Analyst 工具"下的"栅格插值"打开"反距离权重法"。选择 k_pts 作为插值输入的数据,结果为 k20_idw。在"环境"的"处理范围"中将"范围"设定为"与图层 k4_tg 相同";在"栅格分析"中将"像元大小"设定为"与图层 k4_tg 相同",将 kcoast 设定为"掩膜"。其他接受默认设置。点"确定"后完成插值。(图 8-16)

图 8-16 反距离加权插值生成 DEM 工具对话框

(4) 尝试利用直方图法和坡度法,观察利用反距离加权方法生成的 DEM 的质量如何。

3. 其他方法

我们可以尝试使用 ArcToolbox 工具箱下的"3D Analyst 工具"→"栅格插值"下的其他方法:"克里金法""样条函数法"等利用合并后的高程点 k_pts.shp 插值生成 DEM,并观察其质量。

思考:在实践中,采用哪种方法利用等高线插值生成 DEM 比较合适?如何提高等高线插值 DEM 的精度?如何评估 DEM 的精度?

第九章　空间定量分析（一）

本章主要练习使用 ArcGIS 和 Excel 软件实现普通统计学方法在考古学空间分析中的应用。练习包括两部分内容：线性回归分析和非参数检验。练习之前先在本地电脑建立一个文件夹，命名为"tut9"，并将练习的数据保存在此文件夹下。

一　景观考古调查与线性回归分析

景观考古调查是以景观考古学研究为目的开展的区域系统调查。本练习使用的案例数据来源于希腊 Antikythera 岛的考古调查项目。练习的方法和数据均可从网站 www.ucl.ac.uk/asp 上下载。

1. 调查方法的介绍与数据处理

（1）请大家参照文章练习文件夹下 tut1a_en.pdf 教案第Ⅲ至Ⅴ部分内容，完成对调查数据的处理。

（2）根据上述练习的数据，下面我们来考虑这样一个问题：根据每个调查斑块 tract 记录的信息，地表可视状况是否与采集遗物的密度相关？相关性有多强？

（3）首先，计算生成遗物分布密度字段。

在导航栏中，打开 t_walkerrecord 表格，右键点击 tract 字段头，选择"汇总"。在汇总对话框中分别选择 distance 和 sherds 中的"总和"，结果输出为 sum_sherds.dbf。（图 9-1）

（4）打开新生成的表格 sum_sherds，通过"表选项"添加一个字段，命名为 potdens，类型为浮点型。右键点击 potdens 字段头，选择"字段计算器"，计算 potdens 值为：[sum_sherds]/[sum_distance] * 5000。

（5）关闭该表格，在导航栏中将该表格 sum_sherds 通过关键字段 tract 连接到 asp_tracts 图层。

(6)在导航栏中,右键点击并打开 asp_tracts 图层的属性表,可以看到已经连接了两个表格:tract 属性表和汇总后的遗物表。下面就可以根据这两个表格中的相关信息进行回归分析。

2. 线性回归分析

(1)在 asp_tracts 属性表中,点击"表选项"下的"创建图表"。选择"图表类型"为散点图;x 字段为 visibility;y 字段为 potdens。(图 9-2)

观察发现,地表可视度参数

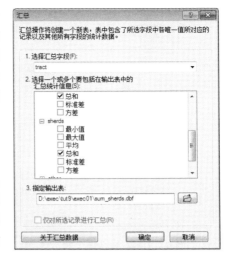

图 9-1　汇总对话框

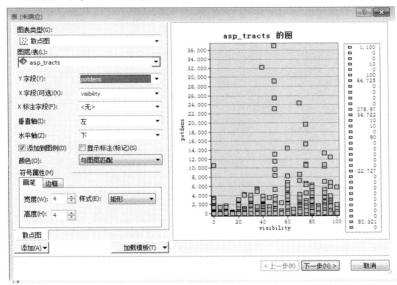

图 9-2　visibility 与 potdens 属性间的散点图

visibility 是一个离散型的变量,散点图中很难直接观察到该参数与地表采集遗物密度之间的关系,因此还需要进一步汇总处理。

(2)在 asp_tracts 属性表中,右键点击 visibility 字段头,选择"汇

图9-3 添加趋势线对话框

总"。这次汇总的是 sum_sherds. potdens 字段的"平均",结果输出为 sum_potdens. dbf。

(3)关闭 ArcMap,打开 Excel 软件。利用"打开"菜单将 sum_potdens. dbf 文件打开。

(4)选择 Visibility 和 Ave_potdens 两列数据制作散点图。

(5)右键点击该散点图中的散点部分,选择其中的"添加趋势线",如图9-3所示;选中其中的"显示公式"和"显示 R 平方值"。

(6)关闭后,在散点图上添加线性回归方程式和相关系数 R 平方值。(图9-4)

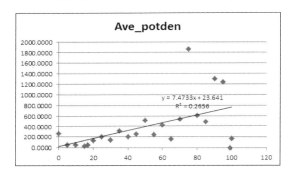

图9-4 添加了线性回归方程和 R 平方值的散点图

可以看到,地表可视度与采集遗物的密度之间的相关系数 R^2 为 0.2565,表明遗物的采集状况与地表可视状况之间存在较强的相关性。(计算可知,显著性水平为 0.01。)地表可视状况越好,采集到的遗物越多。

二 基于空间统计的非参数检验

景观考古分析中需要经常使用一些基于空间统计的非参数检验来考察一些景观要素与考古遗存之间的相关性。其中,最常用的非参数检验是"卡方检验"和"K-S 检验"。下面我们尝试依据第六章第二部分练习的内容,检验考古遗址的分布是否与坡度相关。练习数据来源于希腊 Kythera 岛的考古调查项目。

1. 加载并准备数据

(1)重启 ArcMap,加载本章练习文件夹的子文件夹 exec02 下的矢量数据 kip_sites 和栅格数据 k4_tg。其中,k4_tg 为调查区域的数字高程模型,kip_sites 为遗址点。

(2)在"地理处理"菜单下的"环境"中设置环境变量,其中"处理范围""栅格分析"→"像元大小"和"掩膜"均设置为"与图层 k4_tg 相同"。

(3)启动 ArcToolbox 工具箱下的"Spatial Analyst 工具"→"表面分析"→"坡度",生成 k4_tg 数字高程模型的坡度,命名为 slope。

(4)参照第六章第二部分的练习,统计遗址 200 米缓冲区范围内的坡度均值,结果保存为 stat_sites.dbf。

下面我们就根据这些遗址所处 200 米缓冲区范围内的坡度均值,检验遗址分布是否与坡度相关。

2. 计算非参数检验的背景数据

(1)启动 ArcToolbox 工具箱下的"Spatial Analyst 工具"→"重分类"→"重分类"工具对话框。如图 9-5 所示:在"输入栅格"中选择分类对象 slope;"输出栅格"为 re_slope;在"重分类字段"中选择 Value,即坡度值;点击重分类方法右侧的"分类"按钮,在"方法"中选择"定义的间隔",并将"间隔的大小"调整为 2,即按照 2 度进行分类。

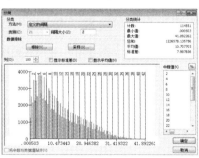

图 9-5a 重分类对话框　　图 9-5b 按照 2 度间隔定义重分类

(2)点"确定"后完成重分类,生成重分类后的坡度图 re_slope。在导航栏中,右键点击 re_slope 图层,选择"打开属性表"。观察发现:COUNT 一栏记录了按照 0—2、2—4……分类的各坡度区域的栅格总数。

(3)右键点击"表选项"按钮下的"导出",将该表格导出为 stat_slope.dbf 命名的文件。下面我们以此为背景数据对遗址的坡度分布进行统计检验。

3. Kolmogorov – Smirnov 检验

(1)关闭 ArcMap,启动 Excel 软件。首先,利用"打开"菜单打开上述生成的表格 stat_slope.dbf。

(2)生成两个新的数据列,分别为各坡度区域的面积"百分比值"(P_SLOPE)和"累计百分比值"(CP_SLOPE)。(图 9-6)

VALUE	COUNT	P_SLOPE	CP_SLOPE
1	10753	0.0938709	0.09387085
2	15222	0.132884	0.2267549
3	15015	0.131077	0.35783188
4	12173	0.1062671	0.46409896
5	10356	0.0904051	0.55450411
6	8628	0.0753202	0.62982427
7	7341	0.064085	0.69390926
8	6365	0.0555648	0.74947403
9	5718	0.0499166	0.79939066
10	5149	0.0449494	0.84434008
11	4410	0.0384981	0.88283821
12	3825	0.0333912	0.91622945
13	3221	0.0281185	0.94434793
14	2346	0.02048	0.96482789
15	1769	0.0154429	0.9802708
16	968	0.0084504	0.98872118
17	647	0.0056481	0.99436932
18	378	0.0032998	0.99766916
19	177	0.0015452	0.99921432
20	71	0.0006198	0.99983414
21	19	0.0001659	1
	114551		

图 9-6 生成各坡度区域的"累计百分比值"

(3)利用 Excel 打开遗址坡度表格 stat_sites.dbf。与上述坡度区域分类统计图不同的是,该表格是依据单个遗址统计的坡度状况,因此还需要按照同样的坡度分类进行分类汇总。

首先,生成一个新的数列,命名为 index,分别输入坡度分类值:2、4、6……24。(图 9-7)

	A	B	C	D	E	F	G
1	FID_	COUNT	AREA	MEAN		index	
2	0	312	124800.00000000000	5.10258000000			2
3	1	315	126000.00000000000	7.79059000000			4
4	2	243	97200.00000000000	5.68597000000			6
5	3	317	126800.00000000000	5.37123000000			8
6	4	302	120800.00000000000	5.77672000000			10
7	5	209	83600.00000000000	8.65034000000			12
8	6	262	104800.00000000000	4.82858000000			14
9	7	315	126000.00000000000	8.44732000000			16
10	8	314	125600.00000000000	8.82006000000			18
11	9	265	106000.00000000000	12.24660000000			20
12	10	274	109600.00000000000	10.20640000000			22
13	11	237	94800.00000000000	6.12984000000			24
14	12	218	87200.00000000000	7.92055000000			
15	13	314	125600.00000000000	5.05073000000			
16	14	286	114400.00000000000	7.87351000000			
17	15	283	113200.00000000000	4.86682000000			
18	16	312	124800.00000000000	8.90683000000			
19	17	316	126400.00000000000	8.84374000000			
20	18	313	125200.00000000000	13.60490000000			
21	19	88	35200.00000000000	9.18657000000			
22	20	242	96800.00000000000	6.33400000000			

图 9 - 7　生成坡度分类值字段 index

(4)启动"数据"菜单下的"数据分析"工具箱。(注:如果 Excel 中没有该工具箱,则需要从 Excel 的选项中手动加载该项功能。)启动其中的"直方图"分析工具。(图 9 - 8)

图 9 - 8　直方图分析工具

在"输入区域"中选择所有"MEAN"字段的数据(包括字段头);在"接收区域"中选择所有"index"字段的数据(包括字段头);选中"标志"选项和"累积百分率"选项;"输出区域"选择一个新的位置。

(5)点"确定"后生成分类汇总的结果,如图 9 - 9 所示:

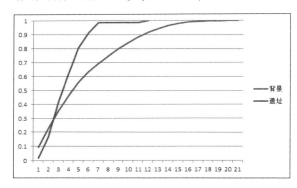

图 9-9　分类汇总后的各坡度区间内的遗址统计数量和数量累积百分比

汇总表中,index 一栏为坡度分类区间;频率为各坡度分类区域中的遗址数量;累积% 为遗址数量的累积百分比。

(6)分别将 stat_slope 和 stat_sites 表中的按照遗址坡度区间分类统计后的累积百分比一栏,拷贝到同一个 Excel 文件中,并在一个图表中将这两列数据制作成折线图。(图 9-10)

图 9-10　遗址坡度分布 Kolmogorov-Smirnov 检验累积百分比曲线图

(7)计算可知:这两条曲线之间的最大间距为 0.290939。根据 Kolmogorov-Smirnov 检验的阈值计算公式,在 0.05 的显著性水平上,Kolmogorov-Smirnov 检验的阈值为:

$1.36 * SQRT((n1 + n2)/(n1 * n2))$

$= 1.36 * SQRT((66 + 114551)/(66 * 114551))$

$= 0.16745$

显然 D = 0.290939 大于阈值 0.16745,因此在 0.05 的显著性水平上,可以拒绝原假设而认为遗址的分布与坡度相关。

第十章 空间定量分析(二)

本章主要练习使用 SPSS 统计软件和 ArcGIS 的空间分析工具,实现高级空间分析方法在考古学研究中的应用。练习包括两部分内容:k 均值聚类和点的空间分布模式。练习之前先在本地电脑建立一个文件夹,命名为"tut10",并将练习的数据保存在此文件夹下。

一 k 均值聚类

k 均值聚类是空间分析中常用的方法,尤其适用于数据量较大的空间点的聚类分析,在考古学空间分析中有广泛的应用。本练习使用的数据,改编自英国 Boxgrove 一处旧石器时代遗址发掘探方的石制品分布状况。数据为全站仪测量的 1000 余件石制品的坐标。

1. 启动 SPSS 软件,导入数据

SPSS 软件全称"统计产品与服务解决方案软件"(Statistical Product and Service Solutions),是目前使用最为广泛的社会统计分析软件。SPSS 软件采用图形菜单驱动界面,使用 Windows 的窗口方式展示各种管理和数据分析方法的功能,操作界面友好,简单易学,不仅适用于中高级统计人员使用,也便于初级水平的统计人员学习,具有十分广泛的受众。2009 年 IBM 公司收购了 SPSS 软件的提供商,SPSS 软件更名为 IBM SPSS。我们使用的版本是 IBM SPSS 19.0。

(1)从计算机程序菜单中启动 IBM SPSS Statistics 软件。如图 10-1 为 SPSS 软件的主界面。

可以看到这是一个类似 Excel 表格的数据输入界面,左下角的"数据视图""变量视图"选项卡用于显示和处理数据或是进行数据变量的类型设置。上方的菜单栏一项是主要的工具栏:其中"数据"菜单用于数据的处理;"分析"菜单用于各种统计分析,是 SPSS 的主要功能菜

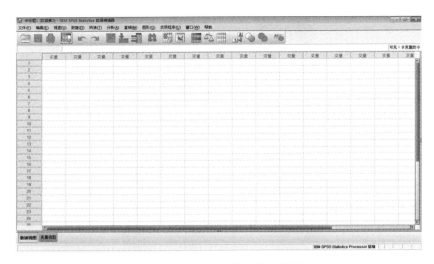

图 10-1　SPSS 软件的主界面

单;"图形"菜单用于分析结果的制图。下面我们尝试使用 SPSS 对考古空间数据进行 k 均值聚类分析。

(2)通过"文件"菜单下的"打开"→"数据"命令,启动"打开数据"对话框,如图 10-2 所示,定位到本章练习子文件夹 exec01,选择其中的 kmeansdata.csv 数据,将其打开。

图 10-2　SPSS 的打开数据对话框

(3)在"文本导入向导"对话框的第 2 步和第 4 步的窗口中,分别将"变量名称是否包括在文件的顶部"设置为"是",将"变量之间有哪些分隔符"设置为"逗号"。(图 10-3)

图 10 –3a 文本导入向导　　　　图 10 –3b 文本导入向导

确定后将 csv 格式的文本文件导入到 SPSS 软件,并定义为 X、Y 为字段头的两个数值型变量,记录了采集点的二维坐标。

2. 数据显示

首先我们根据这个二维坐标点数据,利用图形显示工具,显示点的空间分布状况。

(1)从"图形"菜单中启动"图表构建程序"对话框。如图 10 –4 所

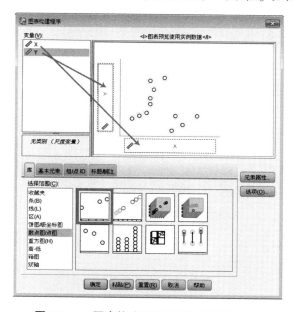

图 10 –4 图表构建程序对话框设置散点图

示:首先选择"库"中的"散点图/点图",然后双击散点图类型中的最左上角的一类,最后将"变量"中的 X 和 Y 变量分别拖入示意图中的 X 和 Y 轴。

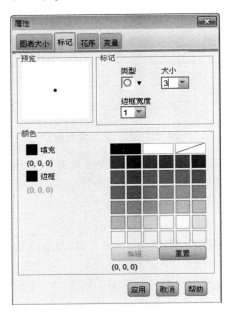

图 10-5　图形属性对话框

(2)点击"确定"后生成散点图。可以看到,程序默认的散点图中的点都以空心圆的形式表示,下面我们将其改为实心的原点。双击散点图的图形部分,打开图形编辑对话窗口。在对话框中再次双击图形,打开"属性"对话框。如图 10-5 所示,将"填充"设置为黑色,"大小"调整为 3。

(3)确定后生成发掘探方中出土石制品的位置分布图。(图 10-6)

3.k 均值聚类分析

K 均值聚类需要预先设定聚类的分组数,即 k 值。这里我

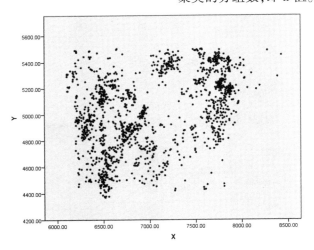

图 10-6　探方石制品分布图

们首先尝试聚类分组数为 7 的情况,以了解 SPSS 进行 k 均值聚类的步骤。

(1)启动"分析"菜单下的"分类"→"K-均值聚类"命令。如图 10-7 所示;将 X 和 Y 变量分别加入到分析变量中;"聚类数"设置为 7;"方法"选择迭代与分类;点击"保存"按钮,选中其中的"聚类成员"和"与聚类中心的距离"。点"确定"后程序进行迭代计算和聚类分析。

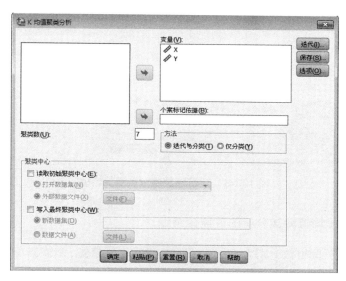

图 10-7　k 均值聚类对话框

(2)完成 k 均值聚类分析后的数据表格中增加了两个变量:QCL_1 记录了每条记录所在的聚类组;QCL_2 记录了每个点与所在聚类组中心的距离。下面我们首先根据 QCL_1 变量显示聚类的结果。

(3)启动"图形"菜单下的"图形画板模板选择程序"命令,打开绘图对话框。(图 10-8)选择其中的"详细"选项卡,在"可视化类型"中选择 Scatterplot,x 和 y 分别选择 X 和 Y 变量,在"色彩"选项中选择"案例的类别号"即 QCL_1 字段。点"确定"后对聚类结果进行显示。

彩图 6 是 k 均值聚类法对分组数为 7 的情况下的聚类结果,不同的类以不同的颜色区分。

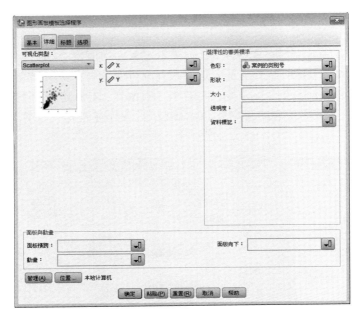

图 10－8　按属性绘制散点图对话框

4. k 均值聚类分析的最佳分组数

计算分组数分别为 1—10 情况下的 k 均值聚类,并依据总距离平方和百分比对数曲线的下降率寻找最佳分组数。

(1)在 SPSS 数据表中删除坐标点 X、Y 字段之外的所有数据。

(2)重新运行"K－均值聚类"命令,"聚类数"选择为 2,在"保存"按钮下选择仅保存"与聚类中心的距离"一项。点"确定"运行程序。

(3)程序运行完毕后,再次运行该程序,但选择"聚类数"为 3,其他选项保存不变,再次运行程序。

(4)按照同样的方法反复运行程序,分别选择"聚类数"为 4—10 的情况。最后结果是在数据表中生成 9 列新的数据,分别记录聚类数为 2—9 情况下各点与所在聚类中心的距离。(图 10－9)

(5)通过"文件"菜单下的"另存为"命令将表格转存为 Excel 格式的文件,并用 Excel 打开该文件。

(6)在 Excel 文件中,首先计算所有点的几何中心,并计算每个点与该几何中心的距离平方和(记为 MAXSSE)。

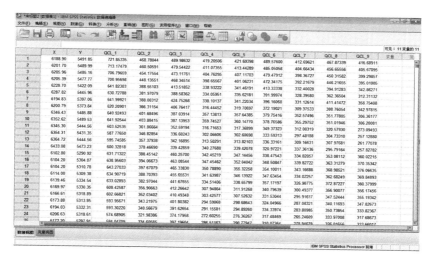

图 10 -9 聚类数 2—9 情况下 k 均值聚类计算的与类中心距离

(7)计算不同分组数情况下各点到聚类中心距离的平方和(记为 SSE)。(提示:使用 sumsq 函数)

(8)按照公式:"LN(100 * SSE/MAXSSE)"分别计算不同聚类分组情况下总距离平方和百分比对数,并将该对数值制作成折线图,如图 10 -10 所示:

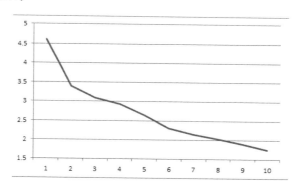

图 10 -10 不同 k 取值条件下总距离平方和百分比对数下降曲线

从图 10 -10 中可以观察到,曲线的拐点,即下降的骤降点为 2。由此判断,聚类分组数为 2 为最佳。下面,在 SPSS 软件中将分组数为 2 的 k 均值聚类的结果显示出来,如图 10 -11 所示:

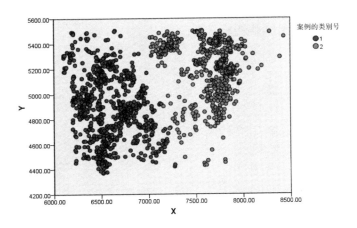

图 10-11　最佳分组数为 2 的 k 均值聚类结果

二　点的空间分布模式

空间分析中最常见,也是最基础的问题是点在平面空间的分布,即随机分布(Random Distribution)、聚合分布(Cluster Distribution)和分散分布(Disperse Distribution)三种模式。这些分布模式在空间中既可能表现在全局方面(Global),也可能是局部特征(Local)。

首先我们使用 Clark 和 Evans 所提出的最近距离系数(NNI 或 R),讨论点空间分布的全局特征。然后我们讨论更加深入的问题:1. 这些点的分布模式是否存在区域的差别,即局部特征;2. 这些点的分布特征如何伴随着对其自身的测量范围的扩大而变化。为此我们将尝试使用 Ripley'K 方法来解决这一问题,并使用蒙特卡罗模拟(Monte Carlo Simulation)计算其显著性水平。

本练习所使用的数据均节选自伦敦大学考古学院对希腊 Antikythera 岛的考古调查项目(ASP),具体数据包括:

coast.shp:GIS 多边形数据文件,描述了 Antikythera 岛的形状,也是我们进行空间分析的研究范围。

sites.shp:GIS 点数据文件,抽取了调查中发现的新石器时代晚期到青铜时代的遗址点。按照陶片特征,分成两个时期:FN—EB1(新石器时代晚期到青铜时代早期),绝对年代为 ca.4000—2700;FPal—SPal

(青铜时代的第一到第二宫殿期),绝对年代为 ca. 1950—1450。年代分类数据都存放在名为 Phase 的字段中。

1. 数据准备

(1)启动 ArcGIS,将本章练习子文件夹 exec02 下的 coast. shp 和 sites. shp 两个矢量图层文件加载到导航栏中。

(2)选择 sites 图层中 Phase 属性为 FN—EB1 的点,即年代为新石器时代的遗址,将其输出保存为 sites_nb 文件。

(3)选择 sites 图层中 Phase 属性为 FPal—SPal 的点,即年代为青铜时代的遗址,将其输出保存为 sites_pal 文件。

2. 最近距离分析(NNI)

(1)启动 ArcToolbox 工具箱下的"空间统计工具"→"分析模式"→"平均最近邻"工具。如图 10 - 12 所示:在"输入要素类"中选择 sites_nb;在"距离法"中选择欧几里得距离,即 EUCLIDEAN_DISTANCE;选中其中的"生成报表"选项。点"确定"后完成最近距离分析。

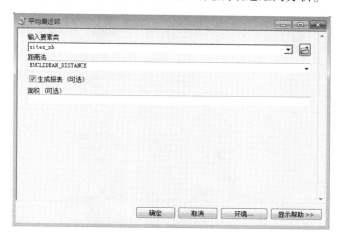

图 10 - 12 平均最近邻分析对话框

(2)点击"地理处理"菜单下的"结果"命令,查看最近距离分析的结果。如图 10 - 13 所示,NN 比率大于 1,为 1.476002,显著性水平 P 值为 0.000656,表明在较高的显著性水平上可以认定,新石器时代的遗址 sites_nb 呈现为分散分布状态(dispersed distribution)。

图 10-13 最近距离分析结果

（3）双击"结果"对话框中的"HTML 报表文件"可以进一步打开最近距离分析的可视化结果，如图 10-14 所示。

（4）采用同样的方法分析青铜时代遗址图层 sites_pal 的空间分布模式。

3. Ripley's K 函数

最近距离分析方法考虑的是全局模式，无法观察空间点的局部变化特征，而更有效的空间分析工具是 Ripley's K 方法，可以考虑不同范围内的空间模式。下面我们使用 ArcGIS 提供的模块对上述遗址进行局部模式的空间聚合分析。

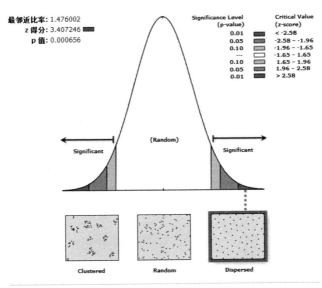

Z 分数为 3.41，则只有 1% 或更小的可能性会使该离散模式是随机过程产生的结果。

图 10-14 最近距离分析的可视化结果

(1)启动 ArcToolbox 工具箱的"空间统计工具"下的"分析模式"→"多距离空间聚类分析(Ripleys K 函数)"分析工具。如图 10-15 所示:首先将新石器时代遗址图层 sites_nb 加入"输入要素类";"输出表"设置为 ripley_nb;"距离段数量"设置为 50,即考察在 50 米的距离尺度上新石器时代遗址点的聚合状况;"计算置信区间"设置为"99_PERMUTATION",即采用蒙特卡洛模拟 100 次的方法计算置信度区间 $P=0.01$ 的情况;边界矫正选择"SIMULATE_OUTER_BOUNDRY_VALUES";选中其中的"以图形方式显示结果"。点"确定"后运行 Ripley's K 分析。

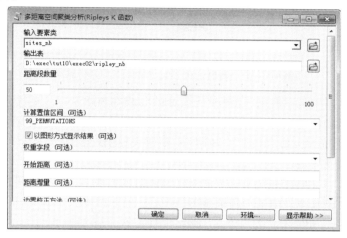

图 10-15　Ripley's K 分析工具对话框

(2)分析结果如彩图 7 所示:图中 X 轴代表了不同搜索距离,Y 轴代表了计算所得的反映空间聚合程度的变量 K 值;蓝色直线为预测值,红色曲线为实际值,数据越靠近右下角越表现为离散分布的特征,越靠近左上角越表现为聚合分布的特征;两条灰色曲线为 100 次模拟的 $P=0.1$ 的置信度区间的上下限。从图中可见,新石器时代遗址无论在多大的距离上都处于两个置信区间的上下限之内,且围绕着预测值波动,表明新石器时代遗址不存在空间聚合的特征;我们同时可以观察到在 600—1400 米的距离尺度上,这些遗址的分布具有明显的离散特征。

(3)采用同样的方法,对青铜时代遗址 sites_pal 进行 Ripley's k 分析,结果如图 10-16 所示:

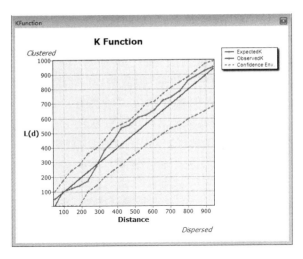

图 10 – 16　青铜时代遗址 Ripley's k 分析结果

从图中可以看出,青铜时代遗址的曲线在 300 米以上的距离开始超出预测值水平,说明在 300 米以上的范围内表现出了空间聚合的特征,尤其是从 400 米的距离开始,其 K 值表现出较强的聚合分布特征。值得注意的是:

A. 在 200 米距离上,遗址表现为离散的特征,这种模式可能与聚落各自有其独立的活动领地有关。

B. 从 500 米的范围以上,遗址始终具有很强的聚集分布的模式。这种情况说明遗址聚集分布的模式很可能已经超出了单一的空间因素,更大范围内遗址的聚集分布状况与景观的"异质性"有关,比如遗址更倾向于分布在特殊的土壤和水文条件的环境中。这也说明开展进一步的景观分析是十分必要的。

思考:Ripley's K 函数在考古学空间分析中有哪些优势?

第十一章 栅格数据的计算与地形特征的提取

本章主要练习内容包括空间栅格数据的邻域分析(包括低通道过滤、高通道过滤)、栅格计算器的使用(Map Calculator)和地形特征的提取。练习之前先在本地电脑建立一个文件夹,命名为"tut11",并将练习的数据保存在此文件夹下。

一 栅格图层的高低通道分析

栅格数据的"邻域分析"又称作"窗口分析",在 GIS 空间分析中具有重要的意义。对于任何一个空间栅格单元,都与其相邻的单元格之间存在密切的关系。邻域分析就是分析相邻栅格之间的属性关系,并通过计算生成新的栅格图层,从而反映出更多的空间信息。实践中,由数字高程模型 DEM 派生出的坡度、坡向、汇流积累量等地形参数都是通过邻域分析实现的。

栅格计算器(Map Algebra)是任何 GIS 软件所必备的重要工具,用来对不同的删格图层数据进行数学运算。删格计算器通过计算既可以实现对栅格图层的裁剪,也可以生成新的栅格图层,GIS 进行数学建模的重要基础工具。

本练习使用的数据来源于辽宁凌源牛河梁遗址群所在区域的 1:10,000 地形图。数字高程模型由矢量化地形图插值生成,空间分辨率 20 米。

1.加载数据,生成坡度图

(1)启动 ArcMap,加载数字高程模型数据 dem20,调整显示属性。(图 11-1)

(2)启动 ArcToolbox 工具箱下的"Spatial Analyst 工具"→"表面分

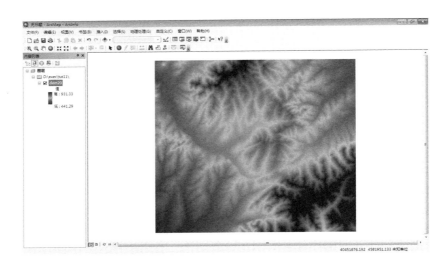

图 11-1　牛河梁遗址群所在位置的数字高程模型(20m 空间分辨率)

析"→"坡度"工具。如图 11-2 所示:"输入栅格"选择为 dem20,"输出栅格"定义为 slope,其他参数保存不变,生成坡度图。

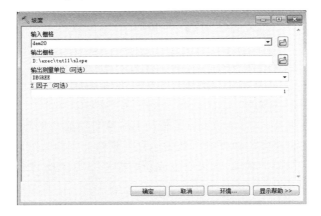

图 11-2　坡度分析工具

2. 低通道分析

下面我们利用邻域分析的方法对栅格图层进行通道分析。

(1)启动 ArcToolbox 工具箱下的"Spatial Analyst 工具"→"邻域分析"→"焦点统计"工具。如图 11-3 所示:在"输入栅格"中选择 slope 图层;在"输出栅格"中录入 slope_lp;在"邻域分析"中选择"矩形",邻

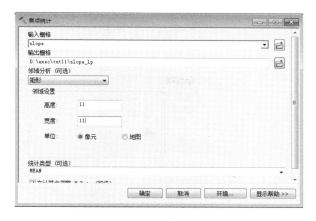

图 11-3　焦点统计分析工具

域设置的高度和宽度均设置为 11;统计类型设置为 MEAN。点"确定"后运行低通道分析。

(2)上述计算过程实际上是将 11×11 栅格范围内的坡度值求取均值,计算结果如图 11-4b 所示,减少了邻域栅格之间的差异,但同时也很明显是将原有坡度图模糊化了,因此称为低通道分析。

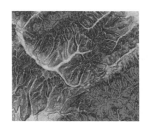 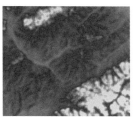 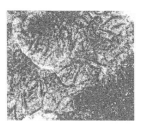

图 11-4a　坡度图　　图 11-4b　低通道坡度　　图 11-4c　高通道坡度

3. 高通道分析

(1)启动 ArcToolbox 工具箱下的"Spatial Analyst 工具"→"地图代数"→"栅格计算器"工具,如图 11-5 所示。在栅格计算器中,使用原始坡度图层 slope 减去低通道坡度 slope_lp,再取绝对值,得到高通道坡度 slope_hp。

(2)计算结果如图 11-4c 所示,将坡度图上的邻域均值减去,增强了邻域的差异性,也提高了坡度的分辨率,因此称为高通道分析。

图 11-5　栅格计算器

思考：高低通道分析在景观考古研究中有什么样的作用？

二　地形特征的提取

GIS 计算地形特征是基于 DEM 生成的反映地貌起伏变化的特征点或线，如山顶、山脊、山谷、鞍部等。对于这些地形特征的提取是 GIS 空间分析的重要内容，也是景观考古研究的重要内容。景观上，重要的地形特征对古代人类的活动具有重要的意义，比如山谷和山脊线是重要的景观参照物，常常成为交通要道，也是很多古代遗迹选址的地方。山谷和山顶具有良好的视觉效果，是长城、烽火台、瞭望塔等建筑的理想地点。

采用 GIS 的方法提取 DEM 中的景观特征必须要了解 GIS 的计算方法，尤其是计算时邻域栅格大小的不同会导致不同的计算结果。下面我们分别练习如何从 DEM 中提取山顶、山脊和山谷。

1. 显示立体效果的 DEM

（1）启动 ArcToolbox 工具箱下的"Spatial Analyst 工具"→"表面分析"→"山体阴影"工具，生成数字高程模型 dem20 的山体阴影效果图层，命名为 hills。

（2）将 hills 图层置于 dem20 图层之下，在 dem20 图层的属性对话框中，选择"显示"选项卡，将透明度调为 30%。如图 11-6 所示，采用

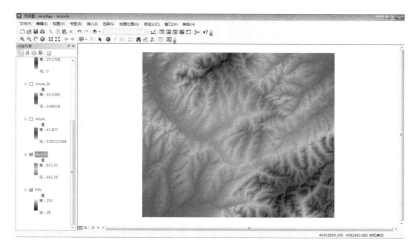

图 11-6　显示为立体效果的 DEM

这种方法将数字高程模型显示为立体效果。

2. 提取山顶点

(1) 参照上述邻域计算的方法,计算数字高程模型 dem20 的邻域最大值。如图 11-7 所示:在焦点统计分析工具对话框中,设置"输入栅格"为 dem20;"输出栅格"定义为 maxdem;"邻域设置"高度和宽度为 11;"统计类型"选择 MAXIMUM。

(2) 在栅格计算器中,计算"(maxdem-dem20 = =0)",结果保存为 maxpoint,如图 11-8 所示:

图 11-7　焦点分析计算最大值　　图 11-8　栅格计算器计算山顶点

(3) 启动 ArcToolbox 工具箱下"Spatial Analyst 工具"→"重分类"→"重分类"工具。如图 11-9 所示,将栅格图层 maxpoint 进行重分类,其中 0 值重分配为 NoData,1 值保持不变。分类结果命名为 peak。

(4)启动 ArcToolbox 工具箱下的"转换工具"→"由栅格转出"→"栅格转点"工具。如图 11 – 10 所示：在"输入栅格"中选择 peak；"输出点要素"定义为 hilltops.shp。

图 11 – 9　计算结果的重分类

图 11 – 10

将栅格的山顶点转换为矢量点后,叠加在数字高程模型上,结果如图 11 – 11 所示：

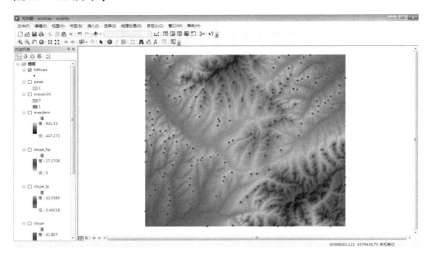

图 11 – 11　从 DEM 中提取出的山顶点

思考：1. 如何提高或降低提取到的山顶点的密度？2. 采用这种方法提取的山顶点是否受到边界效应的影响？如何解决？

3. 提取山脊线和山谷线

(1)使用数字高程模型 dem20,利用 ArcToolbox 工具箱下的"Spatial Analyst 工具"→"表面分析"→"坡向"工具生成坡向图 aspect。(图 11-12)

(2)使用坡向图 aspect,利用 ArcToolbox 工具箱下的"Spatial Analyst 工具"→"表面分析"→"坡度"工具生成坡向图 aspect 的坡度图,即坡向变率,记为 soa1。(图 11-13)

图 11-12　坡向生成工具

图 11-13　计算坡向的坡度

(3)观察数字高程模型 dem20 的属性,其最大高程值为 931.33。在栅格计算器中使用这个高程最大值 931.33 减去原始数字高程模型 dem20,计算结果为地形的反地形,记为 adem。(图 11-14)

(4)重复上述(1)—(3)步骤,计算反地形的坡向变率,即为 soa2。

(5)利用栅格计算器按照公式((soa1 + soa2) - abs(soa1 - soa2))/2,计算没有误差的 DEM 坡向变率 soa,如图 11-15 所示:

图 11-14　栅格计算器计算反地形　　图 11-15　计算无误差的坡向变率

(6)重新利用焦点计算工具,采用邻域分析方法对 dem20 图层进行低通道分析,选择邻域大小为 11,结果记为 dem_lp。(图 11 – 16)

(7)利用栅格计算器再对 dem20 进行高通道分析,结果记为 dem_hp。(图 11 – 17)

图 11 – 16　邻域分析对 dem20 进行低通道分析

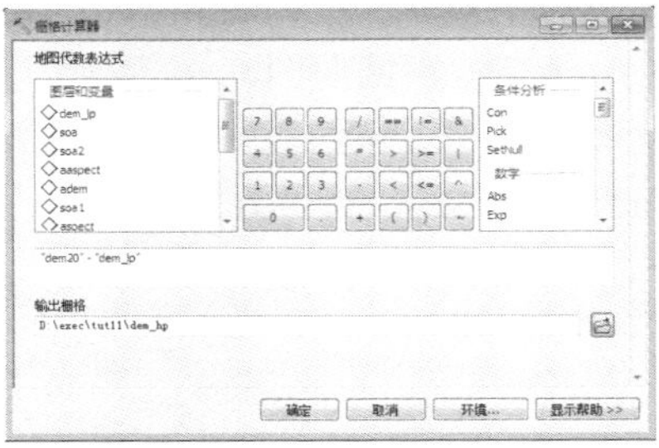

图 11 – 17　栅格计算器对 dem20 进行高通道分析

(8)利用栅格计算器,按照公式(dem_hp > 0)&(soa > 70),计算山脊线,记为 ridges。(图 11 – 18)

(9)利用栅格计算器,按照公式(dem_hp < 0)&(soa > 70),计算山谷线,记为 channels。(图 11 – 19)

图 11 – 18　栅格计算器计算山脊线

图 11 – 19　栅格计算器计算山谷线

(10)参照上述对山顶点的提取方法,分别对上述山脊和山谷线进行重分类,去除栅格值为 0 的栅格,并将山脊和山谷线显示为红色和蓝色,叠加在数字高程模型之上,结果如彩图 8 所示。

4. 景观考古分析

将牛河梁遗址编号的 16 处主要遗址点图层 sites. shp 添加到 Arc-

Map,观察遗址点与山顶点、山脊线和山谷线之间的关系。

思考：如何定量分析遗址点与这些地形特征点和特性线之间的关系？

第十二章 考古遗址预测模型

本章主要练习使用 ArcMap 的栅格计算器和 SPSS 的逻辑回归方程构建考古遗址预测模型的基本方法。练习之前先在本地电脑建立一个文件夹，命名为"tut12"，并将练习的数据保存在此文件夹下。

一　考古遗址预测模型

1. 什么是"考古遗址预测模型"

考古学空间分析中的"预测模型"（Predictive Modeling）指根据已发现遗址的空间分布特征，主要是遗址与不同地貌、坡度、坡向、水源的距离等的相关性，利用函数关系建立数学模型，根据这些模型预测未调查区域遗址的分布状况。考古学空间分析中的预测模型是以 GIS 为工具来实现的，在文化遗产管理和考古学研究中具有十分广泛的应用。

理论上有很多定量分析的方法可以用来构建遗址的预测模型，从简单的逻辑回归方程到复杂的经验贝叶斯统计推断和更为复杂的 Dempster-Shafer 信度函数理论都可应用。本练习将使用多元逻辑回归方程来构建考古遗址的预测模型，其中因变量是一些遗址点（sites）和非遗址点（non-sites），而自变量或协变量是一些与遗址的空间分布相关的自然因素。这些自变量可以是名称变量，也可以是数值变量。

逻辑回归（Logistic regression）专指一种因变量是二元变量（0 或 1）的统计函数，用正弦曲线模拟因变量和不同的协变量之间的回归关系。

2. 构建考古遗址预测模型的步骤

（1）数据准备：使用 GIS 统计工具统计各因变量和各自变量的量化指标。

(2)探索性分析:使用二项式分布初步探索因变量与各协变量之间的相关性。

(3)初步建模:选择相关性强的协变量初步建立逻辑回归模型,并初步评估模型的精度。

(4)模型修正:进一步探讨协变量之间的复杂关系,讨论模型中存在的问题,寻找解决的方法,对模型进行修正。

(5)确立模型:采用多元逻辑回归方法建立模型,确定参与计算的各协变量对模型的贡献。

(6)评估:借助 GIS 工具生成遗址预测模型栅格数据,并根据考古遗址对模型的精度和有效性进行评估。

下面我们就以实例的形式介绍如何利用 ArcMap 和 SPSS 软件构建考古遗址预测模型,练习使用的数据是虚拟的某沿海地区调查发现的考古遗址和非遗址,选择的环境变量为调查区域的海拔高度、坡度、坡向和与海岸线的距离。

二 构建考古遗址预测模型

1. 数据准备

(1)启动 ArcMap,加载本章练习文件夹下的所有矢量和栅格图层数据。其中矢量图层 locations 记录了遗址点和非遗址点的信息;栅格图层 elevation 为海拔高度,slope 为坡度,aspect 为坡向,distance 为距离海岸线的距离。(图 12-1)

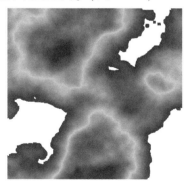
海拔高度

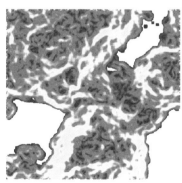
坡度

与海岸线距离　　　　　　　　　坡向

图 12 - 1　考古遗址预测模型中的各环境变量因素

(2)统计遗址和非遗址点的环境因素变量。

启动 ArcToolbox 工具箱下的"Spatial Analyst 工具"→"提取分析"→"多值提取至点"工具对话框。在"输入要素"中选择 locations,在"输入栅格"中依次选择 elevation、slope、aspect 和 distance。点"确定"后进行属性值的提取。(图 12 - 2)

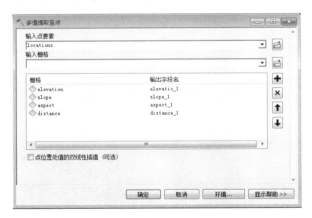

图 12 - 2　多值提取至点对话框

(3)计算完毕后,在导航栏中打开 locations 图层的属性表,可以看到表中记录了 100 个地点(其中 50 个遗址点、50 个非遗址点,分别在 type 一栏中标示为 1 和 0)的海拔高度、坡度、坡向和与海岸线的距离信息。

(4)将 locations 图层的属性表导出,命名为 stat_locations.dbf。

("表选项"→"导出",选择"保存类型"为 dBASE 表。)

2. 探索性分析

(1)启动 SPSS 软件,打开 stat_locations 数据表格,如图 12 – 3 所示:

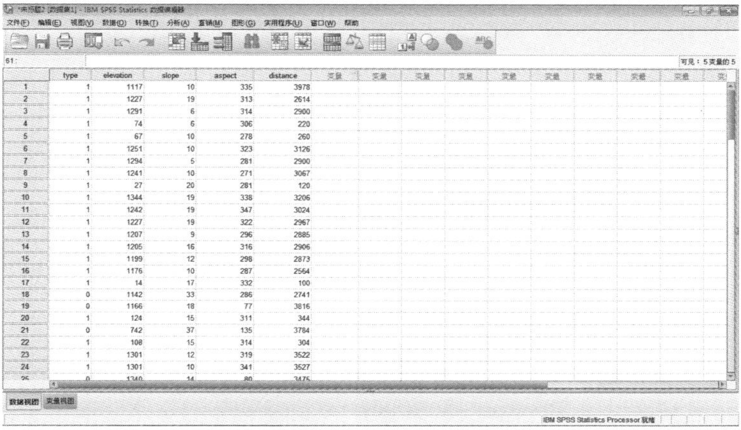

图 12 – 3 加载至 SPSS 中的遗址和非遗址点统计数据

(2)点击"分析"菜单下的"回归"→"二元 Logistics…"命令,启动逻辑回归分析工具对话框。如图 12 – 4 所示:将 type 字段加入到"因变量";elevation、slope、aspect 和 distance 变量依次加入到"协变量"中。其他参数保存不变,点"确定"后进行逻辑回归分析。

图 12 – 4 二元 Logistics 回归工具对话框

(3)在二元逻辑回归的输出表格中,我们可以看到其中有一个名称为"不在方程中的变量"的表格,如表 12-1 所示:该表格记录的是独立的单个自变量分别与因变量之间的相关性,可以看出坡度(slope)和坡向(aspect)与遗址的相关性较强,显著性水平均高于 0.01;海拔高度(elevation)和与海岸线的距离(distance)与遗址的相关性不强,显著性水平值均大于 0.1。

表 12-1　不在方程中的变量

			得 分	df	Sig.
步骤 0	变量	elevation	1.302	1	.254
		slope	38.249	1	.000
		aspect	35.345	1	.000
		distance	.913	1	.339
	总统计量		56.745	4	.000

(4)二元逻辑回归的输出表格中,"方程中的变量"表格(表 12-2)记录的是各个自变量(称为协变量)在回归方程中的协同相关性。从中也可以看出,elevation 和 distance 两个变量,在模型中的相关性也不强。

表 12-2　方程中的变量

		B	S.E.	Wals	df	Sig.	Exp(B)
步骤 1[a]	elevation	-.003	.002	3.866	1	.049	.997
	slope	-.219	.067	10.789	1	.001	.803
	aspect	.022	.007	11.176	1	.001	1.022
	distance	.001	.001	2.467	1	.116	1.001
	常量	-1.421	2.074	.469	1	.493	.242

3. 模型修正

(1)尽管探索性分析表明海拔高度和海岸线的距离与遗址的分布没有直接的相关性,但还需要进一步观察这两个变量的数据分布特征,找到其中隐藏的相关性。

(2)点击"图形"菜单下的"图表构建程序"命令,选择"直方图",将 elevation 变量制作成直方图。(图 12-5)

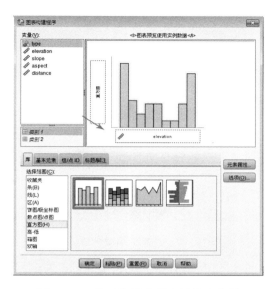

图 12-5　构建海拔高程变量的直方图

(3)点"确定"后生成海拔高程变量的直方图,如图 12-6、12-7 所示:

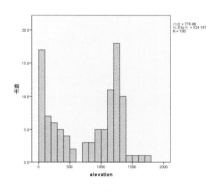 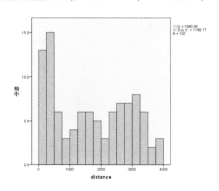

图 12-6　海拔高程的直方图　　图 12-7　与海岸线距离的直方图

图中可以看出,海拔高程值呈双峰分布,因此下面我们需要进一步将海拔高程值变量拆分为低海拔、中海拔和高海拔三个变量。

(4)点击"转换"菜单下的"计算变量"命令。如图 12-8 所示:在计算变量对话框中,"目标变量"输入为 low_elev;"数字表达式"中输入 elevation < =300。即选择海拔高度小于等于 300 米的变量,定义为低海拔参数。点"确定"后完成新参数的计算。

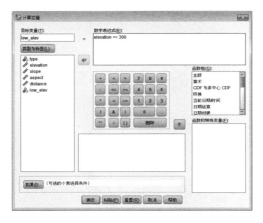

图 12-8　计算变量命令对话框

(5) 采用同样的方法计算"中海拔(mid_elev)"(elevation > 300&elevation <= 1100)、"高海拔(high_elev)"(elevation > 1100)两个新的海拔高度变量。

(6) 采用与处理海拔高度变量相同的方法,对与海岸线距离变量进行拆分,生成"近距离(near_dist)"(distance <= 1000)、"中距离(mid_dist)"(distance > 1000&distance <= 3000)和"远距离(far_dist)"(distance > 3000)三个新的距离变量。

(7) 参照上文重新进行二元逻辑回归计算,但仅将新的变量 low_elev、mid_elev、high_elev、near_dist、mid_dist、far_dist 列入"协变量"。(图 12-9)

图 12-9　新变量的二元逻辑回归计算

(8)计算结果表明,low_elev、mid_elev、mid_dist 和 far_dist 四个变量与遗址的分布相关。(表12-3)

表12-3 不在方程中的变量

			得分	df	Sig.
步骤0	变量	low_elev	9.333	1	.002
		mid_elev	22.374	1	.000
		high_elev	1.999	1	.157
		near_dist	2.102	1	.147
		mid_dist	16.234	1	.000
		far_dist	10.981	1	.001

综合上述分析,最终可以选择进入遗址预测模型的变量是:slope、aspect、low_elev、mid_elev、mid_dist 和 far_dist。

4. 建立多变量的逻辑回归方程

(1)重新进行二元逻辑回归计算,选择上述最终入选的 slope、aspect、low_elev、mid_elev、mid_dist 和 far_dist 这6个变量进入模型。观察计算结果中的"方程中的变量"表格(表12-4),可以看到在参数的协同相关性中,low_elev、mid_elev、far_dist 三个变量的相关性弱,显著性水平小于0.05。因此,下面我们进一步剔除这三个变量,再次进行二元逻辑回归计算。

表12-4 方程中的变量

		B	S.E,	Wals	df	Sig.	Exp(B)
步骤1[a]	low_elev	-2.840	2.132	1.775	1	.183	.058
	mid_elev	-2.367	1.391	2.897	1	.089	.094
	mid_dist	-5.553	2.244	6.126	1	.013	.004
	far_dist	-2.081	2.408	.747	1	.387	.125
	slope	-.404	.142	8.044	1	.005	.668
	aspect	.022	.007	10.862	1	.001	1.022
	常量	5.572	4.028	1.914	1	.167	262.912

(2)选择 slope、aspect、mid_dist 三个变量进入模型进行二元逻辑回

归计算。从计算结果中可以看出(表12-5),这三个变量的协同相关性均较强。因此,我们最终以这三个变量建立考古遗址预测模型。

模型中各参数的相关系数为:截距1.466、坡度-0.31、坡向0.021、海岸线中距离-3.350。

表12-5 方程中的变量

		B	S.E,	Wals	df	Sig.	Exp(B)
步骤1ª	slope	-.310	.091	11.667	1	.001	.733
	aspect	.021	.006	11.984	1	.001	1.021
	mid_dist	-3.350	.963	12.087	1	.001	.035
	常量	1.466	2.043	.515	1	.473	4.332

5. 生成考古遗址预测模型

(1)打开 ArcMap,启动 ArcToolbox 工具箱下的"Spatial Analyst 工具"→"地图代数"→"栅格计算器"。按照公式(distance > 1000) & (distance < =3000)计算中距离图层,命名为 mid_dist。(图12-10)

图12-10 栅格计算器生成中距离图层

(2)再次打开栅格计算器,按照公式 1.466 + (slope * (-0.31)) + (aspect * 0.021) + (mid_dist * (-3.350))计算,结果记为 logodds。(图12-11)

(3)再次打开栅格计算器,按照公式:(exp(logodds))/(1 + (exp(logodds)))计算,结果记为 relprob。这个图层是以概率形式记录的考

图 12－11　栅格计算器计算遗址预测模型 logodds

古遗址预测模型。在导航栏中,调整 relprob 图层的显示效果,如彩图 9 所示,将图层显示为蓝色—绿—黄—红的效果。

观察图例,并查询图中的栅格数值可知:栅格的取值范围为 0—1,代表了每个位置发现遗址的概率值。

三　模型的评估

实践中,考古遗址预测模型是否有效还需要进行评估,评估的方法有两种:第一,抽样检验,即在研究区域内进行随机抽样,并到野外进行实地验证,从而检验模型的有效性;第二,以现有的遗址和非遗址数据为依据,按照其在模型中的取值进行精度检验。下面我们练习第二种方法,分别计算遗址和非遗址在模型不同预测概率下的成功率曲线,观察模型的精度。

1. 计算统计量

(1) ArcMap 中启动栅格计算器,分计算 relprob >＝0, relprob >＝0.1, relprob >＝0.2,……, relprob >＝0.9, relprob >＝1.0 的情况,结果标记为 gain0、gain10、gain20、……、gain90、gain100。

(2) 启动 ArcToolbox 工具箱下的"Spatial Analyst 工具"→"提取分析"→"多值提取至点"工具对话框。在"输入要素"中选择 locations,在"输入栅格"中依次选择输入 gain0、gain10……gain100。点"确定"后

进行属性值的提取。(图 12 – 12)

图 12 – 12　提取不同概率取值条件下的遗址和非遗址点属性

(3) 点"确定"完成后,将不同概率取值条件下的遗址点和非遗址点的属性添加到 locations 图层中。导航栏中右键点击打开 locations 图层的属性表,如图 12 – 13 所示,记录了每个位置点(包括遗址点和非遗址点)在不同概率取值条件下是否被预测到。

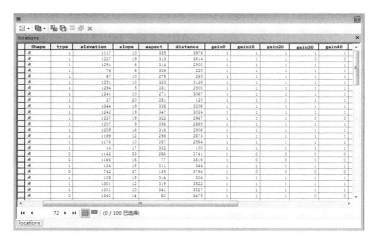

图 12 – 13　更新了属性的 locations 图层

(4) 上表中右键点击 type 字段头,在下拉菜单中选择"汇总"。在汇总对话框中,选择汇总 gain0、gain10、……、gain100 字段的"总和",结果保存为 sum_locations.dbf 文件。

2. 绘制模型有效预测的累积折线图

(1)关闭 ArcMap,启动 Excel 软件,打开文件 sum_locations. dbf。

(2)在 excel 表中生成两行,分别命名为“非遗址点”和“遗址点”,其属性值分别是“1—汇总后的非遗址数的百分比”和“汇总后的遗址数的百分比”。(图 12-14)

C5 =1-(C2/50)

	A	B	C	D	E	F	G	H	I	J	K	L	M
1	type	Cnt_type	Sum_gain0	Sum_gain1	Sum_gain2	Sum_gain3	Sum_gain4	Sum_gain5	Sum_gain6	Sum_gain7	Sum_gain8	Sum_gain9	Sum_gain_1
2	0	50	50	14	10	6	5	5	4	3	2	2	0
3	1	50	50	50	49	47	47	46	46	45	41	37	0
4													
5		非遗址点	0.00	0.72	0.80	0.88	0.90	0.90	0.92	0.94	0.96	0.96	1.00
6		遗址点	1.00	1.00	0.98	0.94	0.94	0.92	0.92	0.90	0.82	0.74	0.00
7													
8													
9													

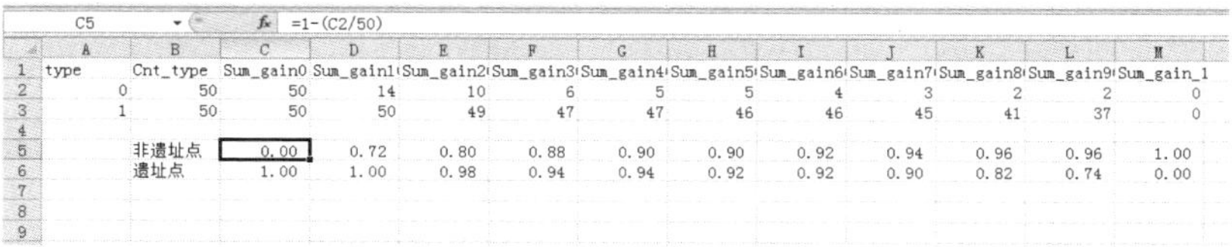

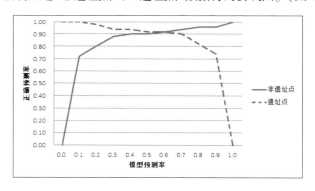

图 12-14　生成模型有效预测百分比数据行

(3)绘制上述“非遗址点”和“遗址点”数据行的折线图。(图 12-15)

图 12-15　模型正确预测率折线图

从上图可以看到,无论是遗址点还是非遗址点,模型的正确预测率都很高,表明模型具有较高的预测精度。

第十三章 基于数字高程模型的 GIS 水文分析

本章主要练习使用 ArcGIS 的水文分析模块对数字高程模型 DEM 进行地表径流和流域分析,练习如何从 DEM 中提取河流水系和集水域。练习之前先在本地电脑建立一个文件夹,命名为"tut13",并将练习的数据保存在此文件夹下。

水文分析是 GIS 考古研究的一项重要内容,它基于 DEM 通过水文分析的工具实现提取水流方向(flow direction)、汇流积累量(flow accumulation)、水流长度(flow length)、河流网络(stream net)、河网分级(stream order)、流域分割(watershed)等诸多要素。

水文分析在考古学研究中具有重要的价值:可以帮助我们提取河道信息、分析地表径流、建构土壤侵蚀模型并据此评估水文作用对地表遗物空间分布的影响、评估洪水风险等等。下面我们练习 ArcGIS 水文分析模块的基本功能,该模块位于"Spatial Analyst 工具"下的"水文分析"工具栏中。练习使用的数据来源于希腊 Kythera 岛的考古调查项目。

1. 加载数据,对 DEM 进行洼地填充

(1)启动 ArcMap,加载本章练习文件夹下的数字高程模型 k4_tg。(图 13-1)

(2)DEM 是比较光滑的地面模型,但由于在生成过程中产生一些缺陷,另外在实际地貌中也可能存在一些凹陷区域都会影响到我们后面进行正确的水文分析,因此在进行水文分析工作之前需要首先对 DEM 进行洼地填充。

启动"水文分析"模块下的"填洼"工具:输入 newdem 栅格图层进行填洼,结果输出为 filldem。(图 13-2)

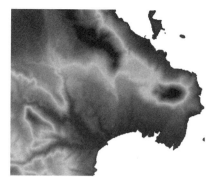

图 13-1 希腊 Kythera 岛调查区域的数字高程模型

图 13-2 填注工具对话框

2. 汇流积累量计算

汇流积累量表示每个栅格地点的流水积累量。其计算的方法是：在 DEM 中的每个栅格都分配一个单位的水量，按照水流从高处往低处流的规律，根据地形的水流方向计算每个栅格点的水量积累值。水流计算方向按照 GIS 追踪分析的方法，从 DEM 中逐点计算得到。

（1）首先生成水流方向。打开"流向"命令，输入经过洼地填充的 DEM 数据 filldem，输出为 flowdir。（图 13-3、13-4）

图 13-3 计算流向对话框

图 13-4 流向栅格图层

（2）计算汇流积累量。打开"流量"命令，输入水流方向图层 flowdir，输出为 flowacc。（图 13-5、13-6）

图 13-5　计算流量对话框

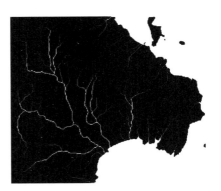

图 13-6　流量栅格图层

3. 计算水流长度

水流长度指地面上一点沿水流方向到其流向终点间的最大地面距离在水平面上的投影长度。水流长度直接影响地表径流的速度,地面土壤的侵蚀力。

(1)打开"水流长度"命令。输入水流方向 flowdir,输出名为 flowlendown。(图 13-7)

(2)注意:水流方向可以顺流计算 DOWNSTREAM,也可以逆流计算 UPSTREAM,这里我们选择默认的 DOWNSTREAM,计算结果如图 13-8 所示:

图 13-7　计算水流长度对话框

图 13-8　水流长度栅格

4. 提取河流网络

(1)河网的生成是基于地表水流的汇流积累量的大小。那么要生成河网就要首先确定汇流积累量的阈值(threshold),只有当水流的汇流积累量大于此数值时才能形成地表径流。通过栅格查询,这里我们选择使用的阈值为800。

(2)启动"Spatial Analyst 工具"→"地图代数"→"栅格计算器"。在表中输入命令"con(flowacc > 800,1)",即将汇流积累量大于800的栅格提取出来,并赋值为1,输出栅格文件命名为streamnet。(图13-9)

(3)河网矢量化。打开"水文分析"下的"栅格河网矢量化"命令。输入河网栅格文件streamnet,输入水流方向文件flowdir,输出文件名为streamfea。(图13-10)

图13-9 提取栅格河网对话框　　图13-10 栅格河网矢量化对话框

(4)平滑河网。在"自定义"菜单的"工具条"下,打开"编辑器"工具栏,在"编辑器"下启动编辑矢量功能"开始编辑",将生成的河网文件streamfea置于编辑状态。选择"编辑器"下的"更多编辑工具"下的"高级编辑"工具栏。选择要平滑的河流多线段,点击平滑工具"平滑"后将"最大允许偏移"设置为3。确认后完成。注意观察平滑后的河流网络的效果。结束编辑,并保存结果。(图13-11)

5. 生成河网节点

河网节点"河流链接"中记录了河网中节点的连接信息。其中每条弧线都连接着两个作为出水点和汇合点的节点。提取"河流链接"可以得到每条支流的起始点和终止点,并依次作

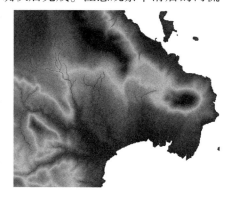

图13-11 平滑后的矢量河网

为汇水区域的出水口。

(1)打开"水文分析"下的"河流链接"命令。输入栅格河网 streamnet 和水流方向 flowdir,输出名为 streamlink。(图 13 – 12)

图 13 – 12　计算河流链接对话框　　图 13 – 13　计算河网分级对话框

(2)注意:"河流链接"生成的栅格河网不包含汇合点,是栅格河网的片段,打开属性表可以观察到对每个片段都统计了所包含的栅格的个数。

6. 河网分级

(1)打开"河网分级"命令。输入栅格河网 streamnet 和水流方向 flowdir,输出栅格命名为 streamostr。(图 13 – 13)

(2)河网分级有两种方法:strahler 和 shreve。两种方法都是先从没有支流的河流开始为 1 级,然后将汇合后的河流增加级别。不同的是前者是按照 1、2、3……的顺序增加河流级别,而后者则将河流本身的级别数进行累计相加,如 1、2、3、7……。这里我们按照第一种方法对河流分级。分级后的河网如图 13 – 14 所示。

7. 流域分割

流域或集水域 watershed,指流经其中的水流和其他物质从一个公共的出水口排出从而形成的一个集中的排水区域。流域间的分界线就是分水岭,分水线所包含的区域的面积称为流域面积。

(1)计算流域盆地。打开"盆域分析"命令,输入水流方向 flowdir,输出为 basin。将河网的矢量图叠加其上可以观察流域盆地与河流的关系。(图 13 – 15)

图 13-14　分级栅格河网　　　图 13-15　计算盆域分析对话框

(2)确定汇水区的出水口。实际上在"河流链接"的数据中已经包含了河网每一条支流的连接信息，而其终点就可以看作是汇水区域的出水口的位置。但在实际中可能有一些很小级别的出水口没有被表现出来，那么我们还可以将其栅格化，并使用"捕捉倾泻点"工具将其记录。

(3)生成集水域。打开"分水岭"命令。输入水流方向 flowdir 和流域出水口点数据 streamlink。输出为 watershed。(图13-16)

(4)将矢量河网 streamfea 叠加其上观察集水域的情况。(图13-17)打开 ArcToolbox 工具箱下的"转换工具"→"由栅格转出"→"栅格转面"命令将集水域栅格文件转换为矢量多边形文件。

图 13-16　计算分水岭命令对话框　　　图 13-17　划分流域的栅格图层

8. 水文分析

添加遗址点图层。

思考：如何利用上述分析的结果评估这些考古遗址的水文条件？

第十四章 土壤侵蚀模型

本章主要练习使用 ArcMap 的栅格计算器构建土壤侵蚀模型的基本方法。练习之前先在本地电脑建立一个文件夹,命名为"tut14",并将练习的数据保存在此文件夹下。

一 土壤侵蚀模型

1. 什么是"土壤侵蚀模型"

所谓土壤侵蚀(Soil Erosion),是指土壤及其母质在水力、风力、冻融、重力等外力作用下,被破坏、剥蚀、搬运和沉积的过程。土壤侵蚀模型就是采用数学计算模型的形式模拟土壤被侵蚀的过程。

构建土壤侵蚀模型在考古学研究中具有重要的意义:可以评估考古遗址遭破坏的状况,为文化遗产管理服务;可以用来研究地表遗物被水力、风力等搬运的情况,考察后堆积过程,为区域景观历史的研究服务;还可以用来考察古代特殊的生产活动(如大规模的采矿、冶金等)对环境的影响。

2. 常用的土壤侵蚀模型及其参数

GIS 可以方便地构建土壤侵蚀模型。常用的土壤侵蚀模型有经验模型和物理模型,其中经验模型提出较早,以通用土壤流失方程(USLE,Universal Soil Loss Equation)为代表。

(1)USLE 或 RUSLE(改进土壤流失方程)的计算公式可简化为:

$$A = R * K * C * LS * P \tag{13.1}$$

其中,A 为年均土壤侵蚀量,R 为年均降雨量因子,K 为土壤可侵蚀因子,C 为地表植被覆盖因子,LS 为坡长和坡降因子,P 为人工管理因子。R因子可参考研究区域的降雨量图计算,K因子可参考土壤分布图和遥感影响计算或查询,C因子可参考地表植被分布图和遥感影响计算,P因子需要具体而论。LS因子可从DEM中提取,计算公式为:

$$LS = \left(Flow\ Accumulation * \frac{Cell\ Size}{22.13}\right)^{0.4} * \left(\frac{\sin\ slope}{0.0896}\right)^{1.3} \quad (13.2)$$

(2)经验模型在实践应用中有较多的局限性,随着GIS技术的发展,尤其是基于GIS水文分析的应用,使得我们能够从空间和流域的角度来讨论土壤的侵蚀过程。这就是土壤侵蚀的物理过程模型(physical process model)。物理过程模型能够真实模拟地表物质的移动和所谓的"侵蚀—堆积"(erosion-deposition)过程。那么通过建立这种土壤侵蚀物理过程模型,我们就可以修正研究区域的数字高程模型DEM,或者计算生成土壤侵蚀量的厚度模型。因此,物理过程模型比经验模型要更精确且更具空间和流域特征。考古学研究中,最常用的物理模型是USPED模型(基于单位水流功率的侵蚀/堆积模型)。

USPED模型所需的参数与通用土壤流失方程一致,但计算方法不同。模型最重要的是计算地表沉积物的移动速率T:

$$T = RKCA^m(\sin b)^n \quad (13.3)$$

然后,再计算土壤的年侵蚀/堆积量:

$$USPED = \frac{\delta(T \cdot \cos(\alpha))}{\delta x} + \frac{\delta(T \cdot \sin(\alpha))}{\delta y} \quad (13.4)$$

其中,x、y是沉积物移动距离,α为方向。R、K、C分别为降雨因子、土壤可侵蚀因子和地表覆盖因子,A为上游区域面积的单位宽度,b为坡度,m、n为经验参数。下面我们分别练习使用ArcMap构建USLE和USPED模型的方法,练习使用的数据来源于河南舞钢地区,其中考古遗址为目前调查发现的战国秦汉时期的冶铁遗址。冶炼活动需要大量砍伐树木,会导致植被破坏和水土流失,因此利用土壤侵蚀模型有助于我们讨论古代冶铁活动与景观演变之间的关系。

二 构建 USLE 模型

1. 数据准备

(1)启动 ArcMap,加载本章练习文件夹下的所有栅格数据。

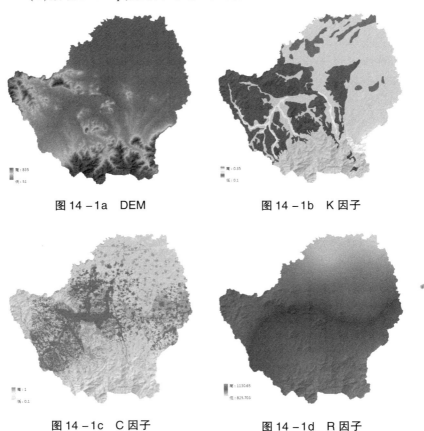

图 14 –1a　DEM　　　　　　图 14 –1b　K 因子

图 14 –1c　C 因子　　　　　图 14 –1d　R 因子

(2)其中,DEM 为数字高程模型,来源于 30 米分辨率 ASTER 影像的立体相对;K 因子根据舞钢地区的土壤分布图绘制,其中部分土壤的粗骨化一般研究认为是历史上严重的土壤流失造成的,这里去除了土壤的粗骨化因素,而考虑其原初的状态;C 因子是根据 ETM + 影像生成的 NDVI(归一化植被指数)经过分类后重新计算的模拟古代植被遭一定破坏状况下的 C 因子分布图;R 因子是根据若干气象站记录的历史降水情况插值的降水因子。

2. 计算相关参数

(1)计算坡度、坡向。依次运行"表面分析"工具栏下的"坡度"和"坡向"工具,计算坡度和坡向,分别命名为 slope 和 aspect。

(2)计算汇流积累量。依次运行"水文分析"工具栏下的"填洼""流向"和"流量"工具,计算汇流积累量,命名为 flowacc。

(3)计算坡长因子。启动"地图代数"工具栏下的"栅格计算器"。如图 14 - 2 所示,按照公式 13.2 计算坡长因子,结果命名为 LS。

图 14 - 2　计算坡长因子

3. 计算 USLE 模型

(1)启动栅格计算器,利用公式 13.1 计算 USLE 模型,结果命名为 soilloss。(图 14 - 3)

图 14 - 3　计算 USLE 模型

(2)在导航栏中调整显示计算所得 USLE 模型,计算的是年均土壤

的流失量,采用 0.5 倍标准差的方式显示,如图 14-4 所示:

图 14-4 河南舞钢地区的土壤侵蚀 USLE 模型

图 14-5 添加了粗骨土的 USLE 模型

添加粗骨土分布范围的图层 skeletonsoil.shp 于 USLE 模型之上(图 14-5),观察并思考:如何定量的分析粗骨土的分布与土壤侵蚀之间的关系?

三 构建 USPED 模型

USPED 模型有计算沟状侵蚀和面状侵蚀两种方法:

1. 沟状侵蚀

(1)利用栅格计算器,按照公式 13.5 计算土壤沉积率,结果保存为 rsflowtopo,如图 14-6 所示:

图 14-6 计算土壤沉积率

Power([flowacc] * resolution, 0.6) * Power(Sin([slope] * 0.01745), 1.3)

(13.5)

(2)利用栅格计算器,按照图 14-7 所示的公式,计算变量 qsx 和 qsy。

图 14-7a　计算 qsx　　　　图 14-7b　计算 qsy

（3）利用"表面分析"工具下的"坡度"和"坡向"工具，分别计算 qsx 和 qsy 的坡度和坡向，分别记为 qsx_slope、qsx_aspect、qsy_slope 和 qsy_aspect。

（4）利用栅格计算器，按照图 14-8 所示的公式，计算变量 qsx_dx 和 qsy_dy。

图 14-8a　计算 qsx_dx　　　　图 14-8b　计算 qsy_dy

（5）计算 USPED 模型

利用栅格计算器，计算 qsx_dx + qsx_dy，结果标记为 rerdep，即为 USPED 的沟蚀模型。在导航栏中显示 rerdep 图层，如图 14-9a 所示。

2. 面状侵蚀

（1）利用栅格计算器，按照公式 13.6 计算土壤沉积率，结果保存为 ssflowtopo。

$$[flowacc] * resolution * Sin([slope] * 0.01745) \qquad (13.6)$$

（2）重复上述计算沟状侵蚀第（2）—（4）步，按照 (qsx_dx + qsy_dy) * 10 计算，结果标记为 serdep，即 USPED 的面状侵蚀。在导航栏中显示 serdep 图层，如图 14-9b 所示：

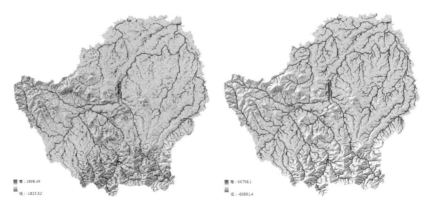

图 14-9a　沟状侵蚀模型　　　图 14-9b　面状侵蚀模型

3. 侵蚀总量

利用栅格计算器将沟状侵蚀模型与面状侵蚀模型相加,即得出 USPED 总侵蚀量模型,如图 14-10 所示,栅格数据代表了年均侵蚀或堆积的总量。

图 14-10　河南舞钢地区土壤侵蚀 USPED 模型

将考古遗址图层叠加到 USPED 模型之上,观察并思考:如何利用 USPED 模型定量考察遗址的保存和发现状况?

第十五章　GIS 成本面分析

　　本练习主要内容是使用 ArcMap 和 Idrisi 软件生成空间同向和异向性成本面，并根据这些成本面进行最佳路程分析，计算考古遗址的资源域(catchment)。练习之前先在本地电脑建立一个文件夹，命名为"tut15"，并将练习的数据保存在此文件夹下。

　　成本面(Cost Surface)分析是 GIS 空间分析中最有特色的内容之一，在考古学研究中有十分重要的作用，可用来研究古代人类的空间位移，估算各类资源域(site catchment)的范围。成本面实际上应该是积累成本面(accumulated cost surface)，是计算从空间某个位置出发，到达另一位置所需要消耗的能量或时间。我们知道，地表景观特征不同，穿越它所消耗的能量和时间就不一样，而且从某点出发行进过程所消耗的能量或时间是积累性的。GIS 的成本面分析就是通过邻域栅格的追踪分析和模拟计算，生成我们研究所需要的特殊地表行进的成本面。

　　按照空间行进过程中消耗能量的方向性差异，成本面有三种类型：

　　1. 空间同向性(Isotropic)。比如，在沼泽或森林里行进，无论你朝向哪个方向，沼泽或森林对你前进产生的摩擦阻碍效果是相同的。

　　2. 部分的空间异向性(Partially Anisotropic)。比如，自行车运动员在骑车时，风向会对你前进的方向产生影响，顺风和逆风对你前进产生的作用是不同的，但是只要风速稳定，你受到风的影响的效果是一样的。

　　3. 空间异向性(Anisotropic)。比如，登山运动员在登山时，坡度对人的影响是空间异向的，上坡和下坡的效果不同，而且不同地方的坡度也不同，不同的坡度同样对行进也会产生影响。考古学研究中处理最多的就是这种空间异向性的情况。本章主要练习使用 ArcGIS 和 Idrisi 软件计算空间同向性和异向性的成本面，练习使用的数据源自河南登封地区 30 米分辨率的数字高程模型和龙山文化晚期的考古遗址。

一 ArcGIS 空间同向成本面分析

1. 数据准备

(1) 启动 ArcMap,加载本章练习文件夹下的数字高程模型 gdem30、河流矢量 streams 和龙山文化时期遗址数据 ls_sites。(图 15-1)

图 15-1 河南登封地区 30 米分辨率数字高程模型和龙山文化遗址

(2) 在"地理处理"菜单下的"环境"工具对话框中,选择"处理范围""栅格分析"→"像元大小""掩膜"都同于 gdem30。

2. 欧氏距离分析

(1) 使用"选择"菜单的"按属性选择"工具,选择遗址编号为 1 的遗址。

(2) 启动 ArcToolbox 工具箱"Spatial Analyst 工具"下的"距离分析"→"欧氏距离"命令。如图 15-2 所示:选择"输入栅格数据或要素源数据"为 ls_sites,因为你已经选择了 1 号遗址,所以此项命令仅考虑 1 号遗址点的情况;"输出距离栅格数据"命名为 dist_1;"输出方向栅格数据"命名为 dir_1。

(3) 观察结果,生成的空间距离栅格图代表的是每个栅格点到 1 号遗址点的直线距离;而方向图代表的是每个栅格点到 1 号遗址点的

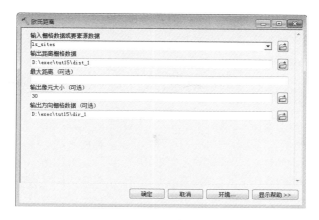

图 15 -2　计算欧氏距离对话框

空间逆时针方向。(图 15 -3a、b)

思考:方向图有何用途?

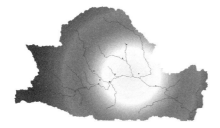
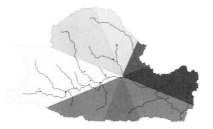

图 15 -3a　1 号遗址点欧氏距离分析　　图 15 -3b　1 号遗址点方向分析

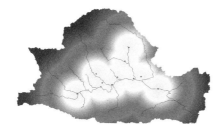

图 15 -4a　所有遗址点的欧氏距离分析　　图 15 -4b　所有遗址点的方向分析

(4)去掉对 1 号遗址点的选择,重复上述第(2)(3)步,观察计算结果。其中,距离图(dist_a)是每个栅格到距离最近的遗址点的距离;方向图(dist_a)是每个栅格到距离最近的遗址点的方向。(图 15 -4a、b)

(5)启动"距离分析"下的"欧氏分配"命令。如图 15-5 所示:选择"输入栅格数据或要素源数据"为 ls_sites;"源字段"选择为 FID;"输出分配栅格数据"命名为 alloc_a。

图 15-5　欧氏分配命令对话框

计算结果如图 15-6 所示,分配图实际上就是一个泰森多边形图(Thiessen Polygon),是将每个栅格都分配到一个距离它最近的遗址点的空间范围中。泰森多边形在考古学研究中常用来生成遗址的资源域(Site Catchment)。

思考:如何正确处理位于分配图边缘的遗址资源域?

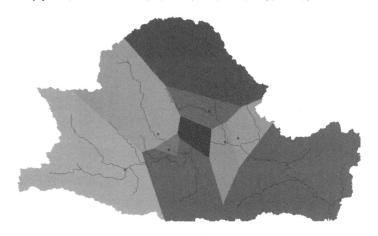

图 15-6　欧氏分配分析

3. 空间同向成本面分析

（1）生成 gdem30 的坡度图 slope，下面我们以此坡度图作为计算距离的成本。

（2）选中 1 号遗址。选择"距离分析"下的"成本距离"命令。选择"输入成本栅格数据"为 slope，即使用坡度图作为成本面；"输出距离栅格数据"命名为 cost_1；"输出回溯链接栅格数据"为 costdir_1；"最大距离"定义为 7500。（图 15-7）

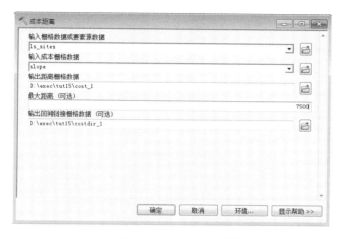

图 15-7　成本距离对话框

（3）观察计算结果：图 15-8a 是从 1 号遗址点出发按照坡度权重的空间移动成本距离图；图 15-8b 是计算这个坡度成本距离的回溯方向。

思考：使用上述坡度生成的积累性成本面存在什么样的问题？

图 15-8a　1 号遗址点坡度成本距离分析　　图 15-8b　1 号遗址点坡度成本回溯方向分析

(4)去除对 1 号遗址点的选择,重复上述(2)(3)步,计算从所有遗址出发的坡度权重累积成本面(cost_a)和回溯方向(costdir_a)。(图 15 – 9a、b)

图 15 – 9a　所有遗址点的欧氏距离分析

图 15 – 9b　所有遗址点的方向分析

(5)启动"距离分析"下的"成本分配"命令。如图 15 – 10 所示:选择"输入栅格数据或要素源数据"为 ls_sites;"源字段"选择为 FID;"输出分配栅格数据"命名为 cost_alloc;"最大距离"设定为 7500 米。

图 15 – 10　成本分配命令对话框

(6)观察计算结果,如图 15 – 11 所示。

思考:比较按照成本面生成的遗址资源域和按照欧氏距离生成的遗址资源域,前者有哪些优点?

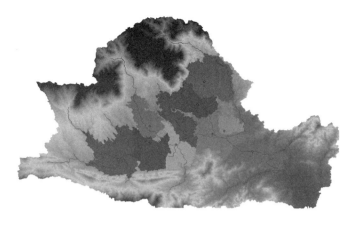

图 15 -11　以坡度权重的遗址 7500 米范围的资源域

4. 基于累积成本面的最佳路线分析

现在我们来考虑最佳路线的问题,尝试按照坡度权重的累积成本面计算从 1 号遗址点出发前往 32 号遗址点的最佳路线,即累积成本最低的线路。

(1)选中第 32 号遗址点,启动"距离分析"下的"成本路径"命令。在"输入成本距离栅格数据"中输入 cost_1,即从 1 号遗址点出发的坡度累积成本面;在"输入成本回溯链接栅格数据"中输入 costdir_1,即回溯方向;"输出栅格"输入 path1_32。(图 15 - 12)

图 15 -12　成本路径分析对话框

(2)计算结果是如图15-13所示的栅格路径,记录了依据坡度累积成本面计算的从1号遗址点出发到32号遗址点的最佳路径。

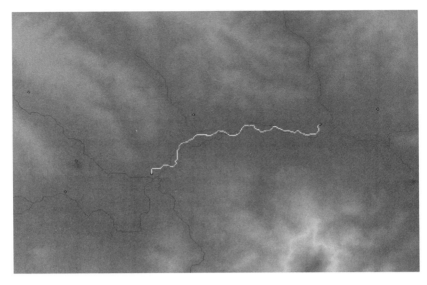

图15-13　1—13号遗址点的最佳路径(以坡度计算)

比较上述最佳路径与河流的关系,思考在考古学研究中使用最佳路径分析的问题在哪里?

二　Idrisi空间同向成本面分析

Idrisi软件于1987年诞生,在美国克拉克大学(Clark University)研究计划的支持下由克拉克实验室(Clark Lab)开发。目前已有16个版本的IDRISI软件。这一软件集地理信息系统(GIS)和图像处理(Image Processing)功能于一身,价格适中,是一款在世界范围内广泛使用的地理信息系统和遥感图像处理软件。

1.数据准备

(1)启动Idrisi软件,设定工作目录。展开Idrisi软件界面左侧的"Idrisi Explorer"导航栏。如图15-14所示,右键点击Projects选项卡下的根目录,选择"New Project",将工作目录设定在本章练习文件夹下。

图 15-14 Idrisi Explorer 对话框

(2)点击"File"菜单下的"Import"→"Software - Specific Formats"→"ESRI Formats"→"ARCRASTER"导入栅格命令。选择最后一项 Arcinfo raster ASCII format to idrisi。输入文件为 gdem30.asc,输出文件为 dem30。(图 15 - 15)

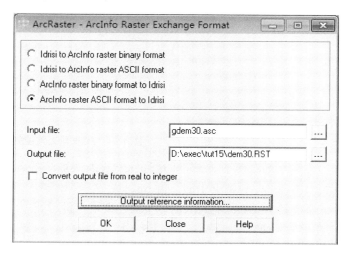

图 15-15 输入栅格数据对话框

完成输入栅格数据后,关闭输入对话框,结果如图 15 - 16 所示:

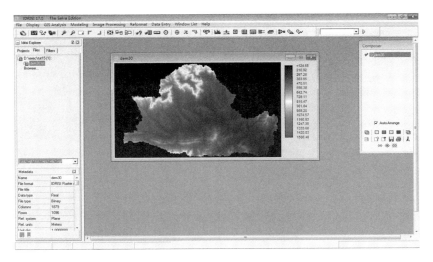

图 15-16　导入数字高程模型的 Idrisi 工作窗口

(3)从"File"菜单下的"Import"→"Software - Specific Formats"→"ESRI Formats"→"SHAPIDR"命令,分别将 ls_sites.shp 和 streams.shp 导入,命名为 sites 和 streams。导入数据后关闭对话框。(图 15-17)

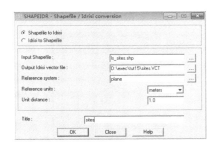

图 15-17a　导入遗址点数据　　　图 15-17b　导入河流数据

(4)查看数字高程模型 dem30。这是一个从 ArcGIS 中导入的数字地面模型,但不同的是原数据中的空值 NoData,这里都变成了 0。这是因为 Idrisi 不支持 NoData 的数据,所以下面还要对它进行处理。

(5)在 dem30 的"Composer"对话框中,点 Add layer 将 sites 和 streams 都作为矢量图加入到同一个显示窗口中。(图 15-18)添加了矢量图层的数字高程模型如图 15-19 所示。

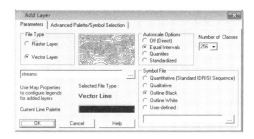

图 15 –18a　composer 对话框　　　图 15 –18b　添加矢量图对话框

图 15 –19　河南登封地区的数字高程模型与龙山文化晚期遗址

2. 空间同向成本面分析

（1）启动"GIS Analysis"菜单下的"Context operator"→"SURFACE"命令，选择从 dem30 生成 slope，文件命名为 slope，选择为"degree"的方式。设置"Conversion from unspecified to meters"的参数为 1。"Slope image title"为 slope of dem。（图 15 – 20）确定后生成坡度图。（图 15 – 21）

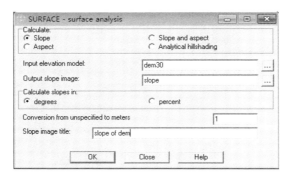

图 15-20　SURFACE 命令对话框生成坡度

图 15-21　Idrisi 生成的坡度图

（2）从生成的坡度图上可以看到有大量坡度为 0 的区域，我们需要使用重分类命令将它们都转换为 1，以方便使用。从"GIS Analysis"菜单下的"Database Query"→"RECLASS"对话框中，输入文件命名为 slope，输出文件为 frict。Reclass parameters 中的参数设置为：Assign a new value of "1"，To all values from "0"，To just less than "1"。点"OK"后，会出现一个对话框，问你输入的文件带有真值，是否将其转换为整数。点"Yes"确定。（图 15-22）

（3）从"Reformat"菜单下的 CONVERT 命令，将刚刚生成的 frict 从 Byte 转换成 Real Binary 的形式，并用同名文件覆盖。（图 15-23）

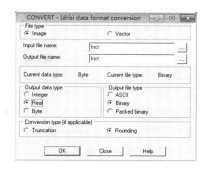

图 15-22　重分类对话框　　图 15-23　栅格数据格式转换对话框

（4）生成起始点文件。从"Data Entry"菜单下的"INITIAL"命令中生成一个空栅格文件，名称为 s01，选择 Copy spatial parameters from another image，并从 Image to copy parameters from 中选择上面的任何一个栅格文件。Output data type 为 Integer，Initial value 为 0。点"OK"后完成。（图 15-24）

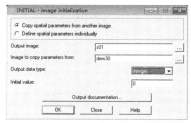

图 15-24　生成空栅格文件　　图 15-25　更改栅格属性对话框

（5）从"Data Entry"菜单下的"UPDATE"命令中选择 Input image 为 s01，New value 中 Value 为 1，First row 和 Last row 都为 1149，First column 和 Last column 都为 664。点"OK"确定。我们可以看到通过这种方法我们定义了一个栅格图，其中 1 号遗址点在这个图上的值为 1，其他的栅格为 0。（图 15-25）下面我们用这个栅格图当作成本面分析的出发点。

（6）生成成本面。启动"GIS Analysis"菜单下的"Distance Operators"→"COST"命令，选择其中的 Cost grow 方式，Source feature image 输入刚才生成的 s01 作为出发点，选择 Use friction surface 为 frict。输出文件名为 01grow。点"OK"后耐心等待程序运行完成。（图 15-26）

在生成的成本面中，我们注意到 dem 的数据为 0 的区域也进行了

累积成本面的计算,从而造成了一些人造的痕迹。(图 15 – 27)

图 15 – 26　生成空间同向成本面命令

图 15 – 27　从 1 号遗址出发的累积成本面(按照坡度权重)

3. 基于累积成本面的最佳路径分析

(1)生成最佳路径。采用上述第(4)(5)步的方法再生成一个目的地栅格文件,文件名为 s32。遗址点 s32 的行列栅格坐标分别为 722、952。

(2)启动"GIS Analysis"下的"Distance Operator"→"PATHWAY"命令。选择 Cost surface 为 01grow,目标文件为 s32,输出文件名为 1o3to111。点确定后生成一个从 1 号遗址到 32 号遗址的最佳栅格路径。(图 15 – 28)

(3)启动"Reformat"菜单下的"RASTERVECTOR"命令。选择 Raster to Vector,类型为 Raster to line,将 1to32 栅格图转换为文件名为 1to32 的矢量图。(图 15 – 29)

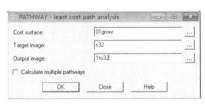

图 15 – 28　最佳路径对话框

图 15 – 29　栅格转矢量对话框

(4)在显示 dem30 的窗口中,从 Composer 对话框中,将 stream、sites 和刚刚生成的 1to32 三个矢量图叠加在一起,观察我们根据坡度积累成本面生成的最短路径与河流之间的关系。(图 15 – 30)

图 15 -30　1 号遗址点与 32 号遗址点之间的最短路径

三　Idrisi 空间异向性成本面分析

下面我们尝试利用 Idrisi 进行空间异向性成本面分析。根据坡度计算空间异向性成本面需要计算有效坡度(effective slope)。

1. 计算有效方向

(1) 首先计算坡向。启动"GIS Analysis"下的"Context Operators"→"SURFACE"命令下生成一个 gdem30 的坡向图,命名为 aspect。Conversion from unspecified to meters 为 1,Aspect image title 为 aspect of dem30。(图 15 -31)

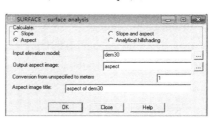

图 15 -31　生成坡度图

(2) 对上述坡向图进行方向转换,使所有的方向都朝向坡上而不是坡下。启动"GIS Analysis"下的"Data Query"→"RECLASS"命令,将 aspect 文件转换为 aspconv 文件,转换方法为:0 ~ 180 = 180,180 ~ 360 = -180,-1 ~ 0 = 0。如图 15 -32 所示。

(3) 计算反向坡度。从"GIS

图 15 -32　重分类的坡度图

Analysis"下的"Data Query"→"OVERLAY"命令,将刚生成的 aspconv 与 aspect 两个栅格文件相加,结果命名为 asprev。这就是方向朝上的反坡向图。(图 15 – 33)

图 15 – 33　生成反坡向图　　图 15 – 34　计算空间异向成本面对话框

2. 计算空间异向成本面

(1)利用反坡向计算空间异向成本面。启动"GIS Analysis"下的"Distance Operators"→"VARCOST"命令,将起点 Source image 设为 s01,将 Direction image 方向图设为 asprev,将 friction image 设为 frict,方向计算方法为默认的 Cosine function,Exponent 为 2。结果命名为 1var2e。(图 15 – 34)

(2)计算完成后生成的从 1 号遗址点出发的坡度权重空间异向成本面,如图 15 – 35 所示:

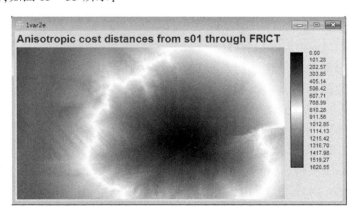

图 15 – 35　从 1 号遗址点出发的空间异向成本面

3. 计算最佳路线

参照本章空间同向成本面的方法,依据上述空间异向成本面计算从1号遗址点到31号遗址点(栅格坐标是:第372行,第1105列)之间的最佳线路,并与以空间同向成本面为依据计算的最佳线路进行比较,如图15–36所示:

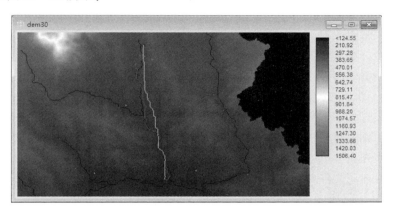

图15–36　1号与31号遗址点之间的最佳路线(按照空间同向和异向成本面计算)

思考:这两种方法计算的最佳线路有何差异?哪种方法更有效?

第十六章 GIS 视域分析

本章练习主要内容是 GIS 考古中的视域分析（Viewshed Analysis）。视域分析在考古学和文化遗产管理中有广泛的应用，也是景观分析的一项重要内容。视域分析可分为简单视域分析（Simple viewshed analysis），即"可以看到什么"和复杂视域分析（Cumulative viewshed analysis），即"可以从多少个地方看到"。练习使用的数据来源于辽宁凌源牛河梁遗址群所在区域1:10,000 地形图插值的数字高程模型。练习之前先在本地电脑建立一个文件夹，命名为"tut16"，并将练习的数据保存在此文件夹下。

一 简单视域分析

1. 简单视域分析

（1）启动 ArcMap，加载本章练习文件夹下的数字高程模型 dem50、遗址图层 sites。（图 16-1）

（2）选择 sites 图层中 siteid 属性为 1 的遗址，即牛河梁 1 号地点，该地点发现有被称为"女神庙"的半地穴式建筑和大型的山台祭坛遗迹。运行 ArcToolbox 工具箱下的"Spatial analyst 工具"→"表面分析"→"视域"工具。在"输入栅格"中选择 dem50，在"输入观察点或观察折线要素"中选择 sites，在"输出栅格"中输入 view1，如图 16-2 所示。点"确定"后进行从 1 号遗址点出发的视域分析。

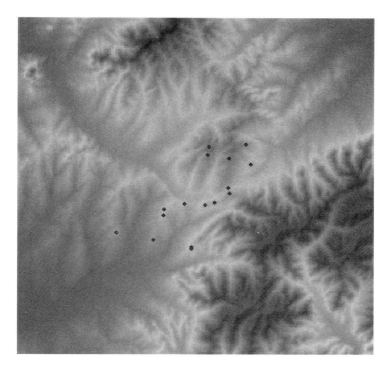

图 16-1 牛河梁遗址群 16 处遗址点分布图

图 16-2 视域分析对话框

计算结果如彩图 10 所示:其中,浅绿色范围为 1 号遗址点能够看到的区域,即 1 号遗址点的视域;浅红色范围则是不能看到的区域。

2. 受控制的视域分析

我们知道,人的视觉受到诸多因素的制约,比如视力范围、观察点的高度、目标的高度、天气状况等等。因此,在视域分析中还常常需要对分析的条件进行控制。ArcGIS 中视域分析的参数设置是通过观察点文件属性表来实现的。参数的使用方法是首先在观察点的矢量文件的属性表中加入下列名称的字段,然后进行视域计算,通过设置参数的值控制视域分析的效果。因此,在 ArcMap 中进行视域分析是相当灵活的。

ArcGIS 中常用的视域分析参数,如表 16 – 1 所示:

表 16 – 1　ArcGIS 视域分析的常用参数

字段名称	视域分析功能
SPOT	用来人工设置观测点的高程,如果没有这个字段,那么观测点的高程将从 DEM 中自动插值得到。
OFFSETA	用来加权观察点高程的 Z 值,如果设置这个字段,则观察点的高程值将据此进行加权;如果不设置,默认值为 1。
OFFSETB	用来加权目标点高程的 Z 值,如果设置这个字段,目标点要升高相应的高度,如果使用所有的目标点都需要设置。
AZIMUTH1、AZIMUTH2	设置观察的水平角度。从正北方向开始,按顺时针方向计算。AZIMUTH1 是起始角度方向;AZIMUTH2 是终止角度方向。
VERT1、VERT2	设置观察的竖直角度,从 90 度到 – 90 度,90 度为正天顶。向上看为正值,向下看为负值。
RADIUS1、RADIUS2	设置观察的距离范围,RADIUS1 和 RADIUS2 之间为可观察到的范围。

比如,我们计算从 1 号地点俯视西南方向的视域范围,即计算水平角为 180 ~ 270,竖直角为 0 ~ – 90 的视域。首先,在导航栏中打开 sites 图层的属性表,添加 4 个字段,分别命名为 AZIMUTH1、AZIMUTH2、VERT1、VERT2。利用编辑器工具对 sites 图层进行编辑,修改 1 号遗址点的这 4 个参数的属性值分别为:180、270、0、– 90。(图 16 – 3)

图 16-3　添加视域分析的参数属性字段

选中 1 号遗址点,再次运行视域分析命令,输出栅格命名为 view1con。观察计算结果,如彩图 11 所示,浅绿色范围为牛河梁遗址 1 号地点俯视西南方向的视域。

3. 定量分析

下面我们考虑这样一个问题:由于牛河梁 1 号地点的特殊性(女神庙和大型山台祭坛),这 16 处遗址点是否更倾向于分布在 1 号地点的视觉范围内?

(1)启动"Spatial Analyst 工具"的"提取分析"→"值提取至点"工具。如图 16-4 所示:"输入点要素"中选择遗址点 sites;"输入栅格"中选择 1 号地点的视域栅格 view1;"输出点要素"输入 site_1。

(2)导航栏中,打开 site_1 图层,对 RASTERVALUE 字段进行统计:16 处遗址点中有 9

图 16-4　值提取至点工具对话框

处位于 1 号地点的视域范围内(包括 1 号地点本身)。打开 view1 图层的属性表,对 COUNT 字段进行统计:整个区域范围内,1 号地点的可视范围有 5181 个栅格,不可视范围有 52415 个栅格,可视率 0.1。根据二项式定律,位于 1 号地点视域范围内的遗址点的数目是随机的概率为:

$$C_{16}^{0} \times 0.1^{16} \times 0.9^{0} + C_{16}^{1} \times 0.1^{15} \times 0.9^{1} + \cdots + C_{16}^{7} \times 0.1^{9} \times 0.9^{7}$$
$$< 0.01$$

计算结果表明,在小于 0.01 的显著性水平上可以认为遗址点倾向于分布在 1 号地点的视域范围内。

思考:单纯的二项式检验是否能够证明遗址的分布一定与视域相关? 这项研究存在哪些问题?

二 复杂视域分析

1. 计算总视域

总视域是从多个观察点出发的视域范围之总和,下面我们首先计算从 16 个遗址点出发的总视域。

(1)取消对 1 号遗址点的选择,删除 sites 图层属性表中的视域分析控制参数。

(2)重新运行视域分析工具:输入栅格为 dem50,观察点设置为 sites,输出栅格定义为 viewa。结果如图 16-5 所示:

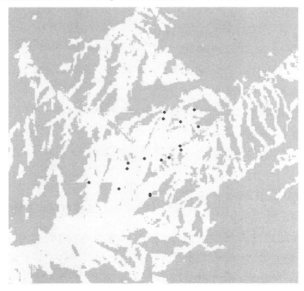

图 16-5 牛河梁 16 处遗址点的总视域

图中,可视范围代表至少能够被1处遗址观测到的范围。

2.积累视域分析

积累视域是同时可以被多个观察点所看到的视域范围。积累视域分析可用来考察观察点之间相互通视的效果。

(1)导航栏中右键点击 viewa 图层,查看属性表:其中 VALUE 一栏的取值范围为 0—16,即可同时被 0—16 个遗址点所观察到的栅格,COUNT 一栏为相应的栅格数量。

(2)依据 VALUE 值重新设置 viewa 图层的显示效果,如彩图 12 所示,颜色从绿到红,分别代表了能被 1 至 16 个遗址所观察到的区域。

(3)这 16 处遗址点之间是否强调相互之间的通视性,即每个遗址点是否都处于容易观察到更多其他遗址点的位置上?

再次运行"Spatial Analyst 工具"的"提取分析"→"值提取至点"工具。"输入点要素"中选择遗址点 sites;"输入栅格"中选择积累视域栅格 viewa;"输出点要素"输入 site_c。

导航栏中打开 site_c 图层的属性表,其中 RASTERVALUE 一项记录的是该遗址点可以被多少个其他遗址点所观察到。

(4)将 site_c 矢量图层和 viewa 栅格图层的属性表均输出为 dbf 文件,并使用 Excel 软件将其打开。(图 16-6)

	A	B	C	D	E	F
1	siteid	RASTERVALU		VALUE	COUNT	
2	8	1		0	35652	
3	9	3		1	5957	
4	1	7		2	4025	
5	7	5		3	2891	
6	6	1		4	2095	
7	2	1		5	1786	
8	3	4		6	1328	
9	5	6		7	1074	
10	4	2		8	753	
11	10	5		9	645	
12	11	5		10	653	
13	12	6		11	515	
14	13	7		12	115	
15	14	9		13	61	
16	16	9		14	20	
17	15	2		15	9	
18				16	17	
19						

图 16-6 可通视遗址点与可视累积区域统计数据

(5)参照第九章的练习,制作可视遗址点与可视区域的双百分比

累积曲线,并采用 K–S 检验,检验各遗址之间的互视性是否显著。(图 16–7)

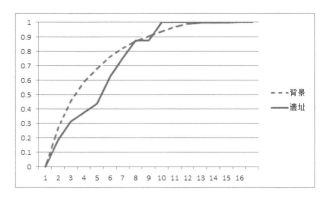

图 16–7　可视遗址点与可视区域的双百分比累积曲线

从图 16–7 可见,遗址点视域累积曲线与背景累积曲线之间的最大差值为 0.24,而计算可得在 0.05 的显著性水平上,K–S 检验的阈值为:$1.36 * \mathrm{SQRT}((16+21944)/(16*21944)) = 0.34$,因此可以说遗址之间的互视性并不显著。

思考:这项分析存在哪些潜在的问题?如何提高分析的有效性?

下编　开源软件篇(QGIS + GRASS)

第一章　开源 GIS 软件 QGIS 与 GRASS GIS 介绍

本章主要介绍常用的开源 GIS 桌面软件 QGIS 与 GRASS GIS 的基础知识、基本界面和简单的数据处理方法。练习使用的数据来源于希腊 Kythera Island Project(www.ucl.ac.uk/kip)考古调查项目。练习之前先在本地电脑新建一个文件夹,命名为"tut1",并将练习的数据保存在此文件夹下。

一　QGIS 简介与初步使用

1. 开源地理信息系统软件

所谓"开源"(Open Source)即开放源代码的意思,而开源软件是指那些被非盈利软件组织,如"开源空间信息基金会"(Open Source Geospatial Foundation,简称 OSGeo)注册、认证,并进行了正式定义的软件。这些软件的源代码免费向公众开放,并且软件的使用、修改和发行也不受许可证的限制。开源软件不完全等同于自由软件,其源代码开放并不是说可以随意散布和传播,仍需要遵循认证组织的开发和散布条款。

开源软件的最大特点是开放源代码。与商业软件相比,开源软件的优点在于:第一,软件免费,使用成本低;第二,源代码完整开放,扩展性强,便于高级用户的二次开发。因此,开源软件一直以来就有很大的市场,并深受专业级用户的欢迎。但是,开源软件也有其缺点,主要是系统不稳定,存在较多的漏洞,界面友好性差,缺乏完整的说明文件。

开源地理信息系统软件(Open Source GIS Software)是 GIS 软件的一个重要发展领域。优秀的开源 GIS 软件包括 QGIS、GRASS、gvSIG 等,尤其是 QGIS 与 GRASS 的组合在考古学空间分析中有深入的开发和广泛的应用,是我们主要使用的开源 GIS 软件。

2. QGIS 简介

QGIS 是 Quantum GIS 的简称,是一个用户界面友好的开源桌面地理信息系统软件。该软件项目的开发始于 2002 年,是基于跨平台的图形工具 Qt 软件包通过 C++ 开发实现。QGIS 源代码采用 GNU General Public License 协议对外发布,不仅支持 Linux/Unix、Mac OSX 和 Windows 等桌面操作系统,而且还可运行在安装 Android 系统的移动终端上,具有很强的扩展性和二次开发潜力。本教程使用的版本是 1.8.0 (Lisboa 版)。

QGIS 软件的主要特点包括:
(1)通过 GDAL/OGR 扩展可以支持多达几十种的 GIS 数据格式;
(2)支持 PostGIS 数据库;
(3)支持从 WMS、WFS 服务器中获取数据;
(4)通过插件的形式具有强大的功能扩展能力;
(5)方便与 GRASS 软件进行集成。

3. QGIS 的初步使用

(1)首先将本章练习的数据拷贝至"tut1"文件夹。从"应用程序"中双击图标启动 QGIS 软件,如图 1 - 1 所示:

图 1 - 1　Mac OSX 系统显示的 QGIS 主界面

QGIS 主界面：

"工具栏"，位于最上部，用于实现对图层的各种操作，包括"地图浏览""属性""文件""管理图层""数字化"等工具条，这些工具条可通过主菜单"视图"下的"Toolbars"打开或关闭；

"导航栏"，位于左侧，用于添加、删除、管理图层数据；

"地图显示窗口"，位于右侧，用于显示按图层叠加的地图；

"状态栏"，位于最下部，该栏用于显示 QGIS 所加载地图的相关信息，如坐标、比例尺、投影等。

(2)点击"管理图层"工具条中的添加矢量图层按钮，在弹出的"选择数据源"对话框中点击"浏览"，打开浏览对话框。选择打开的图层文件类型"Files of type:"为"ESRI Shapefile [OGR] (*.shp *.SHP)"，即 ArcGIS 的矢量数据格式 Shapefile 文件，后缀名为 shp 或 SHP。将文件目录定位到本练习的"tut1"文件夹，选择其中的 kip_tracts.shp 文件，并依次点击"Open"将其加载至 QGIS 软件。(图 1 - 2)

图 1 - 2 QGIS 加载 shapefile 格式的图层文件

(3)在弹出的选择坐标系统对话框"Coordinate Reference System Selector"中，由于图层数据未定义坐标系统，这里选择"Cancel"，加载 kip_tract.shp 图层如图 1 - 3 所示。这是一个希腊 Kythera 岛考古调查中用于记录地表考古和景观信息的网格文件 tract(即土地斑块)。

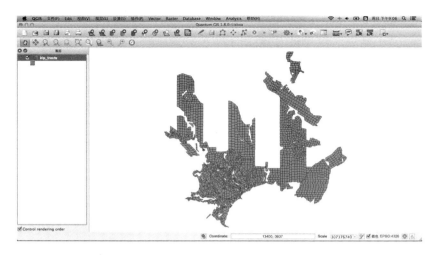

图 1-3　QGIS 显示的 kip_tracts.shp 图层文件

（4）在导航栏中双击图层 kip_tracts，弹出图层属性对话框，如图 1-4a 所示。点击"Load Style"按钮加载对图层的分类显示方法，从对话框中找到练习目录下的分类方法文件 potdens.qml，打开后如图 1-4b 所示：

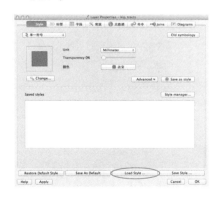

图 1-4a　图层属性对话框　　　图 1-4b　加载图层的分类方式

这是根据 kythera 岛考古调查网格中发现的陶片分布密度，按照从浅到深的渐变蓝色代表平均每 100 平方米陶片数目的分类显示方式。（彩图 13）

点击导航栏中 kip_tracts 图层左侧的小三角，展开对陶片密度一项的分类展示的图例。

(5)点击去掉导航栏中 kip_tracts.shp 文件前的对号,将该图层隐藏。再添加文件 kip_cont.shp 作为一个新的显示图层,这是一个等高线文件层。(图 1-5)

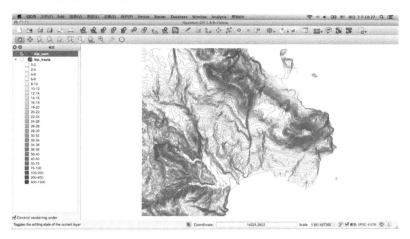

图 1-5　Kythera 岛考古调查区域的等高线

(6)尝试编辑它的颜色。右键点击导航栏中的 kip_cont 文件,选择其中的"属性",打开属性对话框。再选择其中的"Style"选项卡,选择按照渐变色"Graduated"的方式显示。在"Column"一栏中选择"ELEVATION",即按照高程值分类显示。在"Color ramp"中选择"OrRd",即从橙色渐变至红色的色带显示方式。在"模式"中选择"Natural Breaks (Jenks)"的方式,即自然分割法;"Classes"为 5。(图 1-6)

图 1-6　图层属性对话框按属性分级展示

点击"OK"后显示结果如图1-7所示：

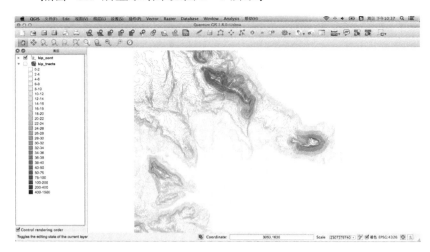

图1-7 Kythera岛调查区域等高线的分级展示

（7）在导航栏中点击kip_tracts图层前的对号显示该图层，然后再左键点中该图层将其拖到等高线层kip_cont之上，显示结果如图1-8所示：

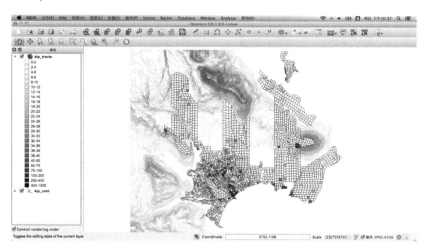

图1-8 QGIS同时显示Kythera岛等高线与陶片密度的图层

二 GRASS GIS 的简介与初步使用

1. GRASS GIS 软件简介

GRASS 是"地理资源分析支持系统"（Geographic Resources Analysis Support System）的简称，是目前应用最为广泛的开源地理信息系统软件。该软件基于 Unix 系统开发，在 GPL 下发布，可运行在包括 Windows、Mac OSX 和 Linux 多种平台上，用于处理矢量、栅格、影像、3D 以及图表数据，具有强大的空间分析功能。

GRASS 软件系统最初于 1982 年由"美国陆军建筑工程研究实验室"（USA-CERL）开发，以满足军方土地管理和环境规划的需要。在 1982 年至 1995 年，许多美国联邦政府机构、大学和私人公司参与了 GRASS 软件的开发，形成了其核心组件，并于 1992 年完成了软件的第一个正式版本——GRASS 4.1。从 1995 年开始，GRASS 开始采用 GPL 协议授权，并开发了 GRASS 5 的系列版本。2006 年，GRASS 成为"开源地理空间基金会"（Open Source Geospatial Foundation, OSGeo）的一个正式项目，在其技术支持下，开发了 GRASS 6 和 7 的版本。尤其是通过与 GDAL/OGR 以及 PROJ 库的绑定，GRASS 不仅能够支持多种矢量和栅格格式，而且可以作为应用工具包与 QGIS、R 统计软件实现整合，形成强大的开源 GIS 应用软件组合，在全球诸多学术和商业领域发挥着重要作用。

目前，GRASS 的开发被分为稳定版本（6.4）、开发版本（6.5）和试验版本（7.0）三部分。6.4 版本适用于普通用户，6.5 和 7.0 版本用于新特性的试验。

与其他地理信息系统软件相比，GRASS 软件最重要的特点是其模块化的程序管理和应用方式，每个 GIS 功能都由它自己的模块来完成，而只运行必需的模块会有效地节省系统的资源。另外，模块化使得程序的扩展性大大增强，用户仅用简单的 shell 脚本就可以创建更加复杂和专业的应用模块。目前，GRASS 的发行版中包含超过 300 个核心模块，此外 GRASS 网站上提供了超过 100 个用户创建的附加模块。因此，GRASS 软件的应用领域十分广泛。由于 GRASS 软件最初是针对土地利用和环境规划而开发，其中大量的模块适用于土地资源和环境生态,在景观考古研究中也有广泛的应用。

2. GRASS 的数据组织

GRASS 的地理数据以子目录的形式进行存储和管理,因此通常情况下第一次使用 GRASS 之前需要创建一个存储所有 GRASS 数据的总目录。在此之下,GRASS 会为每一个项目创建一个子目录,该子目录称为"Location"。每个项目子目录之下均包括两个地图子目录:地图集合 mapsets 和 PERMANENT 地图集。

地图集合 mapsets 由一个或多个地图集组成,每个地图集都存储部分项目的数据,包括各种矢量和栅格图层、数据库等信息。GRASS 数据结构能够让多个用户在同一时间、同一项目上协同工作,而不改变其他用户的数据。所有分析的结果都存储在用户的地图集中。

PERMANENT 地图集存储整个项目的投影、分辨率和项目区域范围的信息,它由 GRASS 自动生成。

由于每个图层的不同信息(如几何形状、属性和图形数据)存储在不同的子目录下,因此数据的管理应该使用 GRASS 命令来完成,例如对文件的添加、拷贝、删除和重命名等。

3. GRASS 的命令结构

GRASS 的命令有非常清晰的结构。一个命令由首段缩写加".",再加上命令名称组成。每个命令都是一个独立的程序模块,可单独执行,如数字化模块"r. digit"、矢量转栅格模块"v. to. rast"。下表列出了 GRASS 命令和模块名称的结构。

表 1-1　GRASS 模块名称的结构

前缀	功能分类	命令含义
d.	display	图形显示和可视化
r.	raster	栅格数据处理
v.	vector	矢量数据处理
i.	imagery	遥感影像数据处理
g.	general	通用文件操作
p.	paint	地图设计
ps.	postscript	Postscript 地图设计
db.	database	数据库管理
r3.	voxel raster	3D 数据处理

4. 创建 GRASS 项目

创建一个 GRASS 项目需要创建项目子目录和地图集。直接使用 GRASS 软件创建新项目比较烦琐,我们可以借用 QGIS 提供的 GRASS 工具插件创建 GRASS 项目。

(1)在本地电脑有读写权限的位置创建 GRASS 项目的总目录,如:/users/pcname/grassdata。下载并安装 QGIS 的 GRASS 插件。

(2)启动 QGIS,从"插件"下拉菜单中选择"Manage Plugins"启动 QGIS 的插件管理器对话框,选中"GRASS"插件,将 GRASS 插件工具条加载到 QGIS 的工具栏。(图1-9)

(3)点击 GRASS 插件工具条中的"New mapset"命令按钮,创建新的地图集。在创建地图集对话框中点击"Browse"将数据库定位到我们创建的 GRASS 项目的总目录。(图1-10)

图1-9 启动 QGIS 中的 GRASS 插件

(4)点击"Next"后在创建/选择区域(Location)对话框中选择"创建新区域",命名为 tut1。(图1-11)

图1-10 GRASS 插件创建地图集对话框

图1-11 GRASS 插件创建新区域对话框

(5)点击"Next"后在设置投影对话框中选择"未定义的"坐标系统,暂不定义投影坐标。点击"Next"后在设置默认区域(Default GRASS Region)中,暂不设置区域,直接点击"Next"进入设置地图集对话框,选择"新地图集",命名为 kip(即 Kythera Island Project 的缩写)。(图 1 – 12)

(6)点击"Next"后显示新创建的地图集信息,如图 1 – 13 所示。点击"Finish"后完成。

图 1 – 12　GRASS 插件创建新地图集

图 1 – 13　GRASS 插件创建新地图集信息

5. GRASS 应用初步

(1)从应用程序中启动 GRASS 软件。首先弹出的是项目启动对话框。选择"GIS Data Directory"目录为本机的 GRASS 项目总目录;Project location 为 tut1;Accessible mapsets 为 kip。点击"Start GRASS"启动 GRASS 应用程序。(图 1 – 14)

(2)GRASS 同时启动了基于 GUI 的图形用户界面和 UNIX shell。对于所有的 GRASS 应用模块而言,都可以通过这两种方式来执行:图形用户界面的方式与一般应用软件相同,可以从主菜单中直接应用程序模块的对话框来实现;UNIX shell 方式需要用户键入应用模块的命令行,包括模块名称和相应的参数。图形界面方式比较直观,适合于初学者,但需要同时启用 GUI 程序;shell 命令行的方式不仅更简捷,占用更少的内存,而且运行起来更加稳定。因此,在以后练习的具体应用中

图 1-14　GRASS 启动对话框

我们主要提供应用模块的命令行。

GRASS 软件运行的结果可以通过 GUI 图形用户界面来显示，也可以通过 QGIS 调用 GRASS 插件来显示。后一种方式由于能够同时整合 QGIS 的更多功能，因此更受欢迎。

（3）导入本练习的数据

在命令窗口中键入如下命令，导入本练习的 shapefile 文件 kip_tracts.shp，并将其命名为 kip_tracts：

　　　v. in. ogr dsn =/[定位到练习 tut1 目录]/kip_tracts. shp output = kip_tracts

其中，v. in. ogr 为导入矢量图形模块，dsn 和 output 都是这个模块的参数，分别用来设置文件来源和定义导入的矢量图层名称。键入回车键后，程序开始执行导入数据命令，并显示执行的结果。

采用同样的方法，将等高线图层也导入 GRASS 程序：

　　　v. in. ogr dsn =/[定位到练习 tut1 目录]/kip_cont. shp output = kip_cont

（4）设置图层的显示范围

由于我们在创建 GRASS 项目地图集时没有设置正确的图层显示范围，因此还需要依据我们导入的图层设置 GRASS 的显示范围。设置

GRASS 地图显示范围使用 g. region 命令：

　　g. region vect = kip_tracts

（5）在 QGIS 中加载 GRASS 数据

打开 QGIS，在 GRASS 插件工具条中，点击"Open mapset"按钮，将"区域(Location)"设置为"tut1"，"地图集(MapSet)"设置为"kip"，选择所使用的 GRASS 项目。（图 1 – 15）

确定后，点击"Add GRASS vector layer"按钮，在添加 GRASS 矢量图层对话框中，添加"地图名称"为 kip_tracts。点"OK"后将 GRASS 的该图层加载到 QGIS 中显示。（图 1 – 16）

采用同样的方法将 kip_cont 图层也加载到 QGIS 中显示。

 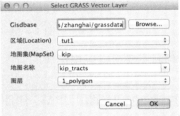

图 1 – 15　GRASS 插件设置地图集　　图 1 – 16　GRASS 插件添加矢量图层

将 GRASS 图层添加到 QGIS 之后，我们就可以按照本章练习的第一部分内容对这些图层进行分类展示。

第二章　地图与地理坐标系

本章内容主要是练习在 QGIS + GRASS 中正确地定义图层的地图坐标系，添加地理坐标点，以及实现地理坐标系之间的相互转换。练习之前先在本地电脑建立一个文件夹，命名为"tut2"，并将练习的数据保存在此文件夹下。

一　定义地图地理坐标系

本部分练习使用的栅格图层为河南禹州地区的数字高程模型（Digital Elevation Model,简称 DEM），数据来源于 1:50,000 地形图等高线和高程点数据的插值，地表分辨率为 15 米。

1. 新建 GRASS 项目,定义坐标系统

（1）GRASS 需要在新建项目的时候定义坐标系统。首先启动 QGIS，在 GRASS 插件工具栏中选择新建地图集，在新建地图集窗口中选择"创建新区域"，并定义为"tut2"。（图 2–1）

（2）点击"Next"后，在定义地图投影坐标中，选择正确的投影方式。由于我们使用的数字地面模型 5kdem 来源于河南禹州地区 20 世纪 70 年代测绘的 1:50,000 地形图，采用的是"北京 1954 坐标系统"。该地区位于东经 113 度附近，属于第 19 号投影带的范围（6 度带）。因此，在这里将投影坐标系统设置为"Beijing 1954 / Gauss-Kruger zone 19"，代码为"EPSG:21419"。（图 2–2）（注：可以通过"Filter"搜索到该坐标系统）

（3）连续点击"Next"，并在"新的地图集"中命名为 yuzhou。继续点击"Next"直至完成项目的新建。

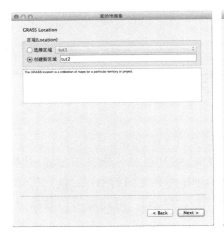 

图 2-1　新建地图集对话框　　　　图 2-2

2. GRASS 中导入数字高程模型

（1）启动 GRASS 软件，在启动对话框中，选择新建的项目。其中，Project location 为 tut2，Accessible mapsets 为 yuzhou，点击 Start GRASS 启动 GRASS 软件。（图 2-3）

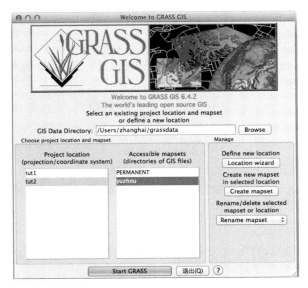

图 2-3　GRASS 启动对话框

(2)导入数字高程模型 5kdem

我们可以启动 r. in. gdal 栅格数据导入模块的对话框(可以通过 GUI 窗口,在菜单"File"下的"Import raster data"子菜单下寻找,也可以在 UNIX shell 命令行中键入 r. in. gdal 并回车后直接将其打开):在"Raster file to be imported"下选择 Browse 定位到本章练习文件夹 tut2 下的 5kdem 数字高程模型。(注:练习中的 5kdem 是 ArcGIS 定义的栅格图层,该文件夹下并没有 5kdem 这个文件,但我们可以首先定位到 5kdem. ovr 这个文件,再将其后缀. ovr 删除);在"Name for output raster maps"下输入输出的文件名为 5kdem;在"Optional"选项卡下选中"Override projection (use local's projects)"前的对号,即用本项目的坐标系统定义导入的数字高程模型。(图 2 – 4)

我们也可以直接在 UNIX shell 命令行中键入如下命令,回车后完成栅格数据的导入:

  r. in. gdal-o input = [定位到本练习文件夹的路径]/tut2/5kdem output = 5kdem

图 2 – 4　GRASS 的 r. in. gdal 模块对话框　　图 2 – 5　g. region 模块对话框

(3)设置 DEM 的显示范围

使用 g. region 命令设置导入数字高程模型的显示范围,如图 2 – 5 启动对话框,或命令行:

  g. region rast = 5kdem

(4)设置 DEM 的显示方式

使用 r. colors 命令设置数字高程模型 5kdem 按照地形图的方式显示,如图 2 – 6 启动命令对话框("Colors"选项卡下的"Type of color table"设置为 elevation),或使用命令行:

r. colors map =5kdem color = elevation

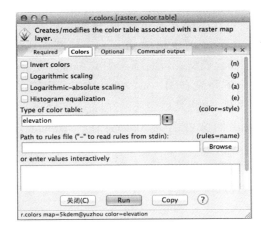

图 2 - 6 r. colors 模块对话框

3. 在 QGIS 中显示数字高程模型

(1)打开 QGIS,在 GRASS 插件工具栏中,首先在"Open mapset"对话框中设置"区域(Location)"为 tut2,"地图集(MapSet)"为 yuzhou。(图 2 - 7)

(2)点击"Add GRASS raster layer"按钮,启动添加栅格数据对话框,设置其中的"地图名称"为 5kdem。(图 2 - 8)

图 2 - 7 QGIS-GRASS 插件的
Open mapset 对话框

图 2 - 8 QGIS-GRASS 插件的 Add
GRASS raster layer 对话框

(3)点击"OK"后数字高程模型在 QGIS 中显示如图 2 - 9 所示:

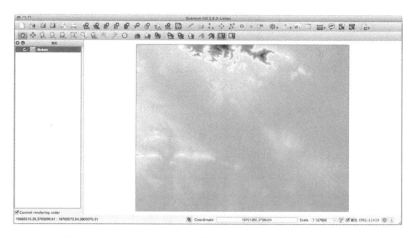

图 2-9　利用 QGIS 显示的河南禹州地区数字高程模型

观察状态栏中显示的坐标,看看是否为我们设置的北京 1954 年坐标系。

二　添加地理坐标点

QGIS 可以方便地添加以(x,y)坐标形式记录的点数据。本练习文件夹中的 sites.txt 文件记录了第三次全国文物普查所采集的部分河南禹州地区的考古遗址信息,其中每个遗址都使用 GPS 手持机采集了经纬度坐标,以下我们将练习如何将它们显示在地图上,并定义正确的地理坐标。

1.添加地理坐标点并定义地理坐标

(1)关闭软件,选择不保存项目,并重新启动 QGIS。

(2)在工具栏中点击"Add Delimited Text Layer"按钮,启动"从分隔文本文件创建一个图层"对话框。选择"文件名称"为本章练习文件夹下的 sites.txt 文件;"Selected delimiters"为"Tab";"X Y fields"下的"X 字段"和"Y 字段"分别为 longitude 和 latitude。即按照经纬度添加遗址点坐标。(图 2-10)

(3)点击"OK"后,设置坐标系统。由于调查遗址点为经纬度坐标,采用的是"WGS 1984"坐标系统,因此这里我们设置坐标系统为"WGS 84"。(图 2-11)

图 2-10　Add Delimited Text Layer 对话框　　图 2-11　定义坐标系统为 WGS 1984

（4）点击"OK"后将调查遗址点的坐标以经纬度的方式显示在 QGIS 中,如图 2-12 所示:

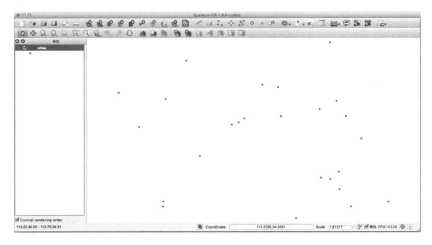

图 2-12　按照 WGS 1984 坐标系统显示的遗址点

注意观察状态栏中的地理坐标显示情况。

2. 坐标系统的转换

下面我们要将遗址点图层叠加到数字地面模型 DEM 上,以便更好地观察考古遗址空间分布的特点。现在的问题是:上述我们使用的

DEM 是"1954 年北京坐标系",而考古遗址点采用的是 GPS 使用的"WGS 1984"坐标系,因此我们首先需要将考古遗址点转换成与 DEM 相同的"1954 年北京坐标系"。

(1)在导航栏中右键点击"sites"图层,在下拉菜单中选择"Save As"对话框。选择保存的文件类型"Format"为 Mapinfo File(这里选择 Mapinfo File 是因为 QGIS 中 Mapinfo 格式的文件能更好地支持中文);保存文件名为"yz_sites";在"CRS"中选择"浏览"将坐标系统定义为 Beijing 1954/Gauss-Kruger zone 19;选择编码方式"Encoding"为 GB2312。点击"OK"后将该文件按照转换后的新坐标系统输出。(图 2 – 13)

(2)关闭并重启 QGIS。

(3)利用 QGIS 工具栏的"Add Vector Layer"添加 yz_sites.mif 文件到 QGIS。(图 2 – 14)

图 2 – 13　保存并转换坐标对话框　　图 2 – 14　QGIS 添加 Mapinfo 文件对话框

点击"Open"后添加该图层,观察状态栏中的坐标系统有何变化。

(4)参照本章练习第一部分的内容,利用 GRASS 插件工具栏添加数字高程模型 5kdem 到 QGIS,并在导航栏中将其至于 yz_sites 图层之下。

(5)导航栏中右键点击 yz_sites 图层,在下拉菜单中选择"属性",打开属性对话框。在"标签"选项卡中,选择显示内容"Field containing label"为 name,即遗址名;"Front size"为 14;"位置"为右上角。(图 2 – 15)

在"Style"选项卡中将遗址点颜色设置为红色。

图 2-15　图层属性对话框中设置标签显示方式

(6)点"OK"后完成设置,遗址点可正确显示在数字高程模型上。(图 2-16)

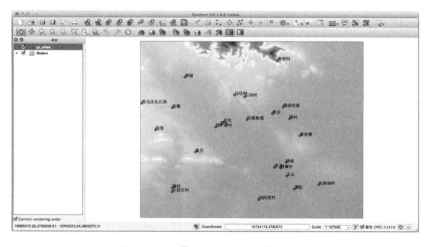

图 2-16　叠加了位置信息的遗址点

第三章 矢量数据的采集(一)

本章主要练习如何向 GRASS 和 QGIS 导入外部交换的矢量数据,包括常用的 DXF 格式和 E00 格式的数据,以及如何对这些数据进行分层处理。练习之前先在本地电脑建立一个文件夹,命名为"tut3",并将练习的数据保存在此文件夹下。

一 DXF 格式数据的导入

DXF 格式(Drawing Exchange Format)是 Autodesk 公司开发的用于 AutoCAD 与其他矢量绘图软件之间进行图形数据交换的 CAD 数据文件格式。由于 AutoCAD 的流行,DXF 也被广泛使用,成为矢量绘图数据的常用标准。绝大多数 GIS 软件都能输入或输出 DXF 格式的文件。目前,很多公司和机构所提供的地理信息数据也常以 DXF 格式作为标准。

本练习使用的 DXF 格式数据节选自陕西周原遗址的考古测绘项目,基础数据源自矢量化的 1:10,000 地形图。

1. 加载 DXF 格式数据

(1)启动 QGIS,使用 GRASS 插件工具条新建一个项目,其中:location 命名为 tut31,地图集命名为 zhouyuan,地理坐标系采用"Beijing 1954/3-degree Gauss-Kruger zone 36 EPSG:2412",即北京 1954 年坐标系,3 度投影带的第 36 度带(陕西周原遗址位于东经 107 度附近,而 1:10,000 地形图采用 3 度投影带)。(图 3 – 1)

(2)启动 GRASS,选择进入刚刚新建项目的位置和地图集。

(3)启动 v.in.dxf 模块对话框(图 3 – 2),或在命令行中直接键入命令:

  v.in.dxf-l input = [定位到本章练习数据文件夹]/R20130303.dxf

图 3-1　采用 3 度投影带第 36 度带的北京 1954 坐标系

图 3-2　v.in.dxf 模块对话框

运行后程序列出的 R20130303.dxf 这个文件共包含有 14 个图层,并列出了各个图层的名称。下面,我们从中提取出等高线、水系、村庄和主要青铜器出土地点这几个图层。

(4)再次运行 v.in.dxf 程序模块,这次将其中的等高线图层 contours1 输出,并命名为 cont1。命令行:

  v.in.dxf input =［定位到本章练习数据文件夹］/R20130303.dxf layer = contours1　output = cont1

(5)采用同样的方式将等高线图层 contours2、水系图层 river、water、村庄图层 house 和遗址层 site 均输出到 GRASS。

2.数据处理

(1)v.in.dxf 模块只能输入点状和线状图层,因此对于输入的 house 和 water 图层,还需要将其转换成面状图层。GRASS 用于矢量图层类型转换的模块是 v.type。启动 v.type 模块对话框,在"Name of input vector map"中输入 house,"Name for output vector map"中输入 houses,"Optional"选项卡中,选中 line 和 boundary,即线转面,点击"Run"运行完成转换。(图 3-3)上述过程也可使用命令行:

  v.type input = house　output = houses　type = line,boundary

图 3-3　v.type 模块对话框　　　　图 3-4　v.patch 模块对话框

采用同样的方法将 water 线状图层转换为 waters 面状图层。

（2）等高线分作首曲线和计曲线两个图层存储，分别为 cont1 和 cont2，这里还需要将其合并为一个图层。GRASS 用于矢量图形合并的模块为 v.patch。启动 v.patch 模块对话框：在"[multiple]Name of input vector map(s)"中输入 cont1, cont2；在"Name for output vector map"中输入 conts，点击"Run"完成图层合并。上述过程也可通过下列命令行实现：

　　v.patch input = cont1, cont2 output = conts

（3）删除不需要的图层，使用 g.remove 模块。启动 g.remove 模块对话框：在"[multiple] vect file(s) to be removed"中输入 cont1, cont2, house, water。点击"Run"删除这四个矢量图层。（图 3-5）上述命令也可通过命令行实现：

　　g. remove vect = cont1, cont2, house, water

（4）设置显示图层。启动 g.reion 模块对话框，在"[multiple] Set region to match this vector map"中输入 conts。点击"Run"将显示范围设置为矢量图 conts 图层的范围。（图 3-6）上述命令也可通过命令行实现：

　　g. region vect = conts

图 3-5　g.remove 模块对话框

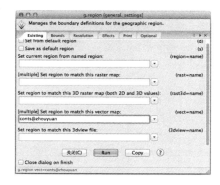

图3-6　g.region 模块对话框　　图3-7　QGIS 中通过 GRASS 插件添加多边形图层

3. 图层显示

(1)打开 QGIS,在 GRASS 插件工具条中,点击"Open mapset"按钮将"区域"设置为 tut31,"地图集"设置为 zhouyuan。

(2)通过"Add GRASS vector layer"按钮,依次添加图层:conts(1_line)、waters(0_polygon)、river(1_line)、houses(0_polygon)、site(1_points)。如图 3-7 所示。

(3)调整各个图层的显示颜色、线型,如图 3-8 所示:

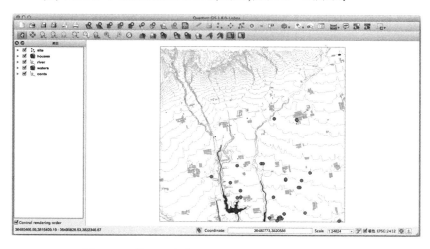

图3-8　从 dxf 格式文件最终提取出的各矢量图层

二 E00 格式数据的导入

后缀名为 E00 格式的数据是美国 ESRI 公司的一种通用交换格式文件,属于 ESRI 公司早期产品 Arc/Info WorkStation 使用的数据交换格式,至今仍有广泛的使用。E00 格式文件包含完整的要素及其属性信息,如点、线、面、属性、控制点等等。由于 E00 文件是 ASCII 明码格式,因此许多软件都把 E00 文件作为与 ESRI 系列软件的数据接口。

本练习使用的 E00 格式数据下载自国家基础地理信息平台网站 http://nfgis.nsdi.gov.cn/,考古遗址的数据来源于国务院颁布的第 1—5 批全国重点文物保护单位的佛教石窟寺部分。

1. 导入 E00 格式数据

(1)重新启动 QGIS,使用 GRASS 插件工具条新建一个项目,其中 location 命名为 tut32,地图集命名为 China,投影坐标系统命名为 WGS-1984。(图 3-9)

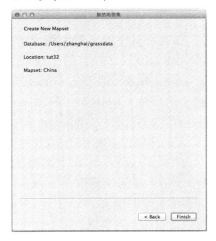 

图 3-9　新建 GRASS 项目　　　图 3-10　v.in.e00 模块对话框

(2)重新启动 GRASS,进入刚刚新建的 tut32 项目。

(3)启动 v.in.e00 模块对话框。在"E00 file"下定位到本章练习文件夹下面的其中一个文件 bou1_4m.e00;"Input type point, line or area"下选择"area",即多边形;在"Name for output vector map"中输入

bou1_4m。点击"Run",运行将 bou1_4m. e00 这个文件的多边形数据导入 GRASS。这是一个中国边界的多边形文件。上述操作也可以通过命令行实现：

> v. in. e00 file =［定位到本章练习数据文件夹 tut3］/bou1_4m. e00 type = area vect = bou1_4m

（4）采用同样的方法将本章练习文件夹下的 bou2_4m. e00、hyd1_4m. e00、res1_4m. e00 四个文件分别导入 GRASS。其中,bou2_4m. e00 为省界、hyd1_4m. e00 为主要河流、res1_4m. e00 为主要城市。命令行如下：

> v. in. e00 file =［定位到本章练习数据文件夹 tut3］/bou2_4m. e00 type = line vect = bou2_4m

> v. in. e00 file =［定位到本章练习数据文件夹 tut3］/hyd1_4m. e00 type = line vect = hyd1_4m

> v. in. e00 file =［定位到本章练习数据文件夹 tut3］/res1_4m. e00 type = point vect = res1_4m

2. 数据处理

上述导入的图层中:对于水系图层,仅需要其中的主要水系,因此还要对这个图层进行处理,提取其中 GBCODE = 21011 的多线段。GRASS 中矢量图层按属性提取采用 v. extract 模块。启动 v. extract 模块对话框:在"Name of input vector file"中选择输入 hyd1_4m；在"Name for the output vector file"中输入 rivers；在"WHERE condition of SQL statement without'where'keyword"中输入选择条件 GBCODE = 21011。

图 3 – 11　v. extract 模块对话框

点击"Run"运行,将其中编号为 21011 的主要河流提取出来,命名为新的矢量图层 rivers。上述过程可以通过命令行实现：

> v. extract input = hyd1_4m output = rivers where = GBCODE = 21011

3. 数据显示

(1) 打开 QGIS，在 GRASS 插件工具条中设定工作地图集为 tut32，分别将图层 bou1_4m1、bou2_4m、rivers、res1_4m 按顺序添加到 QGIS 中显示。

(2) 修改这些图层的显示属性，如图 3-12 所示：

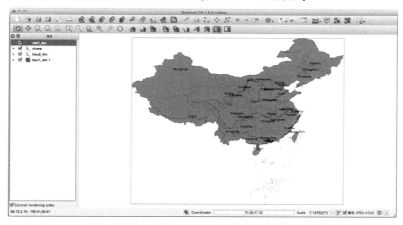

图 3-12　QGIS 中显示加载的图层

4. 加载遗址点图层

(1) 在 QGIS 工具栏中，点击"Add Delimited Text Layer"按钮启动"从分隔符文件创建图层"对话框。在"文件名称"中定位到本章练习文件夹下面的 buddasites.csv 文件。这是国务院公布的第 1—5 批全国重点文物保护单位的佛教石窟寺遗址的信息，其中包含有经纬度坐标。在"Selected delimiters"中将分隔符设置为逗号"Comma"；X Y fields 下分别定义经纬度字段为 longitude 和 latitude。点击"OK"后将图层添加到 QGIS。(图 3-13)

图 3-13　从分隔符文件创建图层对话框

（2）设置 buddasites 图层的显示效果，在图层属性对话框的"Style"选项卡中：设置分类显示方式为"Categorized"；分类字段为"group"；点击"Classify"按钮将 5 种属性均添加进来，并分别双击前面的符号，设置颜色为红色、黄色、蓝色、紫色、绿色。点击"OK"后显示效果。（图 3 – 14）

图 3 – 14　分类显示对话框

（3）调整后最终的显示效果如彩图 14，为一幅全国重点文物保护单位佛教石窟寺的分布图(按批次分颜色显示)。

思考：上述地图显示坐标是否正确？是否使用了正确的投影显示方式？

第四章 矢量数据的采集(二)

本章主要练习空间图形数据的采集和处理方法,包括两部分内容: 1.数字栅格图的地理配准和矢量化;2.高级矢量化与空间信息的提取。练习之前先在本地电脑建立一个文件夹,命名为"tut4",并将练习的数据保存在此文件夹下。

一 数字栅格图的地理配准与矢量化

数字栅格图(Digital Raster Graphic,简称 DRG)是我们获取地理信息的重要资料来源之一,包括以图像方式存储于计算机的各种比例尺的地形图、航片、卫片和各类资源图等。这些图像资料必须按照统一的坐标系统和投影方式,并通过正确的地理配准才能对其进一步的矢量化,提取其中的有用信息,为 GIS 的空间分析提供基础资料。

一般 GIS 软件都提供对图像数据进行地理配准的工具。这里我们使用 QGIS 提供的 Georeferencer 插件工具对影像资料进行配准。配准方式包括:1.根据已知点坐标的配准;2.根据已有矢量地图的配准。

矢量化功能主要是练习使用简单的图形编辑功能进行栅格图像的矢量化,获取具有正确拓扑关系的空间图形。

本练习使用栅格数据裁选自河南舞钢地区景观考古研究项目所使用的 1:50,000 地形图,采用的是 1980 西安坐标系,带号为 19。

1. 栅格图的地理配准

(1)启动 QGIS,在"插件"菜单下打开"Manage Plugins"管理插件工具对话框,选中其中的"Georeferencer GDAL"插件。(图 4 – 1)

(2)在"Raster"菜单下,启动 Georeferencer 下的 Georeferencer 窗口,即地理配准窗口。(图 4 – 2)

图 4-1　QGIS 插件管理对话框　　　图 4-2　QGIS 用于地理配准的 Georeferencer 窗口

(3)点击 Georeferencer 窗口左上角的"Open raster"按钮,添加栅格图层,并定位到本章练习文件夹下的栅格图层文件 I49E017023RCO.tif。添加过程中选择要定义的地理坐标系统为"Xian 1980/Gauss-Kruger zone 19",即 EPSG:2333。如图 4-3 所示：

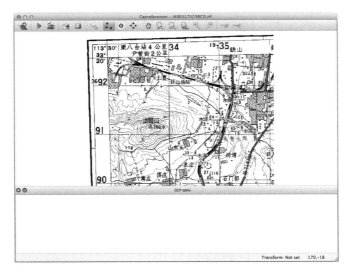

图 4-3　添加了栅格图层的地理配准对话窗口

(4)点击工具栏中的"Add point"按钮,并在地理配准窗口中,找到该图西安 80 坐标系最左上角的标识点,用十字形光标点击该点位置,弹出"输入地理坐标"对话框。根据地图边框的坐标标示,可知该点坐标为(19733000,3692000),输入该坐标值,点"OK"后将该标识点坐标

输入。(图4-4)

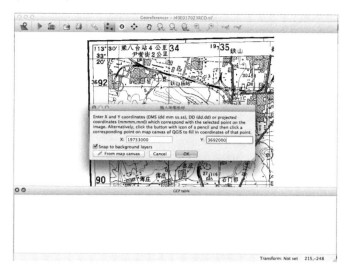

图4-4　输入一个坐标标识点的坐标值

(5)采用同样的方法,依据地图边框上的坐标标志,输入其他11个标识点的坐标。完成后结果如图4-5所示:

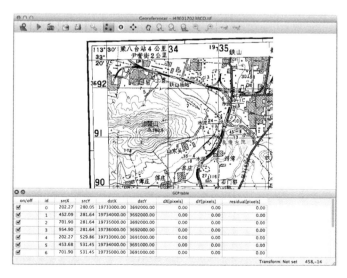

图4-5　输入12个坐标标识点的栅格图

(6) 在工具栏中点击"Transformation settings"按钮,打开转换设置对话框。设置"Transformation type"转换方式为 Polynomial 1;"重采样方法"为最近邻采样;"Output raster"定位到本章练习文件夹,命名为 I49E017023RCO_modified.tif;"Target SRS"选择为西安 80 坐标系的 19 度带,即 EPSG:2333;选中"Load in QGIS when done"。点"OK"后完成设置。(图 4 - 6)

图 4 - 6 Transformation settings 对话框

(7) 点击工具栏上的"Start georeferencing"按钮,运行地理配准,完成后关闭 Georeferencer 窗口,可以看到配准了地理坐标的栅格图层文件已经加载至 QGIS,并定义了正确的坐标系统。(图 4 - 7)

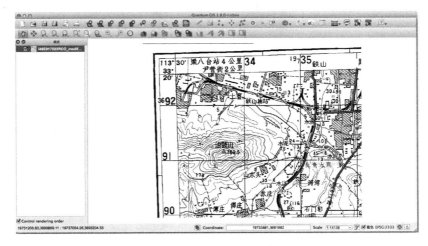

图 4 - 7 配准了地理坐标的栅格图层

2. 地图矢量化

我们已经完成了栅格图层的地理坐标配准,下面就可以根据这个配准了坐标的栅格图层提取其中的地物信息,进行矢量化的操作。

(1)点击 QGIS 工具栏上的"New Shapefile Layer"按钮,打开"新建矢量图层"对话框,新建一个 shapefile 格式的矢量图层。在"类型"中选择"线";定义坐标系统为为西安 80 坐标系的 19 度带,即 EPSG:2333;在"新属性"中添加一个记录高程的字段,定义"名称"为 elevation,"类型"为 Whole number,"宽度"为 5,点击"Add to attributes list"后将其添加至属性列表。(图 4 - 8)

(2)点击"OK"后,在跳出的存储对话框中,定义该 shapefile 图层文件名为 contours,即等高线层。(图 4 - 9)

图 4 - 8　添加新 shapefile 图层,并添加字段　　图 4 - 9　命名并保存新建的等高线层

(3)在导航栏中,右键点击 contours 图层,选择"Toggle Editing",开始对图层进行编辑。点击工具栏中已经激活的"Add Feature"按钮,放大图层至一角,开始描绘一条等高线,描绘时注意依据等高线的特征点进行描绘,如图 4 - 10 所示:

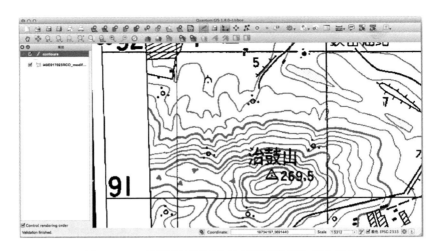

图 4 – 10　根据栅格图层中的等高线进行矢量化描绘

描绘完成后,点击右键,在弹出的结束对话框中,输入该矢量图层的属性,包括 id 和高程值,如图 4 – 11 所示:

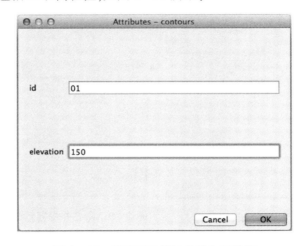

图 4 – 11　结束矢量描绘并输入属性值

(4)采用同样的方法将所有等高线描绘完毕。

(5)采用上述等高线矢量化的方法,分别新建图层并将居民地、面状水和线状水都矢量化。(图 4 – 12)

图 4-12　矢量化提取多边形居民地

（6）矢量化完成后，删除栅格图层，仅保留矢量图层，并调整显示状态，如图 4-13 所示：

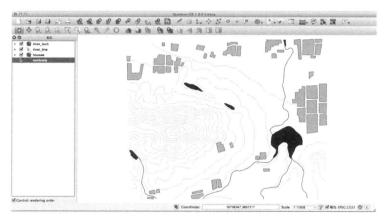

图 4-13　矢量化提取的等高线、居民点和水系图层

二　高级矢量化与空间信息的提取

在实际应用中，常常会遇到一些较为复杂的矢量化问题，比如处理多边图形时就要考虑图形之间的拓扑关系。这种情况下往往需要应用到高级矢量化的功能。以下我们介绍通过图形切割的方法实现多边形的矢量化。练习的数据来源于河南省禹州市考古区域系统调查所使用

的高分辨率卫星遥感影像。

1. 基于卫星遥感影像的多边形数据采集

(1) 重启 QGIS,新建项目,通过工具栏的"Add Raster Layer"按钮添加本章练习文件夹下的 geoeyeimage.tif 图像。这是一幅由美国商业卫星 GeoEye 于 2011 年获取的多光谱遥感数据合成彩色影像。数据节选自南水北调禹州段考古区域系统调查项目。右键点击导航栏中的遥感影像图层,查看属性,其地理坐标为北京 1954 年坐标系,属于第 19 号 6 度带,空间分辨率为 0.66 米。(图 4 – 14)

图 4 – 14　GeoEye 卫星遥感影像合成彩色图

此考古调查项目的一个重要目标是开展景观考古学的研究,因此调查设计了按照土地利用状况记录地表景观和考古遗存信息的方法,即将调查区域按照土地利用状况划分为若干可控制的网格,称为"记录"(tract),即现代土地的地块。调查前,根据高分辨率卫星遥感影像将这些地块划分出来,并统一编号,在调查中即可依据卫星影像对这些地块进行观察和记录。下面,练习如何利用 QGIS 切分这些地块,并使用 GRASS 相关命令进行统一编号。

(2) 在 QGIS,利用工具栏的"New Shapefile Layer"按钮新建一个多边形 shapefile 文件,命名为 tracts.shp。地理坐标系统选择为北京 1954 年坐标系第 19 度带。

(3) 激活"Toggle Editing"对 tracts 图层进行编辑。首先,沿着遥感影像的四个角绘制一个长方形。然后,在属性中将其显示为红色边框的空心多边形。

(4)将图形放大至一角,点击"Edit"菜单栏下的"Split Features"命令,启动切割工具。在图上的一角,利用绘制多线段的方法将一个地块多边形从 tracts 图层的长方形上切割下来,如图 4-15 所示。

注意:1.割线必须从被切割图形的外部开始,并在外部结束;2.完成后点击右键结束切割。

图 4-15　使用 Split Features 工具切割一个多边形

(5)采用同样的方法,根据遥感影像上的土地利用状况,将不同的地块均切割下来。(图 4-16)

图 4-16　按土地利用的地块分割的多边形

(6)使用工具栏中的"Select Single Feature"按钮,选择 tracts 图层中的居民地、河流、公路等无法实现野外踏查的地块,并使用删除按钮将其删除。(图 4－17)完成后保存编辑的内容。

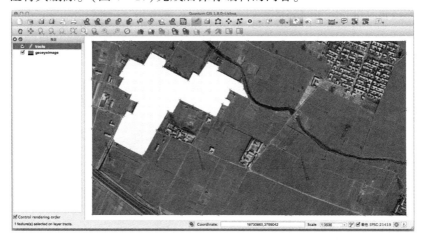

图 4－17　选中无法实地踏查的地块

2. 多边形地块的编号

在田野考古调查中,要对这些按照现代土地利用状况切割下来的多边形地块 tracts 进行调查,还需要对它们进行统一的编号。下面,我们按照《田野考古工作规程》中测量系统与编号系统需统一的要求,对这些地块按照地理坐标进行统一的编号。

(1)在 QGIS 中删除 tracts 图层,使用 GRASS 插件工具条新建一个项目:选择 location 为 tut4;地图投影为"Beijing 1954/Gauss-Kruger zone 19 EPSG:21419";地图集名称为 ying。

(2)启动 GRASS,进入该项目和地图集。

为了进行正确的数据处理,需要首先设定正确的数据库驱动程序。启动 db. connect 命令,在对话窗口中将"Driver name"设置为 sqlite,Database name 的最后一项改为 sqlite. db。点击"Run"运行设置。(图 4－18)

(3)使用 v. in. ogr 命令将刚刚生成的 tracts 矢量图层导入:

　　v. in. ogr dsn =/[定位到本章练习文件夹 tut4]/tracts. shp output = tracts

图4-18　db.connect 命令对话框

图4-19　v.db.addcol 命令对话框

设置图层显示范围：

  g.region vect = tracts

（4）在 tracts 图层的属性表上添加两个字段，分别用来记录每个多边形 tract 几何中心点的北京54坐标。GRASS 添加矢量图层属性表字段使用 v.db.addcol 命令。打开该命令对话框，在"Name of vector map for which to edit attribute table"中选择 tracts 图层；在"Name and type of the new column(s)"中输入"coor_x integer, coor_y integer"，即添加两个整数型字段，名称分别为 coor_x 和 coor_y。（图4-19）上述程序也可使用命令行实现：

  v.db.addcol tracts col = "coor_x integer, coor_y integer"

（5）计算多边形地块 tracts 中心点的地理坐标，并添加至 coor_x 和 coor_y 字段。GRASS 使用 v.to.db 模块处理矢量数据的几何和地理信息，启动 v.to.db 命令对话框：在"Name of input vector map"中选择 tracts；在"Value to upload"中选择 coor，即坐标；在"Optional"选项卡中选择"Feature type"为 centroid；在"[multiple] Name of attribute column(s)"中输入 coor_x, coor_y。点击"Run"运行程序。（图4-20）

上述命令也可以通过命令行实现：

  v.to.db tracts type =

图4-20　v.to.db 命令对话框

centroid option = coor col = coor_x,coor_y

(6) 使用 v. db. addcol 命令再添加一个文本类型的字段,命名为 tract_id,长度为 9,用来记录每个地块 tract 的编号:

v. db. addcol tracts col = "tract_id varchar(9)"

(7) 分别提取每个地块 tract 中心点 XY 坐标的后四位,并用"-"符号来连接,组成一个 9 位的地块编码 tract_id。GRASS 中我们可以通过 db. execute 命令调用 SQL 语句来更新字段的内容。db. execute 命令对话框如图 4-21 所示,可以实现交互式输入。但更方便的是执行如下命令行:

echo "UPDATE tracts SET tract_id = substr(coor_x,5,4) || " - " || substr(coor_y,4,4)" | db. execute

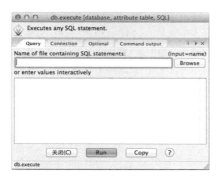

图 4-21 db. execute 命令对话框

(8) 打开 QGIS,设定 GRASS 插件工具条中的工作目录为本章练习的项目 tut4。使用 "Add GRASS vector layer"按钮添加 tracts 矢量图层。调整 tracts 图层在高分辨率遥感影像 geoeyeimage. tif 之上,显示为红色边框的空心多边形,然后添加并显示标签为 tract_id。结果如图 4-22 所示。

思考:将此图打印出来,在野外考古调查中如何利用该图定位到需要观察和记录的地块？高分辨率卫星遥感影像和手持式 GPS 如何辅助田野考古调查？如何利用 3S(GPS、GIS、RS)手段实现田野考古调查的测绘系统与记录系统的统一？

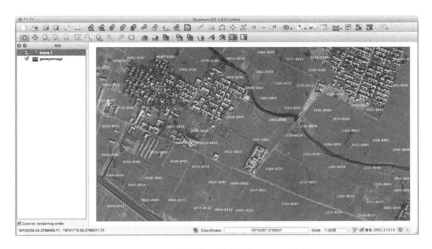

图 4 – 22　标注了编号的 tracts 图层

第五章 空间数据的处理

本章主要练习GRASS处理空间数据的基本方法,包括矢量图形的剪裁、拼接、融合和栅格图层的镶嵌、裁剪。练习之前先在本地电脑建立一个文件夹,命名为"tut5",并将练习的数据保存在此文件夹下。

一 矢量图形的处理

在GIS的实践应用中,我们常常需要对矢量图形进行处理。同一个图层中的矢量图形之间问题,在前一章的练习中已有涉及。本章我们主要练习处理不同图层之间的矢量图形,包括基于不同图层的矢量图形的切割、合并和融合等。练习使用的数据节选自国家基础地理信息中心提供的1∶4,000,000行政区划图的河南省部分。

1. 图形裁剪

(1)启动QGIS,利用GRASS插件工具条新建一个项目,命名为tut51。可先不定义坐标系统,地图集命名为henan。

(2)启动GRASS,进入新建的项目tut5,选择进入地图集henan。

(3)使用v.in.ogr命令导入数据henan_bount.shp和clip.shp。

  v.in.ogr dsn =/[定位到本章练习目录tut5]/henan_bount.shp output = henan_bount

  v.in.ogr dsn =/[定位到本章练习目录tut5]/clip.shp output = clip

(4)设定显示范围:

  g.region vect = clip

在QGIS中加载显示导入的图层,如图5–1所示。

(5)利用clip图层的四个多边形对henan_bount图层进行剪裁。

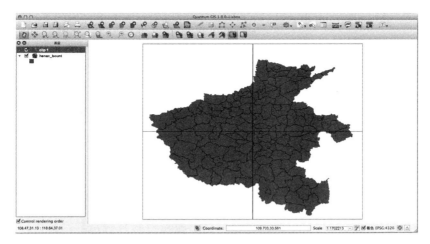

图5-1 用于图形处理的河南省县界图

在剪裁之前,首先需要从 clip 图层中分别提取出四个多边形。GRASS 提取矢量图层中的部分图形使用 v. extract 模块。如图5-2所示:v. extract 对话框中,在"Name of input vector map"中选择 clip 图层;在"Name for output vector map"中输入 clip_1;Selection 选项卡下的"Type to be extracted"选择 area;"Category values"输入 1。点"Run"运行程序。上述模块的命令行为:

v. extract list = 1 input = clip output = clip_1

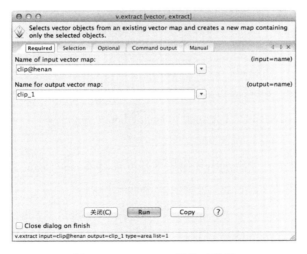

图5-2 v. extract 模块对话框

采用同样的方法将其他三个多边形也分别提取出来：

  v. extract list = 2 input = clip output = clip_2

  v. extract list = 3 input = clip output = clip_3

  v. extract list = 4 input = clip output = clip_4

（6）在 QGIS 中显示提取出来的四个多边形，如图 5－3 所示：

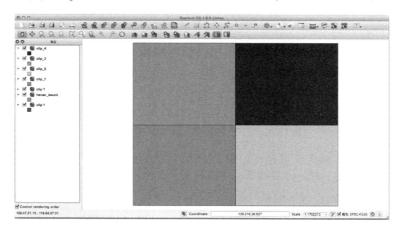

图 5－3 提取的四个多边形图层

（7）分别利用这四个多边形对 henan＿bount 图层进行裁剪。GRASS 中矢量图形的裁剪使用 v. overlay 命令。图 5－4 为 v. overlay 模块对话框，在"Name of input（vector mapA）"中选择 henan_bount；在"Name of input（vector mapB）"中选择 clip_1；在"Name for output vector map"中输入 henan_c1；在"Optional"选项卡中选中"Do not create attribute table"；在"Operator defines features written to output vector map"中选择 and。点击"Run"运行。上述模块的命令行为：

  v. overlay － t ainput = henan＿bount binput = clip＿1 output = henan_c1 operator = and

采用同样的方法使用其他三个长方形将 henan_bount 图层分别切割下来，命名为 henan_c2、henan_c3、henan_c4。

  v. overlay － t ainput = henan＿bount binput = clip＿2 output = henan_c2 operator = and

  v. overlay － t ainput = henan＿bount binput = clip＿3 output =

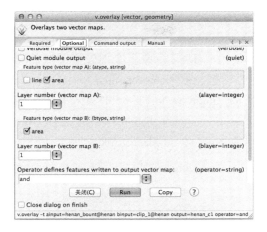

图 5-4　v.overlay 命令对话框

henan_c3 operator = and

　　v.overlay - t ainput = henan_bount binput = clip_4 output = henan_c4 operator = and

(8) 在 QGIS 中显示切割下来的四个河南省县界图。(图 5-5)

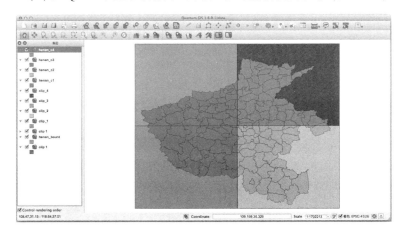

图 5-5　切割为四份的河南省县界图

(9) v.overlay 命令还可以方便地实现位于不同图层的图形之间的拼合(operator = or)、剪除(operator = not)、融合(operator = xor)。读者可利用练习生成的上述矢量图层尝试运行应用这些不同选项的 v.overlay 命令。

2. 要素融合

(1) GRASS 使用 v.dissolve 命令实现矢量图层的要素融合。启动 v.dissolve 命令对话框,在"Name of input vector map"中选择 henan_bount;在"Name for output vector map"中输入 henan_div;在"Name of column used to dissolve common boundaries"中选择 DI2 字段。(图 5-6)点"Run"按照地界进行矢量图层边界的融合。上述命令行为:

v.dissolve input = henan_bount output = henan_div column = DI2

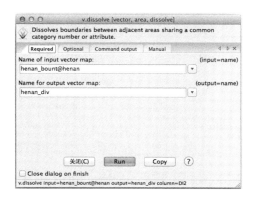

图 5-6 v.dissolve 命令对话框

(2) 在 QGIS 中显示按照地区边界融合后的新矢量图层。(图 5-7)

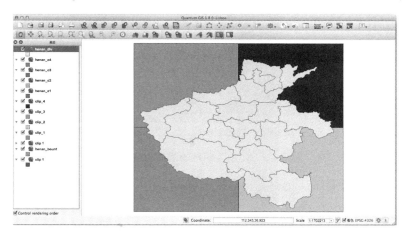

图 5-7 按地区边界融合后的河南政区图

二　栅格数据的处理

1. 数据下载

(1) 登陆中国科学院计算机网络信息中心网站地理空间数据云 http://www.gscloud.cn，注册后用自己的用户名和密码登陆。(图5-8)

图5-8　中国科学院国际科学数据服务平台网站

(2) 在"高级检索"菜单下的"数据集"，可以看到目前有两种数字高程模型 DEM 数据可供免费下载。其中，GDEM 数据是根据美国-日本环境资源卫星 Terra-Aster 多光谱遥感影像获取的 30 米空间分辨率的 DEM；SRTM 数据是根据美国航天飞机的雷达影像获取的 90 米空间分辨率的 DEM。这两组数据基本覆盖全球，该网站是覆盖我国境内数据的下载镜像。

这里选择下载其中的"GDEM 数据检索"，进入下载数据检索页面。

(3) 利用"放大"和"移动"工具将地图定位到感兴趣的地区，并使用矩形选择需要下载的数据的范围，如图 5-9 所示。点击"搜索"对数据进行检索。

(4) 系统将检索到符合条件的遥感影像列表，可根据实际的需要，选择列表右侧的操作栏下的下载工具，将所需要的 DEM 下载到本地电脑。(图 5-10)

图 5-9　ASTER GDEM 数据检索界面

图 5-10　ASTER GDEM 数据检索结果及下载界面

2. 栅格数据的读取与镶嵌

由于下载的 ASTER GDEM 数据为 UTM 坐标系统,且我们的研究区域(北京 1954 年坐标系)分割在两张栅格图上,因此需要对栅格图层进行拼合和坐标转换。考虑到坐标转换的问题,需要首先建立一个临时工程(UTM 坐标系)用以读取和拼合数据。

(1)将上述下载的数据解压到本章练习文件夹下。重启 QGIS,利用 GRASS 插件工具条新建一个项目,命名为 tut52_utm,坐标系统选择

"WGS 84 / UTM zone 49N",地图集命名为 ast。

(2)启动 GRASS,进入项目 tut52_utm 的工作地图集 ast。导入下载的 ASTER GDEM 数据。下载的每一幅 DEM 数据都包括三个文件:img 格式的两个文件,其中 DEM 包含栅格数据、NUM 用来定义坐标系统;jpg 格式的文件是预览文件。使用 GRASS 的 r.in.gdal 模块导入其中的 DEM 栅格数据文件。启动 r.in.gdal 命令对话框,在"Raster file to be inported"中定位到本章练习文件夹下解压 ASTGTM_N33E113K 下的 ASTGTM_N33E113K_DEM_UTM.img 文件;在"Name for output raster map"中输入 astgtm_n33e113k。点击"Run"完成数据导入。(图 5–11)命令行为:

r.in.gdal input =/[本章练习文件夹]/ASTGTM_N33E113K/ASTGTM_N33E113K.img output = astgtm_n33e113k

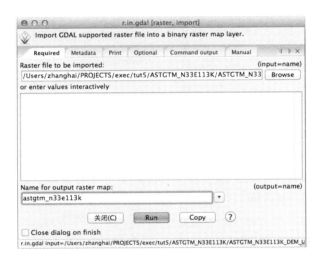

图 5–11　r.in.gdal 模块对话框

同样,导入另一个下载的 GDEM 文件:

r.in.gdal input =/[本章练习文件夹]/ASTGTM_N34E113Y/ASTGTM_N34E113Y.img output = astgtm_n34e113y

(3)GRASS 可以使用 r.patch 命令实现栅格图层的镶嵌,但镶嵌之前需要预先设定镶嵌后栅格图层的范围。

g.region rast = astgtm_n33e113k,astgtm_n34e113y

即新的图层应是两个图层的总和。

启动 r. patch 模块对话框,在"[multiple] Name of raster maps to be patched together"中选择 astgtm_n33e113k, astgtm_n34e113y;在"Name for resultant raster map"中输入 astgtm_mosaic。点击"Run"运行,完成镶嵌。(图 5 – 12)命令行为:

  r. patch input = astgtm_n33e113k, astgtm_n34e113y output = astgtm_mosaic

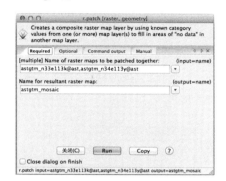

图 5 – 12   r.patch 命令对话框

完成镶嵌后的栅格图层可在 QGIS 中加载,并在属性中显示为"伪彩色",如彩图 15 所示。

3. 转换投影坐标系

由于我们需要在北京 1954 年坐标系下工作,因此还需要转换投影坐标。

(1)在 QGIS 中,使用 GRASS 插件工具条新建一个工程,命名为 tut52_bj54,投影坐标系命名为"Beijing 54 / Gauss-Kruger zone 19",地图集命名为 yuzhou。

(2)重启 GRASS,并进入新建的 tut52_bj54 项目中的 yuzhou 地图集。

(3)GRASS 使用 r. proj 命令对栅格图层进行重新投影。启动 r. proj 模块,在"Location containing input raster map"中选择 tut52_utm;在"Source Name of input raster map to re-project"中选择 astgtm_mosaic;在"Mapset containing input raster map"中选择 ast;在"Target"选项卡的"Resolution of output map"中输入 30;在"Optional"选项卡的"Cache size (MiB)"中输入 800。(图 5 – 13)点击"Run"完成重投影。命令行为:

  r. proj input = astgtm_mosaic location = tut52_utm mapset = ast resolution = 30 memory = 800

4. 栅格图层的切割

(1)首先导入要切割的矢量图范围,即本章练习文件夹下以矢量多边形表示的河南禹州市范围。

v. in. ogr dsn =/[本章练习文件夹]/yz_54. shp output = yz_bount

(2)依据栅格图层设定显示范围(为了保持栅格分辨率的一致)

g. region rast = astgtm_mosaic

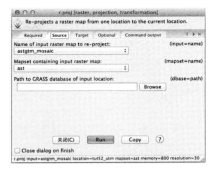

图5-13　r. proj模块对话框

(3)将矢量图层转换为栅格图层。启动 v. to. rast 命令,在"Name of input vector map"中选择 yz_bount;在"Name for output raster map"中输入 yz;在"Source of raster values"中选择 cat;在"Selection"选项卡中选择"Feature type"为 area。点击"Run"运行,完成转换。(图5-14)命令行为:

v. to. rast input = yz_bount output = yz use = cat type = area

图5-14　v. to. rast命令对话框

图5-15　r. mask命令对话框

(4)设置栅格掩膜。启动 r. mask 命令对话框,在"Raster map to use as MASK"中选择 yz,点击"Run"运行,启动栅格数据状态下的掩膜。(图5-15)命令行为:

r. mask input = yz

(5)利用栅格图层计算器 r. mapcalc 进行剪裁。启动 r. mapcalc 命令对话框,选择"Insert existing raster map"为 astgtm_mosaic;在"Name for new raster map to create"中输入 yzdem。(图5-16)点击"Run"运行,程序将依照掩膜的大小,运行栅格图层的运算,运算公式为 yzdem = astgtm_mosaic。上述过程可以通过命令行实现:

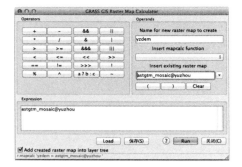

r. mapcalc
yzdem = astgtm_mosaic
end

(6) 设置正确的显示范围：首先，关闭掩膜；

r. mask – r

然后，设置显示颜色。

r. colors map = yzdem

图 5 – 16　r. mapcalc 命令对话框

color = gyr – g

(7) 重启 QGIS，使用 GRASS 插件加载裁剪后的数字高程栅格模型 yzdem，如图 5 – 17 所示：

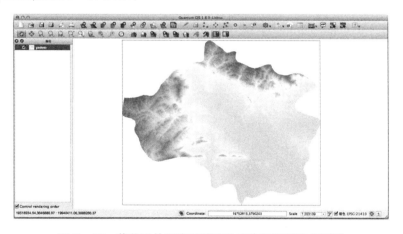

图 5 – 17　裁剪后的研究区域的数字高程模型栅格图层

尝试使用第二章练习的河南禹州市第三次全国文物普查部分遗址统计数据 sites. txt，将遗址点导入并显示在此数字高程模型之上。

第六章 地理数据库与空间数据的汇总、查询与展示

本章练习使用 GRASS 对空间数据进行连接、汇总、查询与展示的基本方法，内容包括矢量数据和栅格数据两部分。练习之前先在本地电脑建立一个文件夹，命名为"tut6"，并将练习的数据保存在此文件夹下。

一 矢量数据的汇总、连接、查询与展示

矢量数据是构建地理数据库的核心。GIS 中常用数据表来构建关系型的地理数据库，其中不同表格之间的数据通过关键字段的关联建立联系，而借助于图形与属性之间的关联，则可以实现对地理空间数据的汇总与查询。地理数据库的构建及其查询、汇总在考古学和文化遗产管理实践中有广泛的应用，本章练习使用的数据来源于希腊 Kythera 岛田野考古调查项目，相关介绍可参考网站 www.ucl.ac.uk/kip。

1. 空间数据的汇总与连接

（1）首先，使用 Office 软件打开本章练习文件夹下的 Excel 文件 kip_obs.xls。观察发现这个表记录了 Kythera 岛上每个考古遗址调查采集的黑曜石遗物的情况。表格按照遗物来记录，每条记录包括了该黑曜石所在的遗址（site_id）、类型（category）和测量数据，测量数据包括长度（length）、宽度（width）和厚度（thickness）。表格中共有 800 条数据，即记录了 800 件调查采集的黑曜石的情况。

（2）将这个文件另存为 CSV 格式的文本文件 kip_obs.csv。使用文本编辑器新建一个文档，内容是：

"String(15)" "String(15)" "String(15)" "Real(10.2)" "Real(10.2)" "Real(10.2)"

将该文档保存为 csvt 格式的文件，命名为 kip_obs.csvt。csvt 格式

文件用来定义 csv 文件中各个字段的类型。

（3）启动 QGIS，使用 GRASS 插件工具条新建一个项目，其中 location 命名为 tut6，mapset 命名为 kip，暂不定义投影坐标系统。

（4）启动 GRASS，进入新建的项目 tut6 和地图集 kip。首先，设置数据库引擎为 sqlite。启动 db.connect 命令对话框，在"Driver name"中选择 sqlite；将"Database name"修改为：

$ GISDATABASE/ $ LOCATION_NAME/ $ MAPSET/sqlite.db

点击"Run"运行。（图 6 – 1）

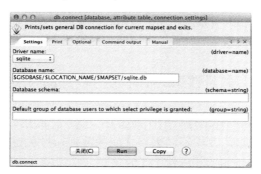

图 6 – 1　db.connect 对话框设置数据库引擎

（5）导入数据

使用 v.in.ogr 模块导入矢量数据：

　　v.in.ogr dsn =/［定位到本章练习文件夹］/kip_cont.shp output = kip_cont

　　v.in.ogr dsn =/［定位到本章练习文件夹］/kip_sites.shp output = kip_sites

使用 db.in.ogr 模块导入数据表格：

　　db.in.ogr dsn =/［定位到本章练习文件夹］/kip_obs.csv output = kip_obs

（6）数据汇总

使用 db.select 命令查看 kip_obs 表格的内容：

　　db.select kip_obs

site_id 字段有若干重复记录,这是因为每个遗址会出土多件黑曜石遗物,遗址和遗物之间是"一对多"的关系。在地理数据库中,通过"一对多"的关系实现空间数据的查询和分类展示比较困难,而通常情况下需要将"一对多"的关系转换成"一对一"的关系。"一对多"到"一对一"的转换需要对数据进行汇总。下面,我们就根据 site_id 字段进行汇总,生成新的表格,计算每个遗址出土黑曜石的总体状况。

GRASS 中我们可以使用 SQL 语句实现数据汇总:

db. select fs = , sql = "SELECT site_id, COUNT(site_id) cnt_obs, AVG(length) ave_obs FROM kip_obs GROUP BY site_id" > & stat_obs. csv

使用文本编辑器新建一个文档,输入并保存如下内容为 stat_obs. csvt。"String(15)""Integer(5)""Real(5.2)"

(7)连接数据

首先将汇总后的文件 stat_obs. csv 和 stat_obs. csvt 移动到本章练习文件夹下,并将其导入 GRASS:

db. in. ogr dsn = /[定位到本章练习文件夹]/stat_obs. csv output = stat_obs

删除目标文件 kip_sites 下字段名与连接文件 stat_obs 相同的字段 site_id。GRASS 使用 v. db. dropcol 命令来删除表格中的字段:在"Vector map for which to drop attribute column"中选择 kip_sites;在"Name of the column to drop"中选择 SITE_ID。点击"Run"完成运行。(图 6-2)或者使用命令行:

v. db. dropcol kip_sites column = SITE_ID

下面根据关键字段连接数据。GRASS 使用 v. db. join 命令实现数据表格的连接:在"Vector map to which to join other table"中选择 kip_sites;在"Join column in talbe"中选择 SITE_NO;在"Other table name"中选择 stat_

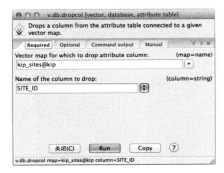

图 6-2　v. db. dropcol 命令对话框

obs;在"Join column in other table"中选择 site_id。点"Run"完成运行。(图6-3)或者使用命令行:

  v. db. join map = kip_sites layer = 1 column = SITE_NO otable = stat_obsocolumn = site_id

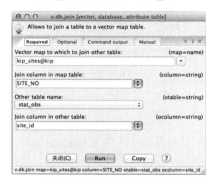

图6-3 v. db. join 命令对话框 图6-4 Style 选项卡调整显示方式

2. 数据的分类与展示

（1）在 QGIS 中使用 GRASS 插件工具条加载 kip_sites 和 kip_cont 图层。

（2）导航栏中右键点击 kip_sites 图层，选择打开属性对话框，在 Style 选项卡中，选择采用 Graduated 方式，分别对其中的 cnt_obs 和 ave_obs 进行分类显示（图6-4），即分别按照采集黑曜石的数量和黑曜石的平均长度按照渐变颜色显示。

显示结果如图6-5所示：

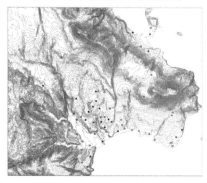
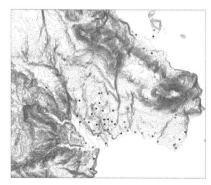

图6-5a 按照采集遗物数量显示 图6-5b 按照黑曜石平均长度显示

3. 数据的查询

假设我们有这样一个研究的需要：选择青铜时代早期第Ⅱ段（公元前 2700—前 2200）发现黑曜石数在 5 个以上，且距离海岸线 1 公里范围内的遗址。按照以下的步骤完整这个选择过程。

（1）利用 SQL 语句对 kip_sites 图层的属性表进行选择，选取所有青铜时代早期第Ⅱ段且发现黑曜石数大于 5 的遗址。

  v. extract input = kip_sites output = sites_a where = 'EBII1 = 2 OR EBII1 = 3 AND cnt_obs > 5'

（2）同样利用 SQL 语句对 kip_cont 图层的属性表进行选择，选取海岸线，即海拔高度为 0 的等高线。

  v. extract input = kip_cont output = cont_0 where = 'ELEVATION = 0'

（3）生成距离海岸线 1000 米范围的缓冲区。GRASS 使用 v. buffer 命令生成缓冲区：在"Name of input vector map"中选择 cont_0；在"Name for the output vector map"中输入 cont_buffer；在"type"中选择 line；在"Buffer distance along major axis in map units"中输入 1000。点击"Run"运行。（图 6-6）或者使用命令行：

  v. buffer input = cont_0 output = cont_buffer type = line distance = 1000

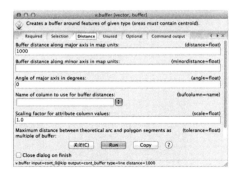

图 6-6 v. buffer 命令对话框

（4）基于缓冲区和遗址图层之间的空间查询。GRASS 使用 v. select 命令实现矢量图层之间的查询：在"Name of input（vector map A）"

中选择 sites_a；在"Name of input（vector map B）"中选择 cont_buffer；在 "Name for output vector map"中输入 sites；在"Operator defines required relation between features"中选择 within。点击"Run"运行。（图 6 – 7）或者使用命令行：

v. select ainput = sites_a binput = cont_buffer output = sites operator = within

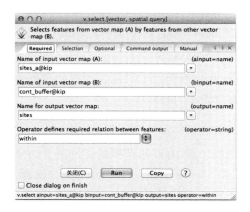

图 6 – 7　v. select 命令对话框

（5）在 QGIS 中加载并显示最终选择的结果 sites 图层，即所有青铜时代早期第Ⅱ段黑曜石 5 个以上且距离海岸线 1 公里范围内的遗址。（图 6 – 8）

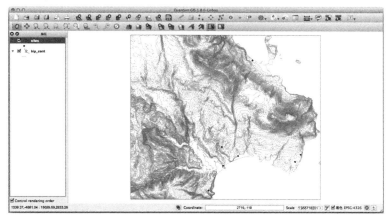

图 6 – 8　利用 GRASS 选择的符合最终条件的遗址

二 栅格数据的查询与统计

栅格数据的查询与统计是 GIS 景观考古分析的常用手段,栅格数据的查询包括基于栅格与栅格数据和矢量与栅格数据之间的查询,下面的练习主要是矢量与栅格数据之间的查询。

1. 矢量——栅格数据查询

(1)使用 QGIS 工具实现矢量——栅格图层的查询[①]。在 QGIS 中关闭所有 GRASS 图层,使用工具栏的"Add Vector Layer"按钮加载矢量图层 kip_sites. shp,使用"Add Raster Layer"按钮加载 slope. asc 栅格图层。如图 6 - 9 所示:

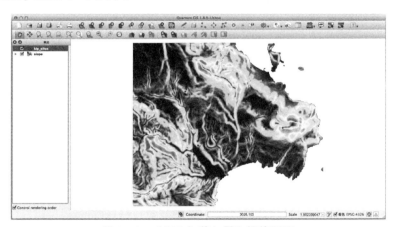

图 6 - 9 QGIS 加载矢量和栅格图层

(2)生成遗址 200 米范围的圆形缓冲区。

启动 Vector 菜单下的 Geoprocessing Tools 子菜单下的 Buffer(s)工具对话框。如图 6 - 10 所示:在"Input vector layer"中输入 kip_sites;在"Buffer distance"中输入 200;在"Output shapefile"中定位到本章练习文件夹,并命名为 sites_br. shp。

点击"OK"后生成遗址 200 米范围的缓冲区。(图 6 - 11)

[①] GRASS 程序的 v. buffer 模块本身无法生成非融合状态的多边形,因此这里使用 QGIS 提供的缓冲区和区域统计工具。

图 6-10　Buffer(S)工具对话框

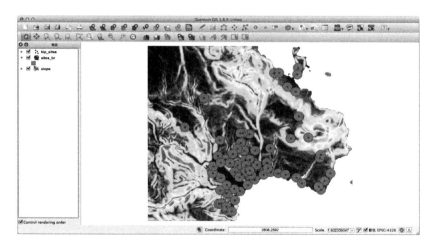

图 6-11　遗址 200 米缓冲区与坡度图

(3) 进行区域统计。

在"插件"菜单下,启动"Manage plugins"工具栏。启动其中的"Zone statistics plugin"插件。(图 6-12)

(4) 启动 Raster 菜单下的 Zone statistics 工具栏。在"Raster layer"中输入统计的栅格图层 slope;在"Polygon layer containing the zone"中输入遗址缓冲区图层 sites_br;在"Output column prefix"中输入新生成字段的前缀 sp。点"OK"后完成统计。(图 6-13)

 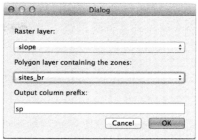

图6-12　Manage plugins 工具栏　　图6-13　区域栅格统计对话框

(5)导航栏中打开 sites_br 图层的属性表,可以看到新生成了三个字段 spcount、spmean 和 spsum,分别记录了各遗址缓冲区范围内坡度栅格的总数、均值和总和。下面对其中的坡度均值进行统计。

2.坡度均值的统计

(1)导航栏中右键点击 sites_br 图层,选择"Save as"命令,打开保存对话框。在"Format"中输入 Comma Separated Value;在"另存为"定位到本章练习文件夹,并命名为 stats_slope.csv。点击"OK"后保存 CSV 数据。(图6-14)

图6-14　保存数据对话框

(2)启动 R 程序,在"Misc"菜单下点击"Change Working Directory"命令将工作文件夹设置为本章练习文件夹。

(3)导入数据

  statsp <-read. csv("stats_slope.csv", header = TRUE, sep = ",")

(4)利用直方图显示遗址缓冲区的坡度分布状况

  hist(statsp $ spmean,col = "gray")
  hist(log(statsp $ spmean),col = "gray")

结果如图 6 – 15a 所示,遗址坡度呈偏态分布,主要集中在 5 – 7 度之间。尝试将遗址的坡度取对后,再利用直方图显示分布状况。如图 6 – 15b 所示,取对后的遗址坡度大致呈正态分布。

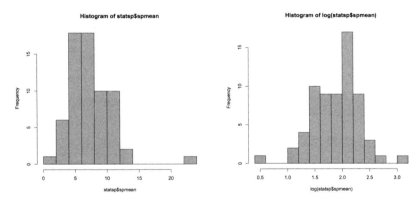

图 6 – 15a 遗址坡度分布图 图 6 – 15b 取对后的遗址坡度分布图

思考:我们能否使用 GRASS 的 v. what. rast 命令直接依据遗址点,而不是遗址缓冲区来统计各遗址的坡度分布状况?为什么?

第七章　空间数据的表面插值

很多情况下,我们采集到的考古空间数据是以离散点的形式存在,这些点记录的数据准确,称为空间采样点。但是,在实际应用中却可能用到这些采样点之外的数值,这样就需要通过已知采样点的数值来推算未知采样点的数值。这个过程称为空间数据的表面插值(Interpolation)。插值的结果是生成连续的栅格表面,这对于考古学空间分析尤其是景观分析具有重要作用。因此,本章将主要练习空间数据的表面插值方法。练习之前先在本地电脑建立一个文件夹,命名为"tut7",并将练习的数据保存在此文件夹下。

一　常用表面插值法

常用的表面插值法包括:趋势面插值、反距离加权插值、样条函数插值、克里格插值等。不同的插值方法产生不同的插值效果,究竟使用哪种具体的方法取决于数据空间分布的特点以及研究的需要。下面我们以采集的考古数据为依据,尝试使用不同的插值法生成栅格表面。

1. 数据准备

(1)启动 QGIS,利用 GRASS 插件工具条创建新的项目:location 命名为 tut71,mapset 命名为 surfaces,地图投影选择 WGS 84。

(2)导入本章练习子文件夹 exec01 下的矢量图层

　　　v.in.ogr －c dsn =/[定位到本章练习子文件夹 exec01]/china.shp output = china

　　　v.in.ogr －c dsn =/[定位到本章练习子文件夹 exec01]/boundary.shp output = boundary

其中,china 图层为中国陆地国界,boundary 图层为截取的部分省界。

(3) 设定显示范围

　　g. region vect = china

(4) 导入考古数据

　　db. in. ogr dsn =/[定位到本章练习子文件夹 exec01]/sites. csv output = sitestable

　　db. select sitetable

观察数据表 sitestable：这个表格记录了中国早期主要稻作农业遗址点的经纬度和碳十四测年数据的信息，据此生成栅格表面，反映稻作农业的传播过程。

(5) 加载 XY 坐标值点

GRASS 使用 v. in. db 模块加载数据表格中的 XY 坐标点：

　　v. in. db table = sitestable x = longitute y = latitute key = id out = sites

(6) 在 QGIS 中加载显示各图层(图 7 – 1)

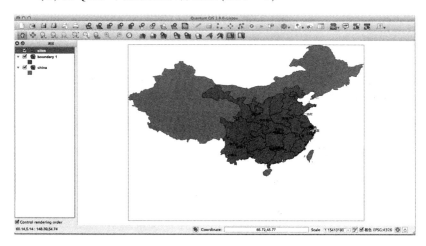

图 7 – 1　中国早期主要稻作遗存发现地点分布图

2. 反距离加权法插值(IDW)

我们首先尝试反距离加权法插值生成栅格表面。由于考古发现的局限性，暂以 boundary 图层作为插值的范围。

(1)利用掩膜工具设定插值的范围

　　v. to. rast input = boundary output = boundary type = area use = cat
　　r. mask boundary

(2)利用 v. surf. idw 模块进行表面插值

　　v. surf. idw input = sites output = surf_idw2 column = CAL power = 2
　　v. colors map = surf_idw2 color = bgyr

在 QGIS 中显示插值的效果,如图 7 – 2 所示:

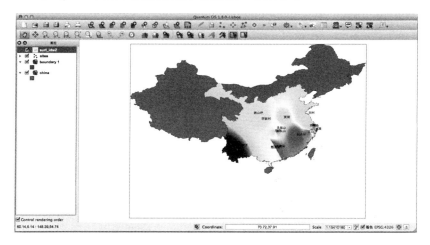

图 7 – 2　IDW 插值生成的早期稻作遗存传播图

(3)再次运行 v. surf. idw 模块,但将 power 设置为 3,观察插值后的结果有何变化。

3. 样条函数法插值

(1)在 GRASS 中利用 v. surf. rst 模块进行样条函数法插值

　　r. surf. rst input = sites elev = surf_spline zcolumn = CAL
　　r. colors map = sur_spline color = bgyr

(2)关闭掩膜

　　r. mask – r

(3)在 QGIS 中调整插值结果的显示,如图 7 – 3 所示。

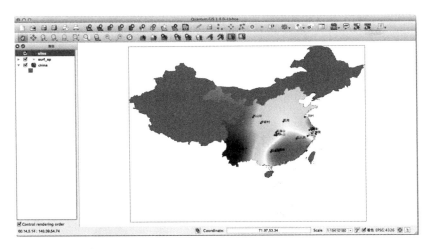

图7-3 样条函数法插值生成的早期稻作遗存传播图

比较反距离加权法和样条函数插值法产生的不同栅格表面,思考这两种插值方法的区别。

二 密度分析

密度分析是考古学空间分析常用的方法,某一时期的聚落分布密度图、地表遗物分布密度图等常用来了解一个时期或某一时段内人类活动的特征。密度分析包括:点密度分析和核密度分析。无论是点密度还是核密度分析都需要设定一定的搜索区域。其中,点密度分析中,落在搜索区域内的点或线有相同的权重,先对其求和,再除以搜索区域的大小,从而得到每个点的密度值;核密度分析中,落入搜索区的点具有不同的权重,靠近搜索中心的点会被赋予较大的权重,反之则权重较小,它的计算结果分布较平缓。

下面我们尝试利用区域考古调查的数据,计算区域相对人口分布密度图。练习使用的数据为内蒙古赤峰敖汉旗红山文化聚落分布状况。资料来源于《中国文物地图集·内蒙古分册》和30米空间分辨率的 ASTER GDEM。

1. 导入数据

(1) 重启 QGIS,利用 GRASS 工具条新建项目:location 命名为

tut72，mapset 命名为 aohan，投影坐标命名为 Beijing 1954/Gauss-Kruger zone 20。

（2）导入矢量数据

  v. in. ogr - o dsn =/[定位到本章练习子文件夹 exec02]/boundary. shp output = boundary

  v. in. ogr - o dsn =/[定位到本章练习子文件夹 exec02]/sites. shp output = sites

（3）设置显示范围和分辨率

  g. region vect = boundary res = 80

（4）导入栅格数据，并设置正确的显示。

  r. in. gdal - o input =/[定位到本章练习子文件夹 exec02]/dem80 output = dem80

  r. colors map = dem80 color = elevation

（5）在 QGIS 中显示导入的数据，如图 7 - 4 所示：

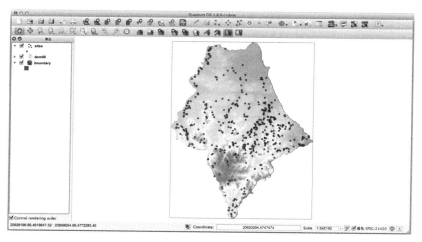

图 7 - 4　内蒙古敖汉旗红山文化遗址分布图

下面我们就根据这些考古调查资料计算该地区红山文化时期人口的相对密度图。主要基于如下考虑：

A. 农业聚落有各自的生产活动范围，即遗址的资源域（catchment）。遗址资源域大致为步行 1 小时的范围，即大约 5 公里的范围。

B. 农业聚落资源域大致以遗址为中心的泰森多边形表示,利用泰森多边形将遗址资源域的信息加入到密度分析中。

C. 聚落的面积与人口呈正相关,因此我们可以利用聚落面积的信息进行标准化处理,来估算不同聚落之间的人口相对密度,并将这一信息也加入到密度分析的权重。

2. 计算遗址资源域

GRASS 提供的 r.walk 模块能够计算在栅格表面步行所需的时间,可用来计算遗址的资源域。

(1)生成均质的地表表面

v.to.rast input = boundary output = boundary type = area use = cat

(2)生成从各遗址出发的 1 小时步行的范围

r.walk elevation = boundary friction = dem80 output = catch start_point = sites max_cost = 3600 lambda = 0

显示生成的 catch 图层,如图 7 - 5 所示:

r.colors map = catch color = bgyr

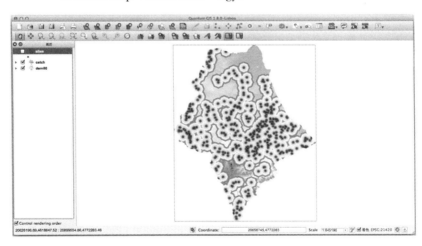

图 7 - 5　距离遗址步行 1 小时的范围

(3)生成以各遗址为中心的泰森多边形

v.voronoi input = sites output = sites_vor

如图 7-6 所示:泰森多边形划分出遗址与遗址之间的界限,我们以此为基础统计各个泰森多边形内的 1 小时步行范围的栅格数量,即可求得遗址资源域的大小。

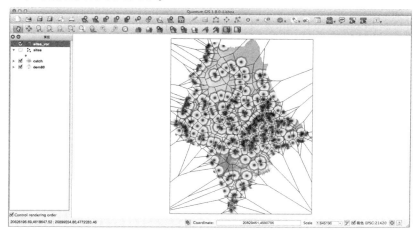

图 7-6　叠加了泰森多边形的遗址徒步范围

(4)统计遗址资源域大小

　　　v. rast. stats vector = sites_vor raster = catch colprefix = catch

完成后,我们看到 sites_vor 图层的属性表中增加了若干以 catch_为前缀的字段,其中 catch_n 记录了每个遗址步行 1 小时资源域的栅格数目。栅格的分辨率为 80 米,因此遗址资源域的大小为 catch_n * 80 * 80。(图 7-7)

3. 计算遗址资源域的权重参数

(1)首先计算遗址资源域的权重参数

生成保存遗址资源域权重参数的字段,并按照如下公式计算字段值:

(3.1415926 * 5000 * 5000)/(catch_n * 80 * 80)

即遗址资源域的理论最大值与实际值的比值。

　　　echo "ALTER TABLE sites_vor ADD COLUMN catchpower double"|db.execute

　　　echo "UPDATE sites_vor SET catchpower = (3.1415926 * 5000

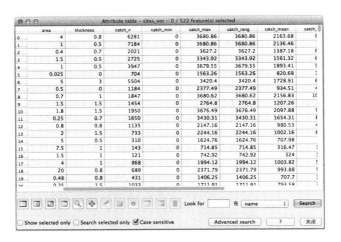

图7-7 添加了遗址资源域信息的 sites_vor 图层属性表

*5000)/(catch_n*80*80)"|db.execute

(2)计算依据遗址面积标准化的相对人口密度权重参数

生成保存相对人口密度权重参数的字段,并按照如下公式计算字段值:

(实际值-最小值)/(最大值-最小值)

  echo "ALTER TABLE sites_vor ADD COLUMN poppower double"|db.execute

  echo "UPDATE sites_vor SET poppower = (area-0.005)/(20-0.005)"|db.execute

(3)计算最终权重参数

综合上述两个参数生成最终权重参数

  echo "ALTER TABLE sites_vor ADD COLUMN power double"|db.execute

  echo "UPDATE sites_vor SET power = catchpower * poppower"|db.execute

4.计算遗址资源域和相对人口密度权重的相对人口密度分布图

(1)GRASS 软件本身没有核密度分析的模块,因此我们需要将上述数据导入 R 统计软件作进一步的分析。

首先要添加遗址点的坐标数据为 R 软件分析备用。

v. db. addcol sites_vor col = "coor_x integer,coor_y integer"

v. to. db sites_vor type = centroid option = coor col = coor_x,coor_y

（2）导出数据

db. select sites_vor >& hs_sites. csv

（3）启动 R 软件

（4）设定工作目录,加载分析模块

setwd("/[定位到本章练习文件夹的子文件夹 exec02]/")

library(spatstat)

library(maptools)

（5）设置分析窗口

window < -readShapePoly("boundary. shp")

window < -as(window,"SpatialPolygons")

window < -as(window,"owin")

（6）导入数据

hs_sites < -read. table("hs_sites. csv",header = T,sep = "|")

（7）计算核密度

首先,设置遗址点和分析窗口。

hs_sites. ppp < -ppp(x = hs_sites $ coor_x,y = hs_sites $ coor_y,window = window)

计算不加权重的遗址分布核密度,搜索半径为 5 公里,并考虑边界效应。

dens5k < -density. ppp(hs_sites. ppp,sigma = 5000,edge = T)

计算遗址资源域和相对人口密度权重的核密度,同样设置搜索半径为 5 公里,并考虑边界效应。

dens5k. catch < -density. ppp(hs_sites. ppp,weights = hs_sites $ power,sigma = 5000,edge = T)

（8）显示不计权重的遗址分布核密度图

par(mfrow = c(1,1))
　　plot(dens5k)
　　plot(hs_sites.ppp,pch = 19,cex = 0.2,add = T)

将图形输出为 PDF 格式:(图 7 - 8)

　　dev.print(device = pdf,"kernel_density.pdf")

(9)重新显示按照遗址资源域和相对人口密度权重的核密度图

　　par(mfrow = c(1,1))
　　plot(dens5k.catch)
　　plot(hs_sites.ppp,pch = 19,cex = 0.2,add = T)

将图形输出为 PDF 格式:(图 7 - 9)

　　dev.print(device = pdf,"wk_density.pdf")

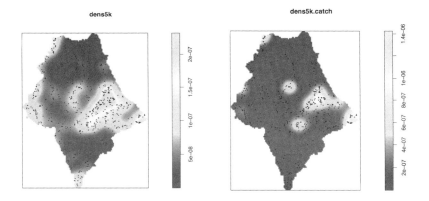

图 7 - 8　敖汉旗红山文化遗址分布密度图

图 7 - 9　敖汉旗红山文化时期相对人口分布密度图

　　思考:按照遗址资源域和聚落面积权重的密度图与单纯的聚落分布密度图有何区别?

第八章　数字高程模型及其精度评估

本章主要练习使用空间插值（interpolation）从等高线和高程点生成数字高程模型（Digital Elevation Model，简称 DEM）的方法以及如何对 DEM 数据的质量进行有效评估。练习之前先在本地电脑建立一个文件夹，命名为"tut8"，并将练习的数据保存在此文件夹下。

DEM 是利用 GIS 进行考古学空间分析尤其是景观考古学研究中最重要和最基础的数据。DEM 质量的好坏对空间分析和景观分析的有效性有重要的影响，因此任何 GIS 空间分析都必须首先对其所使用的 DEM 数据进行质量评估，只有符合要求的 DEM 数据才能使用，这一点是目前很多 GIS 考古研究中常被忽略的重要内容。

DEM 数据的生成有两种主要的方法:1.根据离散空间高程点的数据采用插值的方法生成（插值的方法包括：反距离加权、样条函数、多项式和克里格等方法）;2.根据摄影测量的原理，采用立体像对的方法生成。

第 1 种方法在有等高线和高程点的情况下生成的 DEM 质量较高，但制作成本较高，主要是矢量化过程费时费力。第 2 种方法生成过程快速，适合于大范围内 DEM 的制作，也是目前公开的 30 米分辨率的 ASTER GDEM 米和 90 米分辨率的 SRTM DEM 数据的制作方法，但缺点是干扰较多。

DEM 数据的质量主要是看生成的模型数据是否能够准确地表达真实地貌。由于存在插值所用底图不准确和等高线数据对相同高程点过分强调的问题，会导致生成的 DEM 数据与真实地貌之间存在偏差。以下练习我们将采用第一种方法生成 DEM 数据，并对生成的数据进行质量评估。

一 GRASS 的 r. surf. contour 模块插值 DEM

r. surf. contour 模块是 GRASS 独有的利用等高线插值生成 DEM 的模块,也是 GRASS 软件比较有特色的模块之一。首先练习使用这一模型插值生成 DEM。练习使用的数据来自河南禹州地区矢量化的 1∶50,000 地形图。

1. 导入数据

(1)启动 QGIS,利用 GRASS 插件工具条创建新项目:location 为 tut81;mapset 为 yuzhou;投影为 Beijing 1954/Gauss-Kruger zone 19。

(2)启动 GRASS,进入新建的项目 tut81(yuzhou)。首先,导入数据:

  v. in. ogr -o /[定位到本章练习数据子文件夹 exec01]/conts. shp output = conts

  v. in. ogr -o /[定位到本章练习数据子文件夹 exec01]/elevpoints. shp output = elevpoints

(3)设置工作范围和栅格分辨率

  g. region vect = conts res = 15

2. 利用等高线插值生成 DEM

(1)将等高线图层栅格化

  v. to. rast input = conts output = rast_conts column = Elevation

(2)利用 r. surf. contour 模块插值生成 DEM

  r. surf. contour input = rast_conts output = dem15

注意:模块运行过程非常缓慢,请耐心等待完成。

(3)正确显示生成的 DEM

  r. colors map = dem15 color = elevation

在 QGIS 中加载生成的 DEM,如图 8-1 所示:

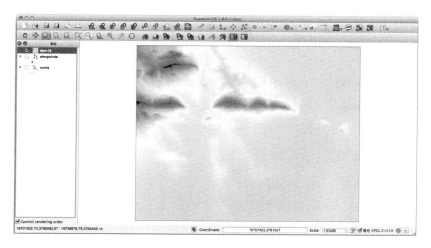

图8-1　r.surf.contour 模块插值生成的 DEM

3. 直方图显示插值效果

  d. mon x0

  d. histogram dem15

效果如图 8-2 所示：

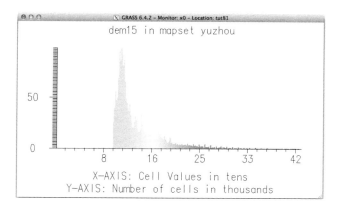

图8-2　数字高程模型 dem15 的高程值分布直方图

二 不同插值方法生成 DEM 及其精度评估

利用等高线和高程点插值生成 DEM 非常常见,下面我们看看不同插值方法生成等高线的效果及其质量评估方法。练习使用的数据源自希腊 Kythera 岛的考古调查项目,详见 www.ucl.ac.uk/kip。

1. 新建项目,导入数据

(1)重启 QGIS,利用 GRASS 插件工具条新建项目:location 为 tut82;mapset 为 kip;投影暂不定义。

(2)导入数据

  v.in.ogr-c dsn=/[定位到本章练习子文件夹 exec02]/kcoast.shp output=kcoast

  v.in.ogr dsn=/[定位到本章练习子文件夹 exec02]/k_sh.shp output=k_sh

  v.in.ogr dsn=/[定位到本章练习子文件夹 exec02]/k20m.shp output=k20m

(3)设定工作范围和栅格分辨率

  g.region vect=kcoast res=20

2. 制作栅格分析的掩膜

(1)矢量转栅格

  v.to.rast input=kcoast output=kcoast type=area use=cat

(2)启动掩膜

  r.mask kcoast

3. r.surf.contour 模块法插值 DEM

(1)等高线矢量转栅格

  v.to.rast input=k20m output=k20m column=ELEVATION

(2)等高线插值 DEM

　　　　r. surf. contour input = k20m output = dem_cont

(3)设置显示效果

　　　　r. colors map = dem_cont color = elevation

在 QGIS 中加载 dem_cont 图层,效果如图 8 - 3 所示:

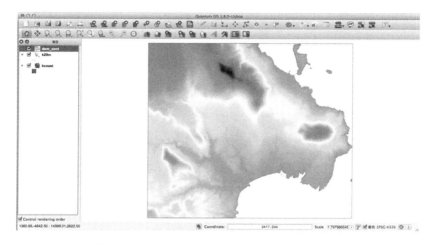

图 8 - 3　r. surf. contour 模块插值生成的 DEM

(4)利用直方图观测插值的效果

　　　d. mon x0

　　　d. histogram dem_cont

如图 8 - 4 所示,直方图表明插值结果产生了大量的等距穗状值,这是因为等高线上有大量高程相等的插值采样点,因此这个 DEM 的质量并不好。

(5)坡度法检验插值效果

下面生成该 DEM 的坡度值

　　　　r. slope. aspect elevation = dem_cont slope = slope

在 QGIS 中加载 slope 图层,观测其效果,如图 8 - 5 所示。

在坡度图上可以观察到一些不太明显的"虎条斑",这是使用单一类型等高线插值造成的结果。

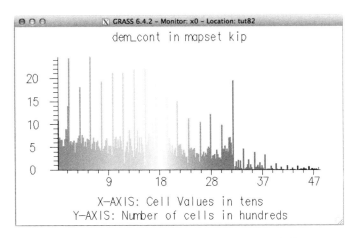

图 8-4　等高线插值法生成 DEM 的高程值分布直方图

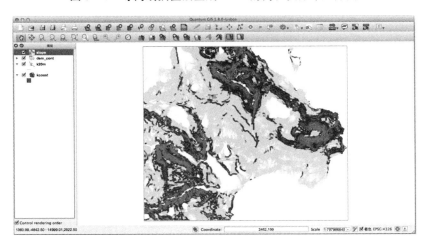

图 8-5　dem_cont 生成的坡度图

4. 反距离加权法(IDW)插值 DEM

下面尝试利用高程点,采用反距离加权法插值 DEM。
(1)等高线转高程点

　　v. to. points-v input = k20m output = k_20

(2)将等高线转成的高程点 k_20 图层与野外采集的高程点图层 k_sh 合并。合并前首先删除两个图层中不同的字段,仅仅保留相同的字段 ELEVATION。

  v. db. dropcol map = k_sh column = NAME
  v. db. dropcol map = k_sh column = ARMY__
  v. db. dropcol map = k_20 column = ENTITY
  v. db. dropcol map = k_20 column = LAYER
  v. db. dropcol map = k_20 column = THICKNESS
  v. db. dropcol map = k_20 column = COLOR
  v. patch -e input = k_20,k_sh output = k_pts

（3）利用 v. surf. idw 模块插值等高线

  v. surf. idw input = k_pts output = dem_idw column = ELEVATION
  r. colors map = dem_idw color = elevation

（4）分别利用 d. histogram 和坡度图观察由反距离加权法插值的 DEM 质量如何

5. 样条函数法插值 DEM

（1）利用 v. surf. rst 模块，由 k_pts 图层插值 DEM：

  v. surf. rst input = k_pts elev = dem_rst zcolumn = ELEVATION
  r. colors map = dem_rst color = elevation

（2）同样利用 d. histogram 和坡度图观察由样条曲线法插值的 DEM 质量如何

（3）最后，关闭掩膜。

  r. mask -r

思考：在实践中，采用哪种方法利用等高线插值生成 DEM 比较合适？如何提高等高线插值 DEM 的精度？如何评估 DEM 的精度？

第九章 空间定量分析(一)

本章主要练习使用 GRASS 和 R 软件实现普通统计学方法在考古学空间分析中的应用。练习包括两部分内容:线性回归分析和非参数检验。练习之前先在本地电脑建立一个文件夹,命名为"tut9",并将练习的数据保存在此文件夹下。

一 景观考古调查与线性回归分析

景观考古调查是以景观考古学研究为目的开展的区域系统调查。本练习使用的案例数据来源于希腊 Antikythera 岛的考古调查项目。练习的方法和数据均可从网站 www.ucl.ac.uk/asp 上下载。

1. 调查方法的介绍与数据处理

(1)首先在 QGIS 中新建一个项目:location 为 tut91,mapset 为 asp,投影为 WGS 84/ UTM zone 34N。

参照文章练习文件夹下 tut1b_en.pdf 教案第Ⅲ至Ⅴ部分内容,完成对调查数据的处理。

(2)根据上述练习的数据,考虑这样一个问题:根据每个调查斑块 tract 记录的信息,地表可视状况是否与采集遗物的密度相关?相关性有多强?

(3)将数据汇总并从 GRASS 输出

  db.select fs = , sql = "SELECT visibility, AVG(potdens) avg_potdens FROM tracts GROUP BY visibility" >& stat_asp.csv

2. 线性回归分析

(1)启动 R 统计软件,设定工作目录。

setwd("/定位到 stat_asp.csv 所在的本章练习子文件夹/")

(2)加载数据,观察数据结构。

asp < -read.csv("stat_asp.csv",header = TRUE,sep = "|")
summary(asp)

(3)构建线性回归模型

attach(asp)
asp.model < -lm(avg_potdens ~ visibility,data = asp)

(4)查看相关系数,制作散点图。(图9-1)

summary(asp.model)
plot(asp)
lines(visibility,fitted(asp.model),col = "red")

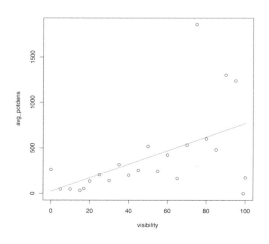

图9-1 地表可视度与遗物采集密度相关曲线图

可以看到相关系数 R^2 为0.2565,显著性水平 p 值为0.01185,表明调查中地表可视状况与遗物采集状况存在相关性(p = 0.012)。

二 基于空间统计的非参数检验

景观考古分析中需要经常使用一些基于空间统计的非参数检验,来考察一些景观要素与考古遗存之间的相关性。其中,最常用的非参数检验是"卡方检验"和"K-S 检验"。下面尝试依据第六章第二部分练习的内容,检验考古遗址的分布是否与坡度相关。练习数据来源于希腊 Kythera 岛的考古调查项目。

方法一:1%抽样点的 Kolmogorov-Smirnov 检验

1. 加载并准备数据

(1)重复第六章第二部分练习,最后将统计的遗址 200 米范围坡度均值输出为 stat_sites.csv。

(2)QGIS 中新建 GRASS 项目:location 为 tut92,mapset 为 kip,投影暂不定义。启动 GRASS 软件,进入该新建项目,导入坡度图 slope。

  r.in.gdal input =/[定位到本章练习子文件夹 exec02]/slope.asc output = slope
  g.region rast = slope
  v.in.ogr -c dsn =/[定位到本章练习子文件夹 exec02]/kcoast.shp output = kcoast
  v.to.rast input = kcoast output = kcoast type = area use = cat
  r.mask kcoast

2. 生成坡度统计背景数据

(1)运行 g.region -p 发现研究区域共有 151938 个栅格,因此我们可以选择随机抽取 1% 的栅格点(1500)统计坡度值作为背景数据。

(2)随机抽取 1500 个栅格点的坡度值

  r.random input = slope n = 1500 raster_output = randpoints

(3)导出随机抽样点的坡度数据

  r.stats -1 -n input = randpoints output = stat_slope.csv fs = ,

3. Kolmogorov-Smirnov 检验

(1)将 stat_sites.csv 和 stat_slope.csv 两个文件都拷贝到本章练习子文件夹下。

(2)启动 R 软件,设定工作目录,导入数据。

  setwd("/[设定到本章练习子文件夹 exec02]/")

stat. sites < -read. csv("stat_slope. csv",header = T,sep = ",")
stat. slope < -read. csv("stat_slope. csv",header = F,sep = ",")
summary(stat. sites)
summary(stat. slope)

(3)K-S 检验

ks. test(stat. sites $ spmean,stat. slope $ V1)

可知:D =0. 3385,显著性水平 p < 0. 01。表明我们至少可以在 0.01的显著性水平上拒绝原假设,而认为遗址的分布与坡度相关。

(4)绘制积累百分比曲线图(图9 -2)

plot(ecdf(stat. slope $ V1),do. points = FALSE,verticals = TRUE)

lines(ecdf(stat. sites $ spmean),do. points = FALSE,verticals = TRUE,col = "red")

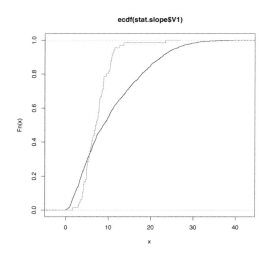

图9 -2 1% 随机抽样比率的坡度累计百分比曲线

方法二:基于 Monte Carlo 模拟的 Kolmogorov-Smirnov 检验

利用 Monte Carlo 模拟的方法,在研究区域随机抽取与遗址点数相同的空间点统计坡度值制作累计百分比曲线,并重复进行 100 次模拟,借此实现对遗址坡度的显著性检验。

1. 数据准备

(1) 启动 R 程序,设定工作目录,加载空间分析程序包。

  setwd("/[本章练习子文件夹 exec02]/")
  library(maptools)
  library(spatstat)

(2) 导入栅格文件

  grid <-read.asciigrid("slope.asc")

(3) 导入遗址缓冲区数据,并进行转换。

  buffers <-read.csv("stat_sites.csv",header = T,sep = ",")
  obs <-buffers $ spmean

(4) 设置参数

  rastdata <-as.data.frame(grid)
  m <-min(rastdata[,1])
  M <-max(rastdata[,1])
  win <-as.owin(grid)
  res <-matrix(nrow = 66,ncol = 100)
  stat <-numeric(length = length(100))

2. 绘制 200 米缓冲区范围内遗址坡度均值的累计百分比曲线

  plot(ecdf(obs),main = "Monte Carlo Simulation,n = 100",
verticals = T,do.points = F,col.hor = "red",col.vert = "red",
xlim = c(m,M))

3. 运行 100 次随机点的坡度统计,并绘制累计百分比曲线

  for (x in 1:100) {
  ranpoints = runifpoint(66,win)
  ranpoints = as(ranpoints,"SpatialPoints")
  res[,x] = as.data.frame(over(ranpoints,grid))[,1]
  lines(ecdf(res[,x]),verticals = T,do.points = F,col.hor =

"grey",col. vert = "grey")
　　remove(ranpoints)
　　stat[x] = ((ks.test(obs,res[,x]))[[2]])
　　}
　　legend("bottomright",c("observed","simulated"),pch = "-",col = c("red","grey"),title = "Legend",ncol = 2)

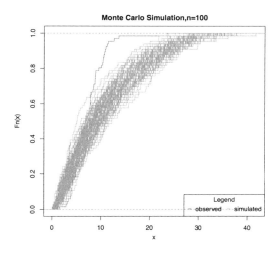

图9-3　基于 Monte Carlo 模拟的遗址坡度累计百分比曲线

结果如图9-3所示,红色的遗址坡度均值累计百分比曲线明显超出了100次随机点模拟的情况,表明遗址所处位置的坡度选择显然并非随机。计算 K-S 检验的显著性水平如下:

　　T = -2 * sum((log(stat)))
　　p = 1-pchisq(T,(2 * 100))

计算 p 值小于 0.00001,表明在较高的显著性水平上我们可以拒绝原假设,而认为遗址坡度的选择非随机。

第十章　空间定量分析（二）

本章主要练习使用 R 软件实现高级空间分析方法在考古学研究中的应用。练习包括两部分内容：k 均值聚类和点的空间分布模式。练习之前先在本地电脑建立一个文件夹，命名为"tut10"，并将练习的数据保存在此文件夹下。

一　k 均值聚类

k 均值聚类是空间分析中常用的方法，尤其适用于数据量较大的空间点的聚类分析，在考古学空间分析中有广泛的应用。本练习使用的数据改编自英国 Boxgrove 一处旧石器时代遗址发掘探方的石制品分布状况。数据为全站仪测量的 1000 余件石制品的坐标。

1. 启动 R 程序

（1）设定工作目录

　　setwd("/[定位到本章练习子文件夹 exec01]/")

（2）导入数据

　　bc < -read.table("kmeansdata.csv", header = T, sep = ",")

（3）显示数据

　　plot(bc, pch = 20)

如图 10 - 1 所示，显示了发掘探方中 1000 余个石制品所在点的位置。下面进行的 k 均值聚类只考虑点的相对位置，而不涉及点本身属性的差异。

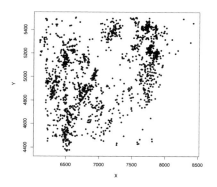 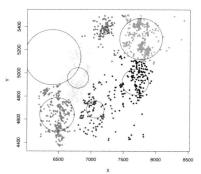

图 10-1　Boxgrove 遗址发掘探方中石制品分布状况　　图 10-2　分组数为 7 情况下的 k 均值聚类

2. 尝试聚类数为 7 情况下的 k 均值聚类

(1) k = 7 情况下的 k 均值聚类

  bc. km < -kmeans(bc,7)

(2) 显示聚类结果,并添加组内离差平方和为半径的评估圆。(图 10-2)

  plot(bc,pch = 20,col = bc. km $ cluster)
  symbols(bc. km $ centers,circles = bc. km $ withinss,add = T)

3. 计算 k 取值为 1—10 情况下 k 均值聚类的情况,同时计算总距离平方和百分比对数曲线

(1) 定义参数

  bc. km < -list( )
  sse < -list( )
  t_logpsse < -vector( )
  clusts < -10

(2) 利用循环程序计算不同 k 取值情况下的总距离平方和 SSE,并将其加载到一个数据集。

  for (n in 1 :clusts) {

```
bc.km[[n]] <-kmeans(bc,n)
sse[[n]] <-sum(bc.km[[n]]$withinss)
t_logpsse <-c(t_logpsse,sse[[n]])
}
```

(3) 计算最大距离平方和,即分组为 1 的情况。

```
maxsse <- -sse[[1]]
```

(4) 计算总距离平方和百分比的对数 LOG%SSE

```
logpsse <- -log(100 * t_logpsse/maxsse)
```

(5) 生成曲线图(图 10 – 3)

```
k <- -c(1:clusts)
plot(k,logpsse,type = "o",xlab = "K",ylab = "log%SSE")
```

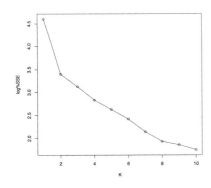
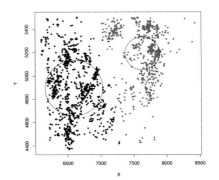

图 10 – 3　LOG%SSE 下降曲线　　　图 10 – 4　最佳分组(k=2)的聚类

从图 10 – 3 我们可以看到,曲线的骤降点为 k 取值为 2 的情况,即分组为 2 为最佳聚类。

(6) 显示最佳聚类模式及其评估圆(图 10 – 4)

```
plot(bc,pch = 20,col = bc.km[[2]]$cluster)
symbols(bc.km[[2]]$centers,circles = bc.km[[2]]$withinss,add = T)
```

二 点的空间分布模式

空间分析中最常见,也是最基础的问题是点在平面空间的分布,即随机分布(Random Distribution)、聚合分布(Cluster Distribution)和分散分布(Disperse Distribution)三种模式。这些分布模式在空间中既可能表现在全局方面(Global),也可能是局部特征(Local)。

首先我们使用 Clark 和 Evans 所提出的最近距离系数(NNI 或 R),讨论点空间分布的全局特征。然后讨论更加深入的问题:1. 这些点的分布模式是否存在区域的差别,即局部特征;2. 这些点的分布特征如何伴随着对其自身的测量范围的扩大而变化。为此我们将尝试使用 Ripley'K 方法来解决这一问题,并使用蒙特卡罗模拟(Monte Carlo Simulation)计算其显著性水平。

本练习所使用的数据均节选自伦敦大学考古学院对希腊 Antikythera 岛的考古调查项目(ASP),具体数据包括:

coast. shp:GIS 多边形数据文件,描述了 Antikythera 岛的形状,也是我们进行空间分析的研究范围。

sites. shp:GIS 点数据文件,抽取了调查中发现的新石器时代晚期到青铜时代的遗址点。按照陶片特征,分成两个时期:FN—EB1(新石器时代晚期到青铜时代早期),绝对年代为 ca. 4000—2700;FPal—SPal(青铜时代的第一到第二宫殿期),绝对年代为 ca. 1950—1450。年代分类数据都存放在名为 Phase 的字段中。

1. 基础数据的准备

(1)利用 QGIS 的 GRASS 插件工具条新建项目:location 为 tut10,mapset 为 asp,暂不定义坐标系统。

(2)进入 GRASS 软件,导入数据。

  v. in. ogr-o dsn =/[定位到本章练习子文件夹 exec02]/sites. shp output = sites

  v. in. ogr-o dsn =/[定位到本章练习子文件夹 exec02]/coast. shp output = coast

  g. region vect = coast

（3）导出数据

  v. report map = sites layer = 1 option = coor units = me > sites. txt

2. 加载数据

（1）将 sites. txt 文件拷贝到本章练习子文件夹。启动 R 程序。

（2）载入程序包

  library(maptools)

  library(spatstat)

（3）设置工作目录

  setwd("/[定位到本章练习子文件夹 exec02]/")

（4）导入研究区域边界的空间数据，并将其转换成 owin 对象。

  coast <-readShapePoly("coast. shp")

  coast <-as(coast,"SpatialPolygons")

  coast <-as(coast,"owin")

（5）导入考古遗址点的数据

  sites <-read. table("sites. txt",header = TRUE,sep = "|")

（6）生成两个 list 对象类，并分别按照"时代"和"面积"进行分类。

  sites. phase <-list(x = sites $ x,y = sites $ y,phase = sites $ Phase)

  sites. size <-list(x = sites $ x,y = sites $ y,size = sites $ Hectares)

（7）生成 ppp 对象类

  p. phase <-ppp(x = sites. phase $ x,y = sites. phase $ y,window = coast,marks = sites. phase $ phase)

  p. size <-ppp(x = sites. size $ x,y = sites. size $ y,window = coast,marks = sites. size $ size)

(8)图示结果(图 10-5)

　　plot(p.phase)

　　plot(p.size)

图 10-5a　按时代分类的遗址　　　图 10-5b　按面积分类的遗址

(9)按时代将数据进一步分类(图 10-6)

　　sites.pal <-subset(sites,Phase = = "FPal-Spal")

　　sites.nb <-subset(sites,Phase = = "FN-EB1")

　　sites.pal.l <-list(x = sites.pal \$ x,y = sites.pal \$ y)

　　sites.nb.l <-list(x = sites.nb \$ x,y = sites.nb \$ y)

　　p.sites.pal <-ppp(x = sites.pal.l \$ x,y = sites.pal.l \$ y,window = coast)

　　p.sites.nb <-ppp(x = sites.nb.l \$ x,y = sites.nb.l \$ y,window = coast)

　　plot(p.sites.pal)

　　plot(p.sites.nb)

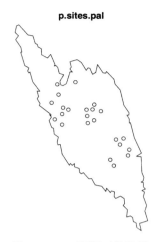
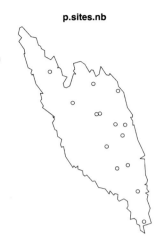

图 10 -6a　青铜时代遗址　　图 10 -6b　新石器时代遗址

3. 最近距离分析(NNI 或 R)

Clark 和 Evans 的 R 值计算必须要考虑到边界效应。尽管在这个考古项目中,遗址都处于岛屿上,因此无须考虑边界效应,但为了练习的需要我们仍然计算有和没有边界效应两种情况。边界效应的计算有缓冲区和 Donnelly 两种方法,这里我们使用 PBSmapping 空间分析程序包和 nni. R 函数计算边界效应,其优点是可以考虑不规则的边界情况。

(1)将 nni. R 函数的脚本文件拷贝到工作目录中

(2)下载并安装 PBSmapping 程序包

　　library(PBSmapping)

(3)将边界数据导入,并转换成该分析模块所需的 PolySet 对象类。

　　coast. pbs < -importShapefile(fn = "coast. shp")

(4)载入 nni. R 函数

　　source("nni. R")

(5)计算有和没有边界效应的两种 R 值及其统计检验值

　　nni(p. sites. nb, correction = c("none"), coast. pbs)
　　nni(p. sites. nb, correction = c("donnelly"), coast. pbs)
　　nni(p. sites. pal, correction = c("none"), coast. pbs)

nni(p. sites. pal, correction = c("donnelly") , coast. pbs)

由计算结果可知:LN—EB1 时期遗址分散分布(R = 1.31, p < 0.05),但在考虑到边界效应的情况下,表现为聚集分布(R = 0.123, p < 0.01);

FPal—SPal 时期遗址聚集分布,无论是考虑(R = 0.09, p < 0.01)还是不考虑(R = 0.71, p < 0.01),边界效应都是这样。

4. Ripley'K 函数

(1) Ripley'K 函数的优点在于可以从不同的观察尺度上考察点的空间分布模式,即从局部到全局的过程。首先,我们考察新石器时代遗址的空间分布情况。(图 10 – 7a)

k. sites. nb < -envelope (p. sites. nb, fun = Linhom, nsim = 500, edge = T, sigma = 5000, correction = c("best")

plot(k. sites. nb, main = " With 5km Gaussian kernel", xlab = "Distance(m)")

(2) 再观察青铜时代遗址的空间分布状况(图 10 –7b)

k. sites. pal < -envelope (p. sites. pal, fun = Linhom, nsim = 500, edge = T, sigma = 5000, correction = c("best")

plot(k. sites. pal, main = " With 5km Gaussian kernel", xlab = "Distance(m)")

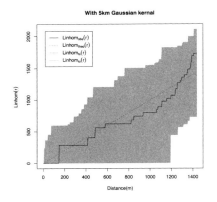
图 10 –7a 新石器时代遗址空间分布模式曲线

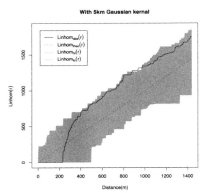
图 10 –7b 青铜时代遗址空间分布模式曲线

观察图 10-7 可以看到：新石器时代遗址空间分布的 L 曲线在理论值上下波动，表明遗址无论在多大的观察尺度上均呈现为随机分布的状态。青铜时代遗址则不同：在 200 米的距离上大致呈均匀分布状况，但从 400 米开始遗址分布表现出了明显的聚集分布状态。这种模式表明尽管从大的范围看遗址呈聚集分布状态，但在 400 米的范围内遗址之间仍规则性地保持了一定的距离，这个距离可能与各聚落所拥有的各自独立的资源域有关，即遗址资源域的半径大致为 200 米。值得注意的是，从 400 米的范围开始直到超过 1500 米的距离，遗址始终具有很强的聚集分布的模式。这种情况说明遗址聚集分布的模式很可能已经超出了单纯的遗址之间的空间因素，而更大范围内遗址的聚集分布状况与景观的"异质性"有关，比如遗址更倾向于分布在特殊的土壤和水文条件的环境中。这也说明开展进一步的景观分析是十分必要的。

第十一章 栅格数据的计算与地形特征的提取

本章主要练习内容包括空间栅格数据的邻域分析（包括低通道过滤、高通道过滤）、栅格计算器的使用（Map Algebra）和地形特征的提取。练习之前先在本地电脑建立一个文件夹，命名为"tut11"，并将练习的数据保存在此文件夹下。

一 栅格图层的高低通道分析

栅格数据的"邻域分析"又称作"窗口分析"，在 GIS 空间分析中具有重要的意义。对于任何一个空间栅格单元，都与其相邻的单元格之间存在密切的关系。邻域分析就是分析相邻栅格之间的属性关系，并通过计算生成新的栅格图层，从而反映出更多的空间信息。实践中，由数字高程模型 DEM 派生出的坡度、坡向、汇流积累量等地形参数都是通过邻域分析实现的。

栅格计算器（Map Algebra）是任何 GIS 软件所必备的重要工具，用来对不同的删格图层数据进行数学运算。删格计算器通过计算既可以实现对栅格图层的裁剪，也可以生成新的栅格图层，是 GIS 进行数学建模的重要基础工具。

本练习使用的数据来源于辽宁凌源牛河梁遗址群所在区域的 1:10,000 地形图。数字高程模型由矢量化地形图插值生成，空间分辨率 20 米。

1. 加载数据，生成坡度图

（1）启动 QGIS，利用 GRASS 插件新建一个项目：location 为 tut11，mapset 为 niuheliang，暂不定义投影。

（2）启动 GRASS，进入新建的项目。首先导入数据，并设置显示范围和空间分辨率。

　　　r. in. gdal input =/[定位到本章练习的文件夹]/dem20. asc output = dem20

　　　g. region rast = dem20

　　　r. colors map = dem20 color = elevation

　　　v. in. ogr dsn =/[定位到本章练习的文件夹]/sites. shp output = sites

（3）在QGIS中显示导入的数字高程模型和遗址点图层（图11-1）

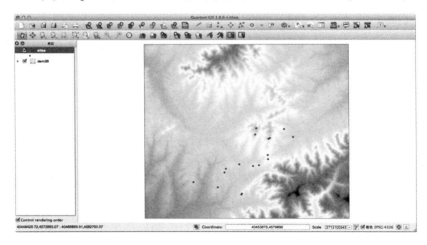

图11-1　牛河梁地区的数字高程模型与主要遗址点

（4）生成坡度图

　　　r. slope. aspect elevation = dem20 slope = slope

2. 低通道分析

下面我们首先尝试对坡度图slope进行低通道分析。

（1）GIS采用邻域分析的方法对栅格图层进行低通道分析，GRASS中进行邻域分析的模块是r. neighbors。

　　　r. neighbors input = slope output = slope_lp method = average size = 11

（2）在QGIS中显示经过低通道分析的坡度slope_lp观测结果。（图11-2b）与初始坡度相比，减少了邻域栅格之间的差异，但同时也很明显将原有坡度图模糊化了,因此称为低通道分析。

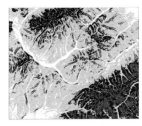 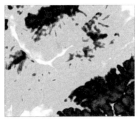 

图 11 –2a　坡度　　图 11 –2b　低通道坡度　　图 11 –2c　高通道坡度

3. 高通道分析

高通道分析在低通道分析的基础上借助于栅格计算器来实现。
(1) 使用栅格计算器从初始坡度栅格中减去低通道栅格

```
r. mapcalc
slope_hp = slope-slope_lp
end
```

(2) 设置显示效果

```
r. colors map = slope_hp raster = slope
```

观测高通道分析的结果,将坡度图上的邻域均值减去,增强了邻域的差异性,也提高了坡度的分辨率,因此称为高通道分析。(图 11 –2c)

思考:高低通道分析在景观考古研究中有什么作用?

二　空间尺度分析与地形特征的提取

GIS 计算地形特征是基于 DEM 生成的反映地貌起伏变化的特征点或线,如山顶、山脊、山谷、鞍部等。对于这些地形特征的提取是 GIS 空间分析的重要内容,也是景观考古研究的重要内容。景观上,重要的地形特征对古代人类的活动具有重要的意义,比如山谷和山脊线是重要的景观参照物,常常成为交通要道,也是很多古代遗迹选址的地方。山谷和山顶具有良好的视觉效果,是长城、烽火台、瞭望塔等建筑的理想地点。

下面我们将使用开源软件 Landserf 对数字高程模型进行尺度分析,并提取地形特征。Landserf 软件是一款专门用来处理数字高程模型的开源软件,最初由 Jo Wood 基于 java 程序设计开发。由于该软件能够对数字高程模型进行基于不同尺度的观察和分析,尤其适用于对地貌和景观进行尺度分析(scale-based analysis)和分形度量(fractal measure),是 GIS 景观分析中不可多得的优秀软件。

1. 空间尺度分析

(1)启动 Landserf 软件,点击"File"菜单下的"Open"命令,启动打开数据对话框。如图 11-3 所示;在"File of Type"中选择 ArcGIS text raster (.grd,.asc);定位到本章练习文件夹,打开其中的 dem20.asc 文件。

(2)加载了数字高程模型的 Landserf 软件,如图 11-4 所示:

 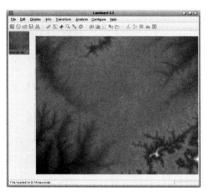

图 11-3　Landserf 打开数据对话框　　图 11-4　牛河梁地区数字高程模型

(3)从"Configure"菜单下"Window Scale"命令查看分析窗口的大小:这里的窗口大小"Window size"是 3 * 3,即我们通常使用的 D8 模式。保持默认值不变。

(4)选择"Analyse"菜单下的"Surface Parameter"命令,选择 Slope 选项,生成坡度图。要显示这个坡度图,首先点击这个图层,然后在"Display"菜单下点击"Raster"命令。这里生成的坡度图与我们在第一部分练习中 GRASS 生成的坡度图是一样的。(图 11-5)

(5)利用"Display"菜单的"Raster"命令重新显示数字高程模型 dem20。在"Configure"菜单下的"Window Scale"命令中将窗口大小重新设定为 11。确定后重新生成坡度图,并显示它。看看这个坡度图与前面生成的坡度图有何区别。如何解释这一区别? 这样生成的坡度图与我们在第一部分练习中采用低通道方法生成的坡度图有何不同? (图 11-6)

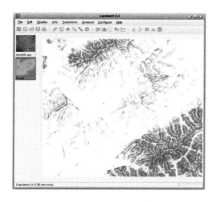

图11-5 3*3窗口计算的坡度图　　图11-6 11*11窗口计算的坡度图

(6)上述情况说明一个问题:栅格图上的每个栅格所代表的坡度值的大小,会随着计算窗口的变化而不同。对于这种差异进行度量有两种方法:A.针对每个栅格做一个不同窗口大小与相应坡度值变化之间的曲线,用图表的方式表现;B.做一个栅格图,其中每一个栅格代表了不同观察窗口值的均值或方差。

A.对于第一种情况。首先在显示数字高程模型,在"Window Scale"中将窗口大小调为51。然后打开"Info"菜单下的"Multiscale query"命令,选择坡度Slope进行度量。确定后打开一个开放式的图表观察框。(图11-7)点击视图窗口中的任何一点,都会显示出一条针对该点的坡度统计曲线,水平方向代表了观察窗口的大小,竖直方向代表了从3—51奇数个不同观察窗口在这个栅格位置上生成坡度值。可以观察到无论选择哪个栅格,曲线大致都是递减的,说明随着观察窗口的增大,变化率减小,坡度的差异性也减小。

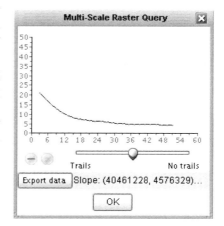

B.对于第二种情况。在"Analyse"菜单下,启动"Multiscale parameter"命令下的Slope选项。窗口大小设置为51,选中"Mean/stdev"进行计算。这个计算过程

图11-7 Multiscale查询命令查看坡度值度量尺度的变化

长,要耐心地等待一会。结果会生成均值和标准差两个栅格图层。
(图11-8)

图11-8a 坡度变异均值

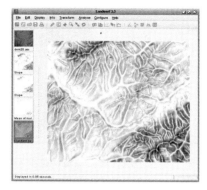
图11-8b 坡度变异方差

(7)观察地形的分形特征。首先利用"Display"菜单的"Raster"命令显示数字高程模型dem20,观察高程值的分形特征。点击"Info"菜单下的"Statistical summary"命令,对高程栅格数据进行统计,在弹出的"Raster statistics"统计窗口中可以看到"Fractal dimension"即分形度或分维数为2.37。点击"Show variogram"按钮打开方差拟合曲线,如图11-9所示。从直线方程的拟合情况看,拟合效果较好说明海拔高程的分形现象非常显著,而分维数越高则代表地形越复杂。

(8)采用同样的方法对坡度栅格进行统计,可观察到坡度的分维度为高于海拔高程的2.78,说明坡度的空间变异比海拔高度更为显著。图11-10为坡度的方差拟合曲线,拟合效果比高程略差,说明分形现象不如高程明显。

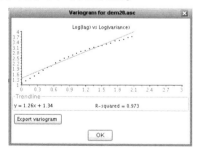

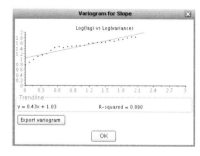

图11-9 高程空间变异方差拟合曲线　　图11-10 坡度空间变异方差拟合曲线

2. 地形特征的提取

(1)利用"Display"菜单的"Raster"命令显示数字高程模型 dem20。点击"Configure"菜单下的"Window scale"命令将窗口大小设置为 3。

(2)点击"Analyse"菜单下的"Surface parameter"命令,选择其中的纵切面曲率 Cross-sectional curvature。显示这个图层。其中红色为山脊(凸出表面)、蓝色为山谷(凹陷表面)。(图 11 – 11)

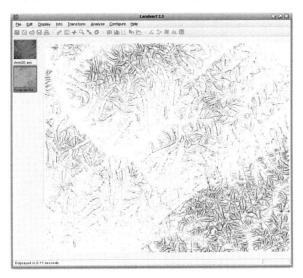

图 11 – 11　纵切面曲率

(3)点击"Configure"菜单下的"Feature extraction"命令,将 Slope tolerance 设置为 4.0,Curvature tolerance 设置为 0.3。

(4)点击"Analyse"下的"Surface parameter"命令,选择其中的地形特征提取 Feature Extraction。显示这个图层。其中山脊、山谷、通道、山顶、鞍部的地形特征信息均被提取出来,以不同的数值和颜色表示。(彩图 16)

(5)从"File"菜单下的"Save"命令将提取出来的地形特征栅格图层保存为 asc 格式的文件,命名为 features.asc。

(6)启动 GRASS,导入 features.asc 图层。

　　　r. in. gdal input =/[定位到本章练习文件夹]/features. asc output = features

(7)设置正确的显示颜色

启动 GRASS 的 g.gui 显示界面,点击"Raster"菜单下的"Manage colors"的"Color rules"命令。如彩图 17 所示,分别将栅格值为 1—6 的颜色属性设置为绿、蓝、青、红、粉、白,即洼地、山谷、鞍部、山脊、山顶和平地。

(8)在 QGIS 中显示 features 图层,并添加遗址点图层 sites.shp。(图 11-12)

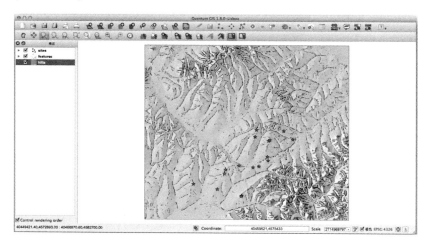

图 11-12　牛河梁遗址群所在区域的地形特征图

思考:如何定量分析遗址点与这些地形特征之间的相关性?

第十二章　考古遗址预测模型

本章主要练习使用 GRASS 的栅格计算器和 R 程序的逻辑回归方程构建考古遗址预测模型的基本方法。练习之前先在本地电脑建立一个文件夹，命名为"tut12"，并将练习的数据保存在此文件夹下。

一　考古遗址预测模型

1. 什么是"考古遗址预测模型"

考古学空间分析中的"预测模型"（Predictive Modeling）指根据已发现遗址的空间分布特征，主要是遗址与不同地貌、坡度、坡向、距离水源的距离等的相关性，利用函数关系建立数学模型，预测未调查区域遗址的分布状况。考古学空间分析中的预测模型是以 GIS 为工具来实现的，在文化遗产管理和考古学研究中具有十分广泛的应用。

理论上有很多定量分析的方法可以用来构建遗址的预测模型，从简单的逻辑回归方程到复杂的经验贝叶斯统计推断和更为复杂的 Dempster-Shafer 信度函数理论都可应用。本练习将使用多元逻辑回归方程来构建考古遗址的预测模型，其中因变量是一些遗址点（sites）和非遗址点（non-sites），而自变量或协变量是一些与遗址的空间分布相关的自然因素。这些自变量可以是名称变量，也可以是数值变量。

逻辑回归（Logistic regression）专指一种因变量是二元变量（0 或 1）的统计函数，用正弦曲线模拟因变量和不同的协变量之间的回归关系。

2. 构建考古遗址预测模型的步骤

（1）数据准备：使用 GIS 统计工具统计各个因变量和自变量的量化指标。

（2）探索性分析：使用二项式分布初步探索因变量与各协变量之间的相关性。

（3）初步建模：选择相关性强的协变量初步建立逻辑回归模型，并初步评估模型的精度。

（4）模型修正：进一步探讨协变量之间的复杂关系，讨论模型中存在的问题，寻找解决的方法，对模型进行修正。

（5）确立模型：采用多元逻辑回归方法建立模型，确定参与计算的各协变量对模型的贡献。

（6）评估：借助 GIS 工具生成遗址预测模型栅格数据，并根据考古遗址对模型的精度和有效性进行评估。

下面我们就以实例的形式介绍如何利用 GRASS 和 R 软件构建考古遗址预测模型，练习使用的数据是虚拟的某沿海地区调查发现的考古遗址和非遗址，选择的环境变量为调查区域的海拔高度、坡度、坡向和与海岸线的距离。

二 构建考古遗址预测模型

1. 数据准备

（1）启动 QGIS，利用 GRASS 插件工具条创建一个新的项目：location 命名为 tut12，mapset 为 predictmod，不定义坐标投影。

（2）启动 GRASS，进入新建的项目，导入栅格数据。其中，elevation 为海拔高度，slope 为坡度，aspect 为坡向，distance 为距离海岸线的距离，locations 则记录了遗址点和非遗址点的信息。（图 12 – 1）

```
r. in. gdal input =/[定位到本章练习文件夹]/elevation. asc output = elevation
r. in. gdal input =/[定位到本章练习文件夹]/slope. asc output = slope
r. in. gdal input =/[定位到本章练习文件夹]/aspect. asc output = aspect
r. in. gdal input =/[定位到本章练习文件夹]/distance. asc output = distance
```

r. in. gdal input =/[定位到本章练习文件夹]/locations. asc output = locations

g. region rast = elevation

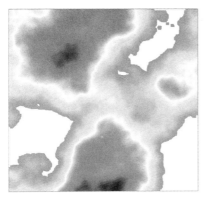

图 12 -1a 海拔高度

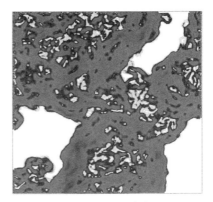

图 12 -1b 坡度

图 12 -1c 坡向

图 12 -1d 与海岸线距离

(3)计算统计量

r. stats -n input = locations, elevation, slope, aspect, distance fs = "｜" output = locations. txt

2. 数据处理

(1)将 locations. txt 文件拷贝到本章练习文件夹,启动 R 程序,设定工作目录。

setwd("/[定位到本章练习文件夹]/")

（2）导入数据，并分类显示。

header <-c("site","elevation","slope","aspect","distance")
locations <-read. table("locations. txt", header = FASLE, col. names = header, sep = "|")
sites <-subset(locations, site == 1)
non. sites <-subset(locations, site == 0)
attach(locations)
summary(locations)
plot(locations)

如图 12-2 显示了各变量之间的散点图。

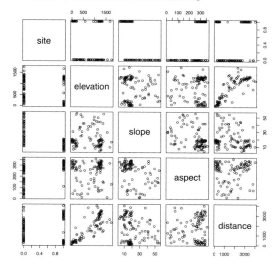

图 12-2　多变量散点图

3. 探索性分析

通过建立单变量 logistics 回归模型，考察各协变量与遗址分布的关系。

（1）首先考察遗址分布与海拔高度的关系

elevation. model <-glm(site ~ elevation, data = locations, family

= binomial(logit))

summary(elevation.model)

模型计算结果给出了海拔高度与遗址分布的相关系数,其中第4列为双侧检验的 p 值,可以用来评估协变量与因变量之间的相关程度。这里 p 值为 0.255,说明相关性不高,海拔高度不是直接预测遗址分布的有效参数。

另外一种更有效的检验方式是使用相似率检验,考察未知协变量的误差与包含在模型中的协变量的误差之间的差异。这可以用一个自由度为模型中所有的协变量差的卡方检验,检验协变量与模型中截距的比。比如,0.05 的显著性水平可以理解为将该协变量包含在模型中达到了有效预测,但只有百分之五的随机可能。这里我们使用空值变异(Null Deviance)与残差变异(Residual Deviance)进行检验。

1-pchisq(138.63-137.32,1)

计算的显著性水平为 0.252,表明坡度与遗址的分布相关性不强。还可以进一步使用 jitter 图观察观测值与回归曲线之间的关系。

plot(elevation,jitter(site,.1),ylim = c(0,1),ylab = " ")

par(new = TRUE)

plot(elevation,fitted(elevation.model),col = 2,pch = 3, ylim = c(0,1),ylab = "Site Presence")

结果如图 12 -3 所示:回归曲线与观测值之间的拟合程度很低。

(2)坡度与遗址分布之间的相关性(图 12 -4)

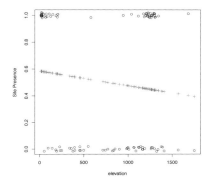
图 12 -3　海拔高程回归拟合曲线

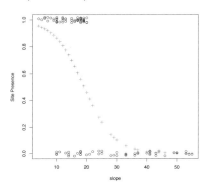
图 12 -4　坡度回归拟合曲线

slope. model < -glm(site ~ slope, data = locations, family = binomial(logit))

summary(slope. model)

1-pchisq(138. 629-86. 744 ,1)

plot(slope, jitter(site,. 1) , ylim = c(0 ,1) , ylab = " ")

par(new = TRUE)

plot(slope, fitted(slope. model) , col = 2 , pch = 3 , ylim = c(0, 1) , ylab = "Site Presence")

(3)坡向与遗址分布之间的相关性(图 12 – 5)

aspect. model < -glm(site ~ aspect, data = locations, family = binomial(logit))

summary(aspect. model)

1-pchisq(138. 629-93. 444 ,1)

plot(aspect, jitter(site,. 1) , ylim = c(0 ,1) , ylab = " ")

par(new = TRUE)

plot(aspect, fitted(aspect. model) , col = 2 , pch = 3 , ylim = c(0, 1) , ylab = "Site Presence")

(4)距离与遗址分布之间的相关性(图 12 – 6)

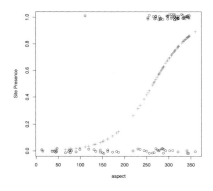 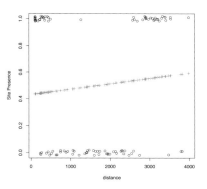

图 12 – 5　坡向回归拟合曲线　　图 12 – 6　距离回归拟合曲线

distance. model < -glm(site ~ distance, data = locations, family = binomial(logit))

summary(distance. model)

```
1-pchisq(138.63-137.71,1)
plot(distance,jitter(site,.1),ylim=c(0,1),ylab="")
par(new=TRUE)
plot(distance,fitted(distance.model),col=2,pch=3,ylim=c(0,1),ylab="Site Presence")
```

总之,上述相似度检验表明,坡度和坡向与遗址分布的相关性较强,而海拔高程和距离因素与遗址分布的相关性很弱。

4. 深入分析与模型修正

上述 jitter 图可以看出,尽管海拔和距离变量都与遗址和非遗址的相关性很弱,但这两个变量本身可以明显地集中分布为两组,因此我们需要进一步考虑这两个变量的统计分布,考察将其拆解为不同子变量的情况。

(1)首先用相同坐标下的直方图观察海拔和距离这两个协变量的分布。(图 12-7)

```
par(mfrow=c(2,2))
hist(sites$elevation, breaks=seq(0,1800,100))
hist(non.sites$elevation, breaks=seq(0,1800,100))
hist(sites$distance, breaks=seq(0,5010,500))
hist(non.sites$distance, breaks=seq(0,5010,500))
```

很明显这两个协变量都不是正态分布,而是表现出两个峰值。这种情况下,将原始变量顺序拆解为几个子变量,每个自变量均表述以假二元数值变量的形式(dummy binary variable,即 0 和 1 的形式),将会在一定程度上提高拆解后的变量与因变量之间的相关性。

(2)拆解变量

```
library(car)
lowelev <-recode(locations$elevation,"0:300=1;else=0")
midelev <-recode(locations$elevation,"300:1100=1;else=0")
highelev <-recode(locations$elevation,"1100:1782=1;else=0")
neardist <-recode(locations$distance,"0:1000=1;else=0")
```

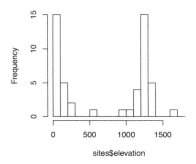
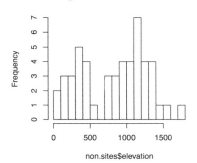
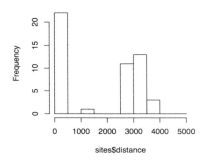
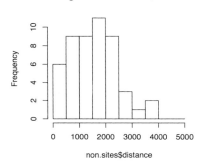

图 12-7 海拔与距离变量的直方图

middist < -recode (locations $ distance, "1000:3000 = 1; else = 0")

fardist < -recode (locations $ distance, "3000:5007 = 1; else = 0")

locations < -cbind (locations, lowelev = lowelev,

midelev = midelev, highelev = highelev,

neardist = neardist, middist = middist, fardist = fardist)

(3) 考察拆解后的变量与因变量之间的相关性

lowelev. model < -glm (site ~ lowelev, data = locations, family = binomial (logit))

summary (lowelev. model)

1-pchisq (138. 63-129. 02, 1)

```
plot(lowelev,jitter(site,.1),ylim=c(0,1),ylab="")
par(new=TRUE)
plot(lowelev,fitted(lowelev.model),col=2,pch=3,ylim=c(0,1),ylab="Site Presence")

midelev.model<-glm(site~midelev,data=locations,family=binomial(logit))
summary(midelev.model)
1-pchisq(138.63-113.91,1)
plot(midelev,jitter(site,.1),ylim=c(0,1),ylab="")
par(new=TRUE)
plot(midelev,fitted(midelev.model),col=2,pch=3,ylim=c(0,1),ylab="Site Presence")

highelev.model<-glm(site~highelev,data=locations,family=binomial(logit))
summary(highelev.model)
1-pchisq(138.63-136.62,1)
plot(highelev,jitter(site,.1),ylim=c(0,1),ylab="")
par(new=TRUE)
plot(highelev,fitted(highelev.model),col=2,pch=3,ylim=c(0,1),ylab="Site Presence")

neardist.model<-glm(site~neardist,data=locations,family=binomial(logit))
summary(neardist.model)
1-pchisq(138.63-136.52,1)
plot(neardist,jitter(site,.1),ylim=c(0,1),ylab="")
par(new=TRUE)
plot(neardist,fitted(neardist.model),col=2,pch=3,ylim=c(0,1),ylab="Site Presence")

middist.model<-glm(site~middist,data=locations,family=
```

binomial(logit))
    summary(middist.model)
    1-pchisq(138.63-121.89,1)
    plot(middist,jitter(site,.1),ylim=c(0,1),ylab=" ")
    par(new=TRUE)
    plot(middist,fitted(middist.model),col=2,pch=3,ylim=c(0,1),ylab="Site Presence")

    fardist.model<-glm(site~fardist,data=locations,family=binomial(logit))
    summary(fardist.model)
    1-pchisq(138.63-126.77,1)
    plot(fardist,jitter(site,.1),ylim=c(0,1),ylab=" ")
    par(new=TRUE)
    plot(fardist,fitted(fardist.model),col=2,pch=3,ylim=c(0,1),ylab="Site Presence")

结果表明：lowelev、midelev、middist 和 fardist 可以作为很好的预测参数；highelev 和 neardist 的预测效果则很差。这样我们最终挑选出六个相关性强的变量进行预测模型的建模：slope、aspect、lowelev、midelev、middist 和 fardist。

5. 建立遗址预测模型的逻辑回归方程

(1) 首先挑选上述 6 个变量进入方程

    mod<-glm(site~slope+aspect+lowelev+midelev+middist+fardist,family=binomial(logit))
    summary(mod)

然而结果表明：并不是上述所有的协变量进入回归模型就能产生高的显著性，这是因为不同协变量之间的组合关系会明显影响到模型的有效性，所以这里我们还需要对不同的协变量之间的组合关系进行进一步的检验，得到最佳的协变量组合，并最终生成我们所需的预测模型。

(2) 模型优选

这里我们可以使用 R 程序 MASS 模块中的赤池信息量准则（AIC）

方法,通过迭代计算优选出最佳的协变量组合和最优模型。

  library(MASS)
  mod2 < -stepAIC(mod)
  mod2 $ anova
  summary(mod2)

赤池信息量准则法选取的最优模型的协变量包括 slope、aspect 和 middist。其中,逻辑回归方程中各参数的相关系数分别为:

intercept = 1.466117
slope = -0.310177
aspect = 0.021271
middist = -3.349639

6. GIS 生成遗址预测模型

  下面,我们在 GIS 软件中,根据遗址预测模型的建模方程生成预测面:

$$\text{logit}(p) = \alpha + \beta_1 \chi_1 + \beta_2 \chi_2 + \cdots + \beta_n \chi_n$$

其中 α 为模型的截距,β 为各协变量的相关系数。

  模型的计算结果最后应通过如下公式转换成概率的形式:

$$P_i = \frac{\exp(V_i)}{1 + \exp(V_i)}$$

(1)在 GRASS 程序中启动栅格计算器进行栅格计算

  r. mapcalc
  middist = (distance > 1000&&distance < = 3000)
  logodds = 1.466117 + (slope * - 0.310177) + (aspect * 0.021271) + (middist * - 3.349639)
  relprob = (exp(logodds))/(1 + (exp(logodds)))
  end

(2)显示模型预测结果

  r. colors map = relprob color = bcyr

在 QGIS 中加载 relprob 图层,如彩图 18 所示,颜色从蓝色到红色代表了遗址出现的概率。

三　模型有效性评估

实践中,考古遗址预测模型是否有效还需要进行评估,评估的方法有两种:1.抽样检验,即在研究区域内进行随机抽样,并到野外进行实地验证,从而检验模型的有效性;2.以现有的遗址和非遗址数据为依据,按照其在模型中的取值进行精度检验。下面我们练习第二种方法,分别计算遗址和非遗址在模型不同预测概率下的成功率曲线,观察模型的精度。

1. 计算统计量

(1)首先计算不同概率取值条件下的二值栅格图

```
r. mapcalc
gain0 = relprob > = 0
gain10 = relprob > 0.1
gain20 = relprob > 0.2
gain30 = relprob > 0.3
gain40 = relprob > 0.4
gain50 = relprob > 0.5
gain60 = relprob > 0.6
gain70 = relprob > 0.7
gain80 = relprob > 0.8
gain90 = relprob > 0.9
gain100 = relprob > = 1
end
```

(2)按位置点统计不同概率取值条件下的预测是否准确,并将结果输出。

```
r. stats -1 -n
input = locations, gain0, gain10, gain20, gain30, gain40, gain50, gain60, gain70, gain80, gain90, gain100 output = stat_sites.csv fs = ,
```

2. 绘制模型有效预测累计折线图

(1)将输出的 stat_sites.csv 文件拷贝到本章练习文件夹下,启动 R 程序,导入数据。

data < -read.csv("stat_sites.csv",header = F,sep = ",")
colnames(data) < -c("location",paste("gain",0:10,sep = ""))

(2)数据处理

sites < -subset(data,location = = 1)
nonsites < -subset(data,location = = 0)
sites < -sites[,2:12]
nonsites < -nonsites[,2:12]

(3)绘制折线图

p < -seq(0,1,by = 0.1)
plot(p,colSums(sites)/50,type = "o",
xlab = "Predicted Sites Probability",ylab = "Correct Prediction(%)")
par(new = T)
plot(p,1-colSums(nonsites)/50,type = "o",pch = 16,col = 2,xlab = "",ylab = "")
legend(0.3,0.3,c("sites","nonsites"),pch = "-",col = c("black","red"),title = "Legend",ncol = 2)

结果如图 12 - 8 所示。

从图中可以看到,无论是遗址点还是非遗址点,模型的正确预测率都很高,表明模型具有较高的预测精度。

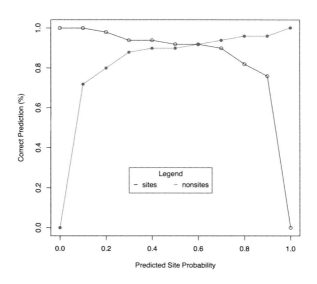

图 12-8　遗址预测模型正确预测率折线图

第十三章 基于数字高程模型的 GIS 水文分析

本章主要练习使用 GRASS 的水文分析模块对数字高程模型 DEM 进行地表径流和流域分析,练习如何从 DEM 中提取河流水系和集水域。练习之前先在本地电脑建立一个文件夹,命名为"tut13",并将练习的数据保存在此文件夹下。

水文分析是 GIS 考古研究的一项重要内容,它基于 DEM 通过水文分析的工具实现提取水流方向(flow direction)、汇流积累量(flow accumulation)、水流长度(flow length)、河流网络(stream net)、河网分级(stream order)、流域分割(watershed) 等诸多要素。

水文分析在考古学研究中具有重要的价值:可以帮助我们提取河道信息、分析地表径流、建构土壤侵蚀模型并据此评估水文作用对地表遗物空间分布的影响、评估洪水风险等等。本练习使用的数据来源于希腊 Kythera 岛的考古调查项目。

一 基于 r.watershed 模块的简单水文分析

简单水文分析主要是根据数字高程模型 DEM 进行的集水域分割和河网提取,在 GRASS 软件中可通过 r.watershed 模块实现。

1. 新建项目,加载数据

(1)启动 QGIS,利用 GRASS 插件工具条新建项目:location 命名为 tut13,mapset 命名为 kip,暂不定义投影坐标系统。

(2)加载数字高程模型 k4_tg,设置正确的显示范围。(图 13-1)

    r.in.gdal input =/[定位到本章练习文件夹]/k4_tg output = k4_tg
    g.region rast = k4_tg
    r.colors map = k4_tg color = elevation
    r.shaded.relief map = k4_tg shadedmap = hillshaded

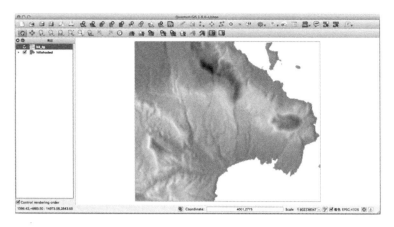

图 13 -1　Kythera 岛阴影渲染的数字高程模型

2. 提取集水域 watershed

(1) GRASS 可方便地采用 r. watershed 模块直接提取"汇流积累量""水流方向""集水域"等水文要素。其中,提取集水域时采用的汇流积累量的最小阈值为 800。

   r. watershed elevation = k4_tg accumulation = accumulation basin = basins threshold = 800

(2) 利用 QGIS 显示生成的汇流积累量和流域分割图层。(图 13 - 2、图 13 - 3)

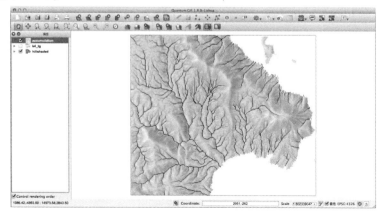

图 13 -2　汇流积累量

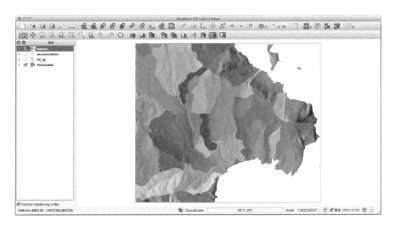

图 13-3　集水域分割

3. 提取河网

由于汇流积累量描述的是经过地表栅格的总的水流量,因此可利用汇流积累量参数进行简单的河网提取。

(1) 对汇流积累量取对数

  r. mapcalc

  log_accumulation = log(abs(accumulation) + 1)

  end

(2) 提取汇流积累量对数值大于 6 的栅格,即栅格河网。(图 13-4)

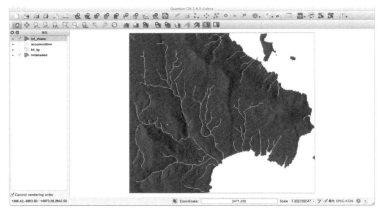

图 13-4　提取的栅格河网

r. mapcalc
inf_rivers = if(log_accumulation >6)
end

(3)河网矢量化

r. thin input = inf_rivers output = thin_rivers

r. to. vect input = thin_rivers output = rivers feature = line

(4)将矢量河网图层和考古遗址图层叠加到集水域图层之上,观察显示的效果,如图13-5所示:

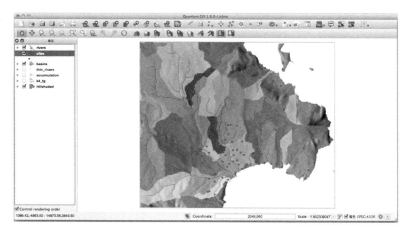

图13-5 叠加了矢量河网、考古遗址和集水域的 Kythera 岛

思考:如何定量分析考古遗址与集水域及提取的河流之间的关系?

二 基于 r. stream. * 模块的复杂水文分析

GRASS 提供了供复杂水文分析的系列模块 r. stream. *,包括 r. stream. order, r. stream. basins, r. stream. distance 和 r. stream. stats。这些模块需要从 GRASS 网站的插件 ADD-ON 下载。

1. 下载安装 r. stream. * 模块,准备数据

(1)GRASS GIS6.4 以上版本均提供了 g. extension 模块,可以方便直接地从网站下载并安装扩展模块。

g. extension extension = r. stream. order

g. extension extension = r. stream. basins

g. extension extension = r. stream. distance

g. extension extension = r. stream. stats

（2）r. stream. *模块需要一些基础的水文分析数据,因此需要首先运行 r. watershed 模块准备基础数据。

r. watershed -f elevation = k4_tg threshold = 800

drainage = dirs stream = streams convergence = 5

2. 河网分级

（1）河网分级采用 r. stream. order 命令

r. stream. order stream = streams dir = dirs strahler = strahler shreve = shreve

（2）显示河网分级的这些图层（图 13 – 6）

r. colors map = strahler color = bgyr

r. colors map = shreve color = bgyr

 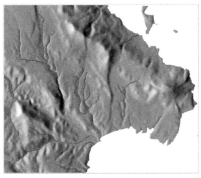

图 13 –6a　strahler 法分级河网　　图 13 –6b　shreve 法分级河网

3. 流域分割

r. stream. basins 模块提供了更为复杂的流域分割工具。

（1）首先根据河网 streams 进行简单的流域分割（图 13 –7a）

图 13 -7a　简单流域分割　　　　图 13 -7b　总流域分割

　　r. stream. basins dir = dirs stream = streams basins = bas_elem
　　r. colors map = bas_elem color = rainbow

(2)按照总出水口计算而忽略所有的子流域进行分割(图 13 -7b)

　　r. stream. basins -l dir = dirs stream = streams basins = bas_last
　　r. colors map = bas_last color = rainbow

(3)我们还可以根据河流有选择地进行流域分割。图 13 - 8a 是选择其中一条河流的流域进行的分割结果,图 13 - 8b 是选择其中两条河流。

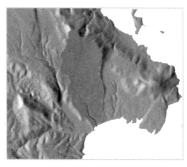

图 13 -8a　单条河流的流域分割　　图 13 -8b　两条河流的流域分割

　　echo '34 = 34
　　* = NULL' > tmp1
　　r. reclass input = streams output = sel_streams_1 < tmp1
　　r. stream. basins dir = dirs stream = sel_streams_1 basins = bas_basin_1

r. colors map = bas_basin_1 color = rainbow

echo '34 = 34

20 = 20

* = NULL' > tmp2

r. reclass input = streams output = sel_streams_2 < tmp2

r. stream. basins dir = dirs stream = sel_streams_2 basins = bas_basin_2

r. colors map = bas_basin_2 color = rainbow

4. 距离分析

r. stream. distance 模块提供了与河流或出水口的距离分析功能,包括与河流或是出水口的水平距离和垂直距离的计算。

(1)计算与河流的水平和垂直距离

r. stream. distance dir = dirs stream = streams dem = k4_tg distance = dist_stream elevation = elev_stream

r. colors map = dist_stream color = rainbow

r. colors map = elev_stream color = elevation

计算结果如图 13 - 9 所示,dist_stream 图层记录的是与河流的水平距离,elev_stream 图层记录的则是与河流的垂直距离。

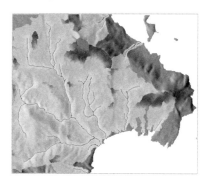

图 13 -9a　与河流的水平距离　　图 13 -9b　与河流的垂直距离

(2)计算与出水口的水平和垂直距离

r. stream. distance – o dir = dirs stream = streams dem = k4_tg

distance = dist_outlets elevation = elev_outlets
　　r. colors map = dist_outlets color = rainbow
　　r. colors map = elev_outlets color = elevation

计算结果如图 13 – 10 所示，dist_outlets 图层记录的是与出水口的水平距离，elev_outlets 图层记录的则是与出水口的垂直距离。

（3）计算与亚流域出水口之间的水平和垂直距离

　　r. stream. distance -o -s dir = dirs stream = streams dem = k4_tg
　　distance = dist_sub_outlets elevation = elev_sub_outlets
　　r. colors map = dist_sub_outlets color = rainbow
　　r. colors map = elev_sub_outlets color = elevation

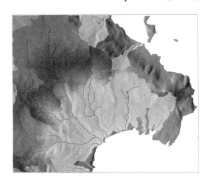

图 13 – 10a　与出水口的水平距离　　图 13 – 10b　与出水口的垂直距离

计算结果如图 13 – 11 所示，dist_sub_outlets 图层记录的是与亚流域出水口的水平距离，elev_sub_outlets 图层记录的则是与亚流域出水口的垂直距离。

思考：如何定量地分析考古遗址与上述河流、集水域以及出水口之间的关系？

 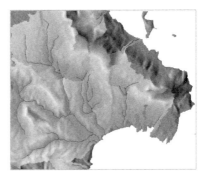

图 13–11a　与亚流域出水口的水平距离　　图 13–11b　与亚流域出水口的垂直距离

第十四章　土壤侵蚀模型

本章主要练习使用 GRASS 的栅格计算器构建土壤侵蚀模型的基本方法。练习之前先在本地电脑建立一个文件夹，命名为"tut14"，并将练习的数据保存在此文件夹下。

一　土壤侵蚀模型

1. 什么是"土壤侵蚀模型"

所谓土壤侵蚀(Soil Erosion)，是指土壤及其母质在水力、风力、冻融、重力等外劳力作用下，被破坏、剥蚀、搬运和沉积的过程。土壤侵蚀模型就是采用数学计算模型的形式模拟土壤被侵蚀的过程。

构建土壤侵蚀模型在考古学研究中具有重要的意义：可以评估考古遗址遭破坏的状况，为文化遗产管理服务；也可以用来研究地表遗物被水力、风力等搬运的情况，考察后堆积过程，为区域景观历史的研究服务；还可以用来考察古代特殊的生产活动(如大规模的采矿、冶金等)对环境的影响。

2. 常用的土壤侵蚀模型及其参数

GIS 可以方便地构建土壤侵蚀模型。常用的土壤侵蚀模型有经验模型和物理模型，其中经验模型提出较早，以通用土壤流失方程(USLE, Universal Soil Loss Equation)为代表。

(1) USLE 或 RUSLE(改进土壤流失方程)的计算公式可简化为：

$$A = R * K * C * LS * P \tag{13.1}$$

其中，A 为年均土壤侵蚀量，R 为年均降雨量因子，K 为土壤可侵蚀因子，C 为地表植被覆盖因子，LS 为坡长和坡降因子，P 为人工管理因子。R因子可参考研究区域的降雨量图计算,K因子可参考土壤分布图和遥感影响计算或查询,C因子可参考地表植被分布图和遥感影响计算,P因子需要具体而论。LS因子可从DEM中提取,计算公式为:

$$LS = \left(Flow\ Accumulation * \frac{Cell\ Size}{22.13}\right)^{0.4} * \left(\frac{\sin slope}{0.0896}\right)^{1.3} \quad (13.2)$$

(2)经验模型在实践应用中受到较多的局限性,随着GIS技术的发展,尤其是基于GIS水文分析的应用,使得我们能够从空间和流域的角度来讨论土壤的侵蚀过程。这就是土壤侵蚀的物理过程模型(physical process model)。物理过程模型能够真实模拟地表物质的移动和所谓的"侵蚀—堆积"(erosion-deposition)过程。那么通过建立这种土壤侵蚀物理过程模型,我们可以修正研究区域的数字高程模型DEM,或者计算生成土壤侵蚀量的厚度模型。因此,物理过程模型比经验模型要更精确且更具空间和流域特征。考古学研究中,最常用的物理模型是USPED模型(基于单位水流功率的侵蚀/堆积模型)。

USPED模型所需的参数与通用土壤流失方程一致,但计算方法不同。模型最重要的是计算地表沉积物的移动速率T:

$$T = RKCA^m(\sin b)^n \quad (13.3)$$

然后,再计算土壤的年侵蚀/堆积量:

$$USPED = \frac{\delta(T \cdot \cos(\alpha))}{\delta x} + \frac{\delta(T \cdot \sin(\alpha))}{\delta y} \quad (13.4)$$

其中,x、y是沉积物移动距离,α为方向。R、K、C分别为降雨因子、土壤可侵蚀因子和地表覆盖因子,A为上游区域面积的单位宽度,b为坡度,m、n为经验参数。

下面我们分别练习使用GRASS构建USLE和USPED模型的方法,练习使用的数据来源于河南舞钢地区,其中考古遗址为目前调查发现的战国秦汉时期的冶铁遗址。冶炼活动需要大量砍伐树木,会导致植被破坏和水土流失,因此利用土壤侵蚀模型可以有助于我们讨论古代冶铁活动与景观演变之间的关系。

二 构建 USLE 模型

1. 新建项目,准备数据

(1)启动 QGIS,利用 GRASS 插件工具条新建项目:location 命名为 tut14,mapset 命名为 wugang,暂不定义投影坐标系统。

(2)启动 GRASS,进入新建的项目。导入栅格数据,设置正确的显示效果。(图 14 – 1)

图 14 –1a　DEM 图层

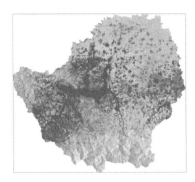

图 14 –1b　c 因子图层

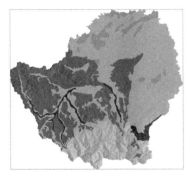

图 14 –1c　k 因子图层

图 14 –1d　r 因子图层

　　r. in. gdal -o input =/[定位到本章练习文件夹]/gdem30 output = dem30

　　r. in. gdal -o input =/[定位到本章练习文件夹]/cfact output = cfact

r. in. gdal -o input =/[定位到本章练习文件夹]/kfact output = kfact

r. in. gdal -o input =/[定位到本章练习文件夹]/rfact output = rfact

g. region rast = dem30

r. shaded. relief map = dem30 shadedmap = hillshaded

r. colors map = dem30 color = elevation

r. colors map = cfact color = gyr

r. colors map = kfact color = byr

r. colors map = rfact color = bgyr

其中，DEM 为数字高程模型，来源于 30 米分辨率 ASTER 影像的立体像对；K 因子根据舞钢地区的土壤分布图绘制，其中部分土壤的粗骨化一般研究认为是历史上严重的土壤流失造成的，这里去除了土壤的粗骨化因素，而考虑其原初的状态；C 因子是根据 ETM + 影像生成的 NDVI（归一化植被指数）经过分类后重新计算的模拟古代植被遭一定破坏状况下的 C 因子分布图；R 因子是根据若干气象站记录的历史降水情况插值的降水因子。

2. 计算相关参数

（1）计算坡度、坡向

r. slope. aspect dem30 slope = slope aspect = aspect

（2）计算汇流积累量

r. flow dem30 dsout = flowacc

（3）计算坡长因子

启动"栅格计算器"，按照公式 13.2 计算坡长因子，结果命名为 lsfact。

r. mapcalc

lsfact = 1.6 * exp(flowacc * 30/22.1 , 0.6) * exp(sin(slope)/0.09 , 1.3)

end

3. 计算 USLE 模型

(1) 启动栅格计算器,利用公式 13.1 计算 USLE 模型,结果命名为 soilloss。

  r. mapcalc
  soilloss = rfact * cfact * kfact * lsfact
  end

(2) 正确显示 USLE 模型,如图 14 - 2a 所示。

  r. colors -e map = soilloss color = bgyr

(3) 导入粗骨土分布范围图层(图 14 - 2b)

  v. in. ogr -o dsn =/[定位到本章练习文件夹]/skeletonsoils. shp output = soils

图 14 - 2a 舞钢地区土壤侵蚀 USLE 模型 图 14 - 2b 叠加了粗骨土分布范围的 USLE 模型

将粗骨土分布范围图层叠加在 soilloss 图层之上,观察并思考:如何定量分析粗骨土的分布与土壤侵蚀之间的关系?

三 构建 USPED 模型

USPED 模型有计算沟状侵蚀和面状侵蚀两种方法:

1. 沟状侵蚀

（1）利用栅格计算器，按照公式 13.5 计算土壤沉积率，结果保存为 sflowtopo_rill。

    r. mapcalc
    sflowtopo_rill = exp(flowacc * 30,1.6) * exp(sin(slope),1.3)
    end

（2）计算参数 qsx_rill 和 qxy_rill。

    r. mapcalc
    qsx_rill = kfact * rfact * cfact * sflowtopo_rill * cos(aspect)
    qsy_rill = kfact * rfact * cfact * sflowtopo_rill * sin(aspect)
    end

（3）计算参数 qsx_rill. dx 和 qsy_rill. dy

    r. slope. aspect qsx_rill dx = qsx_rill. dx
    r. slope. aspect qsy_rill dy = qsy_rill. dy

（4）计算 USPED 的沟蚀模型

    r. mapcalc
    erdep_rill = qsx_rill. dx + qsy_rill. dy
    end

（5）正确显示 USPED 模型
打开文本编辑器，输入如下分类
-3346729 255:0:255
-40000 255:0:0
-1000 255:127:0
-100 255:255:0
0 100:255:200
100 0:255:255
1000 0:191:191
50000 0:0:255
39242528 0:0:0

将文件保存在本章练习文件夹下,命名为 rill_rule.txt。

r. colors map = erdep_rill rules =/[定位到本章练习文件夹]/rill_rule.txt

显示沟状侵蚀的 USPED 模型如图 14 – 3a 所示:

图 14 – 3a　USPED 沟蚀模型　　　图 14 – 3b　USPED 片蚀模型

2. 面状侵蚀

(1)利用栅格计算器,按照公式 13.5 计算土壤沉积率,结果保存为 sflowtopo_sheet。

  r. mapcalc
  sflowtopo_sheet = flowacc * 30 * sin(slope)
  end

(2)计算参数 qsx_sheet 和 qxy_sheet

  r. mapcalc
  qsx_sheet = kfact * rfact * cfact * sflowtopo_sheet * cos(aspect)
  qsy_sheet = kfact * rfact * cfact * sflowtopo_sheet * sin(aspect)
  end

(3)计算参数 qsx_sheet.dx 和 qsy_sheet.dy

  r. slope. aspect qsx_sheet dx = qsx_sheet.dx
  r. slope. aspect qsy_sheet dy = qsy_sheet.dy

(4)计算 USPED 的沟蚀模型

r. mapcalc

erdep_sheet = 10 * (qsx_sheet. dx + qsy_sheet. dy)

end

(5) 正确显示 USPED 模型

打开文本编辑器,输入如下分类:

-92112 255:0:255

-500 255:0:0

-50 255:127:0

-10 255:255:0

0 10:255:200

100 0:255:255

1000 0:191:191

50000 0:0:255

99354 0:0:0

将文件保存在本章练习文件夹下,命名为 sheet_rule.txt。

r. colors map = erdep_sheet rules =/[定位到本章练习文件夹]/sheet_rule. txt

显示沟状侵蚀的 USPED 模型如图 14 - 3b 所示。

3. 侵蚀总量

(1) 利用栅格计算器将沟状侵蚀模型与面状侵蚀模型相加,即得出 USPED 总侵蚀量模型。

r. mapcalc

erdep = erdep_rill + erdep_sheet

end

(2) 按照如下规则定义 USPED 的显示效果(命名为 rules. txt),如图 14 - 4 所示,栅格数据代表了年均侵蚀或堆积的总量。

-3438840 255:0:255

-70000 255:0:0

-1000 255:127:0

-100 255:255:0

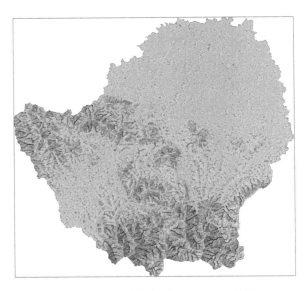

图 14-4　河南舞钢地区 USPED 模型

0 100:255:200
100 0:255:255
1000 0:191:191
70000 0:0:255
39242528 0:0:0

r. colors map = erdep rules =/[定位到本章练习文件夹]/rules. txt

将考古遗址图层叠加到 USPED 模型之上,观察并思考:如何利用 USPED 模型定量考察遗址的保存和发现状况?

第十五章　GIS 成本面分析

本练习主要内容是使用 GRASS 软件生成空间同向和异向性成本面,并根据这些成本面进行最佳路程分析。练习之前先在本地电脑建立一个文件夹,命名为"tut15",并将练习的数据保存在此文件夹下。

成本面(Cost Surface)分析是 GIS 空间分析中最有特色的内容之一,在考古学研究中有十分重要的作用,可用来研究古代人类的空间位移,估算各类资源域(site catchment)的范围。成本面实际上应该是积累成本面(accumulated cost surface),是计算从空间某个位置出发,到达另一位置所需要消耗的能量或时间。我们知道,地表景观特征不同,穿越它所消耗的能量和时间就不一样,而且从某点出发行进过程中所消耗的能量或时间是积累性的。GIS 的成本面分析就是通过邻域栅格的追踪分析和模拟计算,生成我们研究所需要的特殊地表行进的成本面。

按照空间行进过程中消耗能量的方向性差异,成本面有三种类型:

1. 空间同向性(Isotropic)。比如,在沼泽或森林里行进,无论你朝向哪个方向,沼泽或森林对你前进产生的摩擦阻碍效果是相同的。

2. 部分的空间异向性(Partially Anisotropic)。比如,自行车运动员在骑车时,风向会对你前进的方向产生影响,顺风和逆风对你前进产生的作用是不同的,但是只要风速稳定,你受到风的影响效果是一样的。

3. 空间异向性(Anisotropic)。比如,登山运动员在登山时,坡度对人的影响是空间异向的,上坡和下坡的效果不同,而且不同地方的坡度也不同,不同的坡度同样对行进也会产生影响。考古学研究中处理最多的情况就是这种空间异向性的情况。本章主要练习使用 GRASS 软件计算空间同向性和异向性的成本面,练习使用的数据源自河南登封地区 30 米分辨率的数字高程模型和龙山文化晚期的考古遗址。

一 空间同向成本面分析

1. 数据准备

(1)启动 QGIS,利用 GRASS 插件工具条新建一个项目:location 为 tut15,mapset 为 ying,投影系统定义为 Beijing 1954/ Gauss Kruger zone 19。

(2)导入数据、设定工作范围。

  r. in. gdal -o input =/[定位到本章练习文件夹]/gdem30 output = dem30

  g. region rast = dem30

  r. colors map = dem30 color = elevation

  v. in. ogr -o dsn =/[定位到本章练习文件夹]/ls_sites. shp output = sites

  v. in. ogr -o dsn =/[定位到本章练习文件夹]/streams. shp output = rivers

在 QGIS 中显示加载的数据,如图 15 - 1 所示:

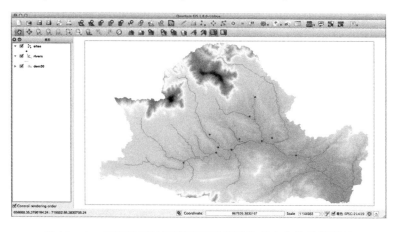

图 15 - 1   河南登封地区数字高程模型和龙山文化晚期遗址

2. 欧氏距离分析

(1)单个遗址点的欧氏距离分析

首先提取编号为 1 的单个遗址点

v. extract input = sites output = site_1 where = siteid = 1

将遗址点位置栅格化

v. to. rast input = site_1 output = site_1 use = cat

计算从单个遗址点出发的欧氏距离栅格

r. grow. distance input = site_1 distance = dist_1

将欧氏距离栅格设定在分析范围内

r. mapcalc

dist_1 = dist_1 * ((dem30 * 0) + 1)

end

显示从1号遗址点计算的欧氏距离,如图15 - 2a所示。

r. colors map = dist_1 color = rainbow

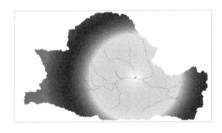

图15 -2a　1号遗址点欧氏距离　　　图15 -2b　所有遗址点欧氏距离

(2) 多个遗址点的欧氏距离分析

将遗址位置栅格化

v. to. rast input = sites output = sites use = cat

计算从多个遗址点出发的欧氏距离栅格

r. grow. distance input = sites distance = dists

将欧氏距离栅格设定在分析范围内

r. mapcalc

dists = dists * ((dem30 * 0) + 1)

end

显示从所有遗址点计算的欧氏距离,如图15 - 2b所示。

r. colors map = dists color = rainbow

（3）基于欧氏距离的分配
生成矢量泰森多边形

v. voronoi input = sites output = voronoi

将泰森多边形栅格化

v. to. rast input = voronoi output = voronoi use = attr column = siteid

将栅格化的泰森多边形限定在分析范围内

r. mapcalc
voronoi = voronoi * ((dem30 * 0) + 1)
end

显示基于泰森多边形的欧氏分配栅格，如图 15 - 3 所示：

图 15 - 3　基于泰森多边形的欧氏分配栅格

3. 空间同向成本面分析

（1）单个遗址的空间同向成本面分析
首先计算用于权重空间移动成本的坡度图

r. slope. aspect elevaton = dem30 slope = slope

按照 D8 的模式计算从 1 号遗址计算的空间同向成本面

r. cost input = slope output = cost_1 start_points = site_1 max_cost = 200

正确显示生成的成本面，如图 15 - 4a 所示：

图 15 – 4a 1 号遗址点的成本面 (<200) D8 计算模式

图 15 – 4b 1 号遗址点的成本面 (<200) D16 计算模式

r. colors map = cost_1 color = rainbow

采用同样的方法，但使用 D16 模式计算从 1 号遗址点计算的空间同向成本面，如图 15 – 4b 所示。比较与采用 D8 模式计算的结果有何差异。

r. cost -k input = slope output = cost_1k start_points = site_1 max_cost = 200

r. colors map = cost_1k color = rainbow

（2）多个遗址空间同向成本面分析

首先计算 D8 计算方式的成本面

r. cost input = slope output = costs start_points = sites max_cost = 200

r. colors map = costs color = rainbow

计算 D16 方式的成本面

r. cost -k input = slope output = costs_k start_points = sites max_cost = 200

r. colors map = costs_k color = rainbow

计算结果如图 15 – 5 所示：

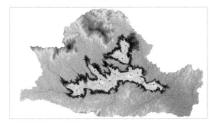
图 15 – 5a 所有遗址点的成本面 (<200) D8 计算模式

图 15 – 5b 所有遗址点的成本面 (<200) D16 计算模式

二　空间异向成本面分析

GRASS 采用 r.walk 模块计算空间移动异向性成本面,也是 GRASS 软件中最具特色的空间分析模块之一。r.walk 模块的输出结果是一个记录从指定起始点出发地表步行所需消耗最短时间的栅格图层,而输入数据包括数字高程模型 DEM、记录不同地表覆盖对步行影响的摩擦系数图层以及若干参数。

r.walk 模块对人类起伏地表徒步行走所消耗时间的计算主要参考的 Naismith 准则,是 19 世纪末由苏格兰登山者 William Naismith 根据实验而提出:人类在平地行走速度平均为每小时 3 英里(5 公里),而海拔平均每升高 1000 英尺(300 米)则时间相应增加 1.5 小时。

由于 r.walk 模块直接从 DEM 的高程值中计算空间移动高度起伏变率,能够生成真正意义上的空间移动异向性成本面。同时,这个模块由于整合了大量徒步行走的实验数据,而且模块的输出单位为时间,因此非常适合于模拟人类地表徒步行走的时间消耗,在考古学研究中有非常广泛的应用。

1. 仅考虑地形起伏因素的空间异向成本面

我们可以考虑从各龙山文化聚落出发 1 小时的农业活动资源域的范围,首先假设步行移动仅考虑地形起伏的情况。

(1) 单个遗址的空间异向成本面

D8 方式计算从 1 号遗址点出发步行 1 小时(3600 秒)的范围,仅考虑地形起伏的影响。

　　r.walk elevation = dem30 friction = slope output = acost_1 start_points = site_1 max_cost = 3600 lambda = 0

　　r.colors map = acost_1 color = rainbow

D16 方式计算从 1 号遗址点出发步行 1 小时(3600 秒)的范围,仅考虑地形起伏的影响。

　　r.walk -k elevation = dem30 friction = slope output = acost_1k start_points = site_1 max_cost = 3600 lambda = 0

　　r.colors map = acost_1k color = rainbow

比较计算结果,如图 15-6 所示:

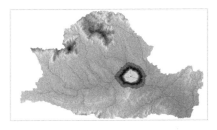
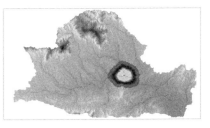

图 15-6a 1号遗址点步行 1 小时
范围 D8 计算模式

图 15-6b 1号遗址点步行 1 小时
范围 D16 计算模式

(2) 多个遗址的空间异向成本面

D8 方式计算从所有遗址点出发步行 1 小时(3600 秒)的范围,仅考虑地形起伏的影响。

  r. walk elevation = dem30 friction = slope output = acosts start_points = sites max_cost = 3600 lambda = 0

  r. colors map = acosts color = rainbow

D16 方式计算从所有遗址点出发步行 1 小时(3600 秒)的范围,仅考虑地形起伏的影响。

  r. walk -k elevation = dem30 friction = slope output = acosts_k start_points = sites max_cost = 3600 lambda = 0

  r. colors map = acosts_k color = rainbow

比较计算结果,如图 15-7 所示:

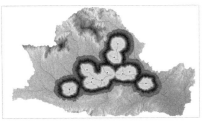

图 15-7a 所有遗址点步行 1 小
时范围 D8 计算模式

图 15-7b 所有遗址点步行 1 小
时范围 D16 计算模式

2. 增加穿越河流摩擦因素的空间异向成本面

下面考虑徒步穿越河流因素的影响,根据民族志的材料:通常情况下,徒步穿越河流比在陆地行走要多消耗3倍的时间或能量。因此,我们可以首先制作一张穿越河流的摩擦系数栅格,并在计算空间异向成本面中加入穿越河流的因素。

(1)生成河流摩擦系数栅格

首先将河流栅格化

  v. to. rast input = rivers output = rivers use = cat

采用缓冲区方式生成以河流为中心的100米宽的障碍区

  r. buffer input = rivers output = barriers distances = 100

设置穿越河流障碍的摩擦系数栅格

  r. mapcalc
  frict = if(isnull(barriers) ,1 ,3)
  end

(2)计算单个遗址的空间异向成本面

按 D8 方式计算

  r. walk elevation = dem30 friction = frict output = wacost_1 start_points = site_1 max_cost = 3600 lambda = 1

  r. colors map = wacost_1 color = rainbow

按 D16 方式计算

  r. walk -k elevation = dem30 friction = frict output = wacost_1k start_points = site_1 max_cost = 3600 lambda = 1

  r. colors map = wacost_1k color = rainbow

结果如图 15 - 8 所示:

图 15-8a　1 号遗址点步行 1 小时范围 D8 计算模式(计算河流障碍)　　图 15-8b　1 号遗址点步行 1 小时范围 D16 计算模式(计算河流障碍)

(3)计算多个遗址的空间异向成本面
按 D8 方式计算

　　r. walk elevation = dem30 friction = frict output = wacosts start_points = sites max_cost = 3600 lambda = 1
　　r. colors map = wacosts color = rainbow

按 D16 方式计算

　　r. walk -k elevation = dem30 friction = frict output = wacosts_k start_points = sites max_cost = 3600 lambda = 1
　　r. colors map = wacosts_k color = rainbow

结果如图 15-9 所示:

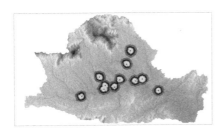 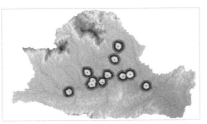

图 15-9a　所有遗址点步行 1 小时范围 D8 计算模式(计算河流障碍)　　图 15-9b　所有遗址点步行 1 小时范围 D16 计算模式(计算河流障碍)

思考:r. walk 模块在考古学研究中有哪些用途?

第十六章　考古遗址资源域与 XTENT 模型

本章练习包括两部分内容：1. 使用 GRASS 的 r.walk 模块生成考古遗址资源域；2. 使用 r.xtent 模块计算中心聚落的控制范围，即疆域。练习之前先在本地电脑建立一个文件夹，命名为"tut16"，并将练习的数据保存在此文件夹下。

一　考古遗址资源域

1. 考古遗址资源域

"资源域"（catchments）是考古学研究的一个重要概念，主要是考察古代聚落在某种生产经济条件下，可获得的一定范围的资源状况，在生业考古、景观考古、环境考古等方面都有重要的意义。根据 Higgs 等人的民族学研究，农业聚落的活动半径通常在 1 个小时之内，而从事狩猎采集的人群的活动半径常为 2 个小时以上，甚至更远。过去，考古学从事资源域研究通常采用划定"等时线"的方法，即步行 1 小时或 2 小时等时线（即大致 5~10 公里的圆形范围）。这种按照同心圆划定等时线的方法没有考虑景观的异质性，具有很大的局限。但是，有了 GIS 工具后，我们可以将景观考古的理念引入到资源域的分析中，从而提高分析的有效性。比如，GIS 成本面（cost–surface）分析可以考察人在地表行进所累积消耗的能量。同样，如果我们能够将能量消耗换算成时间消耗的话，那么就能用这个时间消耗面来准确地划定遗址的资源域。

一般的 GIS 软件，如 ArcGIS 都有计算成本面的工具，但问题也很多（无法考虑空间异向性、采用 D8 计算模块产生误差、无法转换成时间单位等等问题）。目前，在考古学研究中使用最为有效的是 GRASS 软件所提供的 r.walk 模块。这个模块曾专门根据登山运动员的步行实验进行修订，完美地解决了空间异向性的问题，可以采用 D16 的计算方法,计算结果直接以时间的形式显示(秒),尤其适用于做遗址的资源域研究。本项练习即为这个模块的具体使用方法。GRASS 软件没有直接生成遗址资源域的模块,需要我们利用 r.walk 模块进行手工计算。

2. 计算遗址资源域

(1)启动 QGIS 和 GRASS 软件,进入第十五章练习的项目 tut15,继续使用第十五章练习的内容计算多个遗址的资源域。

(2)首先编写循环程序,分别计算从 11 个遗址出发的 1 小时活动资源域。

```
START = 1
END = 11
S = $ START
while [ $ S -le $ END ]
do
v. extract input = sites output = sites_ ${S} where = cat = ${S}
– – overwrite
r. walk -k elevation = dem30 friction = slope output = catch_ ${S} start_points = site_ ${S} max_cost = 3600 lambda = 0
S = $((S + 1))
done
```

(3)考虑相邻遗址之间的竞争关系,按照最近距离的原则对单个遗址的资源域进行归类合并。

  r. series input = " ' g. mlist type = rast pattern = 'catch_ * ' sep = , ' " output = sitescatch method = min_raster

(4)删除临时文件

  g. mremove -f vect = "site_ * "
  g. mremove -f rast = "catch_ * "

(5)设置显示效果,如图 16 – 1 所示。

  r. colors map = sitescatch color = rainbow

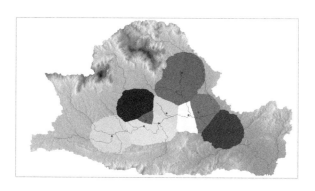

图 16-1　河南登封盆地龙山文化晚期聚落 1 小时农业活动资源域

思考:如何利用生成的考古遗址资源域进行景观分析？尝试将河流因素考虑进来，重新计算 11 处龙山文化聚落的 1 小时农业活动资源域。

二　XTENT 模型计算中心聚落的领域

XTENT 模型是伦福儒(C. Renfrew)提出的一种"重力模型"，是在泰森多边形划分的基础上，加入了不同聚落等级规模的参数和距离因素，其前提假设是:1. 中心聚落的面积越大，其影响力越大，控制范围也越大;次等级中心或小型聚落的面积小，控制力和领域范围也相应较小。2. 在次中心聚落或小型聚落位置上，当中心聚落的控制力超过次中心或小型聚落自身的控制力，则次中心或小型聚落被中心聚落所控制。3. 无论是中心还是次中心、小型聚落的控制力都随着距离的增加而不断衰减，当影响力衰减为零或两个中心聚落的影响力相等时，则为划分聚落领域的边界。

伦福儒提出的 XTENT 模型的计算公式为:

$$I = C^{\alpha} - k \cdot d \qquad (16.1)$$

其中，I 为研究范围内的任意一点受到的某聚落的影响力，C 为该聚落的规模(通常以面积的形式表示)或人口的大小，d 为该点到该聚落之间的距离，α 和 k 为计算参数。当我们研究某个具体中心聚落的影响力时，C、α 和 k 都为常数，从而形成一个线性回归方程，距离聚落越远，受到其影响和控制程度就越弱。

B. Ducke 根据伦福儒提出的 XTENT 模型,开发了基于 GRASS 程序的 r.xtent 模块,不仅可以方便地用于模型的计算,而且还可以将 GIS 成本面分析(r.walk)引入模型,将地表空间移动的时间单位替换模型中的距离单位,从而大大提高了模型的有效性,在考古学研究中有重要的应用。下面我们即根据中原地区二里头文化中心聚落的面积信息计算二里头中心聚落的领域。

1. 新建项目,导入数据

(1)启动 QGIS,利用 GRASS 插件工具条新建项目:location 命名为 tut16,mapset 为 erlitou,不定义投影坐标系统。

(2)启动 GRASS,进入新建项目 tut16,导入数据。

  r.in.gdal input =/[定位到本章练习文件夹]/ccdem.asc output = dem

  g.region rast = dem

  colors map = dem color = elevation

  v.in.ogr dsn =/[定位到本章练习文件夹]/mriver.shp output = mrivers

  v.in.ogr dsn =/[定位到本章练习文件夹]/yriver.shp output = yrivers

  v.patch input = mrivers,yrivers output = rivers

  v.in.ogr dsn =/[定位到本章练习文件夹]/sites.shp output = sites

QGIS 中显示导入的数据,如图 16-2 所示。

2. 计算河流的权重

(1)河流栅格化

  v.to.rast input = rivers output = rivers use = cat

(2)生成河流通道缓冲区

  r.buffer input = rivers output = routes distances = 500

(3)计算河流权重栅格,生成一个地表摩擦系数栅格图,其中河流摩擦系数为1,陆地摩擦系数为3,即利用河流交通比路上交通效率提

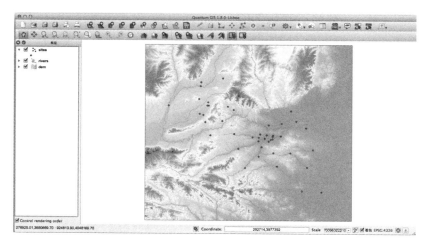

图 16 -2　二里头文化中心聚落的分布

高3倍。最后再按照地表徒步行走速度参数进行权重,以方便下面的成本面分析。

> r. mapcalc
> frict = if(isnull(routes) ,3 ,1)
> frict = frict * 0. 16
> end

3. 计算 XTENT 模型

(1)计算从每个遗址出发的地表行进成本面,以考虑和不考虑河流的运输作用分别计算。

> START = 1
> END = 44
> S = $ START
> while [$ S -le $ END]
> do
> v. extract input = sites output = site_ $ {S} where = cat = $ {S}
> r. walk elevation = dem friction = frict output = cost_ $ {S} start_points = site_ $ {S} lambda = 0 walk_coeff = 0. 72 ,6. 0 ,1. 9998 , -1. 9998

r. walk elevation = dem friction = frict output = wcost_${S}$ start_points = site_${S}$ lambda = 1 walk_coeff = 0.24,6.0,1.9998, -1.9998

S = $((S+1))

done

（2）将从每个遗址出发的成本面文件名添加到遗址图层

v. db. addcol sites col = "cost varchar(7)"

v. db. addcol sites col = "wcost varchar(8)"

START = 1

END = 44

S = $ START

while [$ S -le $ END]

do

echo "UPDATE sites SET cost = 'cost_${S}' WHERE cat = ${S}" | db. execute

echo "UPDATE sites SET wcost = 'wcost_${S}' WHERE cat = ${S}" | db. execute

S = $((S+1))

done

（3）加载 r. xtent 模型

g. extension extension = r. xtent

（4）计算考虑和不考虑河流两种情况下，二里头中心聚落的控制范围，其中 k 参数设定为 0.000005 的情况。

r. xtent -s centers = sites territories = terries c = s_area a = 0.5 k = 0.000005 costs_att = cost

r. xtent -s centers = sites territories = wterries c = s_area a = 0.5 k = 0.000005 costs_att = wcost

（5）正确显示生成的中心聚落的领域，如图 16-3 所示。

r. colors map = terries color = rainbow

r. colors map = wterries color = rainbow

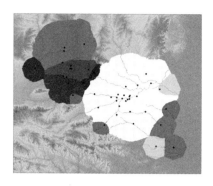 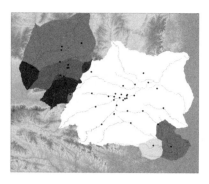

图 16-3a 二里头中心聚落的领域不计河流通道作用　　图 16-3b 二里头中心聚落的领域计算河流通道作用

思考：设定不同的 k 参数重新计算模型，观察有何区别？如何确定恰当的 k 参数值？在考古学研究中如何有效地使用 XTENT 模型？

第十七章 GIS 视域分析

本章练习主要内容是 GIS 考古中的视域分析(Viewshed Analysis)。视域分析在考古学和文化遗产管理中有广泛的应用,也是景观分析的一项重要内容。视域分析可分为简单视域分析(Simple viewshed analysis),即"可以看到什么"和复杂视域分析(Cumulative viewshed analysis),即"可以从多少个地方看到"。GRASS 软件提供了进行简单视域分析和复杂视域分析的模块。练习使用的数据来源于辽宁凌源牛河梁遗址群所在区域 1∶10,000 地形图插值的数字高程模型。

练习之前先在本地电脑建立一个文件夹,命名为"tut17",并将练习的数据保存在此文件夹下。

一 简单视域分析

简单视域分析

(1)启动 QGIS,利用 GRASS 插件工具条新建一个项目:location 名为 tut17,mapset 命名为 nhl,不定义投影坐标系统。

(2)启动 GRASS,进入新建的项目。加载数据,并设定正确的显示方式。(图 17-1)

   r. in. gdal input =/[定位到本章练习文件夹]/dem50. asc output = dem50

   v. in. ogr dsn =/[定位到本章练习文件夹]/largesites. shp output = sites

   g. region rast = dem50

   r. colors map = dem50 color = elevation

(3)下面我们计算从 1 号地点出发的视域。GRASS 采用 r. los 模

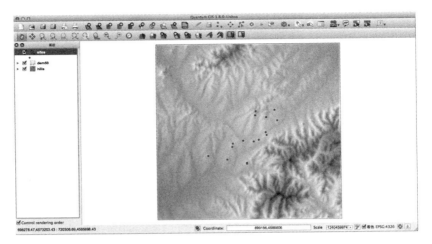

图 17 -1　牛河梁遗址群 16 处大型遗址地点

块进行简单视域分析,这个模块的优点在于可以矫正地球曲率对视线的影响,同时计算结果表示为竖直角度。

  r. los -c input = dem50 output = view_1 coordinate = 710432, 4580457 obs_elev = 1.75 max_dist = 10000

  r. colors -e map = view_1 color = rainbow

参数 c 为选择计算地球曲率。计算结果如彩图 19 所示,颜色由蓝色到红色代表了可视范围内视线由俯身到仰视的过程。

(4) r. viewshed 为 GRASS 在 r. los 基础上开发的简单视域分析扩展模块,可以对视域分析中的目标高度、大气折射率等参数进行修订。下面我们尝试使用这一模块重新计算牛河梁遗址 1 号地点的视域。

  g. extension extension = r. viewshed

  r. viewshed -c -r -b input = dem50 output = view_1v coordinate = 710432,4580457 obs_elev = 1.75 tgt_elev = 0.5 max_dist = 5000 refraction_coeff = 0.14

  r. color map = view_1v color = rainbow

其中,c 参数代表计算地球曲率,r 参数代表计算大气折射率(默认为 0.14),b 参数代表计算结果以二值变量的形式表示。注意到观察点和目标点设置了不一样的高度。最大观测距离设置为 5 公里。计算结果如图 17 -2 所示:

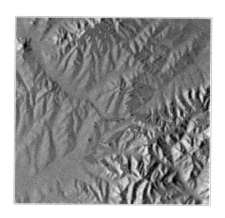

图 17-2　1号地点5公里视域(二值变量表示)

(5)考虑这样一个问题:由于牛河梁1号地点的特殊性(女神庙和大型山台祭坛),这16处遗址点是否更倾向于分布在1号地点的视觉范围内?

首先查看有多少个遗址点处于1号地点的视域范围内。

  v. db. addcol sites columns = "viewshed double"
  v. what. rast vector = sites raster = view_1 column = viewshed
  db. select sites

查看结果可知,共有10处遗址位于1号地点的视域范围内。下面查看1号地点视域范围的比率。

  r. mapcalc
  view_1c = view_1 * 0
  end
  r. stats -c view_1c

结果表明,1号地点的可视范围有5314个栅格,不可视范围有52282个栅格,可视率0.09。根据二项式定律,位于1号地点视域范围内的遗址点的数目为随机的概率为:

$C_{16}^{0} \times 0.09^{16} \times 0.91^{0} + C_{16}^{1} \times 0.09^{15} \times 0.91^{1} + \cdots + C_{16}^{6} \times 0.09^{10} \times 0.91^{6} < 0.01$

计算结果表明,在小于0.01的显著性水平上可以认为遗址点倾向于分布在1号地点的视域范围内。

思考：单纯的二项式检验是否能够证明遗址的分布一定与视域相关？这项研究存在哪些问题？

二 复杂视域分析

复杂视域分析在考古学 GIS 空间分析中有广泛的应用，主要用来解决特殊遗址的视觉优势性问题以及遗址之间的可通视性问题。GRASS 软件扩展模块中由考古学家 Mark Lake 等人开发的复杂视域分析模块 r.cva，不仅可以方便地进行基于多个遗址的总视域和积累视域分析，而且可以按比例生成随机点，进行视域优势性对比分析，因此在考古学视域分析中有十分重要的应用价值。下面我们尝试使用 r.cva 模块对牛河梁遗址的 16 处主要遗址点进行复杂视域分析。

1. 视域优势性分析

这里视域优势性分析要解决的问题是：牛河梁 16 处遗址点所处的位置是否比其他位置的视域范围更大。要解决这一问题需要计算 16 处遗址点的视域范围，并与背景数据的视域范围进行统计比较，背景数据可以通过取样一定数量的随机点实现，也可以通过蒙特·卡洛模拟的方式计算其显著性水平。

（1）首先加载 r.cva 模块

从源代码安装 r.cva 模块。源代码的下载地址为 http://www.ucl.ac.uk/~tcrnmar/GIS/r.cva.html

（2）启动 r.cva 模块，计算 16 处遗址的视域范围。

  r.cva input = dem50 sites = sites type = sites output = view16 obs_elev = 1.75 target_elev = 0 max_dist = 5000

计算结果为 16 个遗址所在位置的栅格点，栅格点数值代表了从该点出发的可视栅格的总数。

（3）计算 10% 随机抽样点的视域范围

  r.cva input = dem50 type = random output = view_rnds sample = 10 obs_elev = 1.75 target_elev = 0 max_dist = 5000

（4）视域优势性检验

首先将上述计算的遗址点和随机点的可视范围栅格总数输出。

r. stats input = view16 output = stat_view16.csv

r. stats input = view_rnds output = stat_viewrnds.csv

将上述输出的文件 stat_view16.csv 和 stat_viewrnds.csv 拷贝到本章练习文件夹下。启动 R 程序。

设定工作目录

setwd("/[定位到本章练习文件夹]/")

导入数据

stat.sites <-read.csv("stat_view16.csv", header = F, sep = ",")

stat.rndpoints <-read.csv("stat_viewrnds.csv", header = F, sep = ",")

summary(stat.sites)

summary(stat.rndpoints)

stat.sites <-stat.sites[2:17,1]

stat.rndpoints <-stat.rndpoints[2:3103,1]

K-S 检验

ks.test(stat.sites, stat.rndpoints)

结果表明在小于 0.01 的显著性水平上,遗址点的视域范围与背景随机点的视域范围存在差异,即牛河梁 16 处遗址点具有显著的视域上的优势性。

绘制百分比累计曲线,如图 17-3 所示。

plot(ecdf(stat.rndpoints), do.points = FALSE, verticals = TRUE)

lines(ecdf(stat.sites), do.points = FALSE, verticals = TRUE, col = "red")

2. 积累视域分析

积累视域是同时可以被多个观察点所看到的视域范围。积累视域分析可用来考察观察点之间相互通视的效果。

(1)运行 16 处遗址点的积累视域

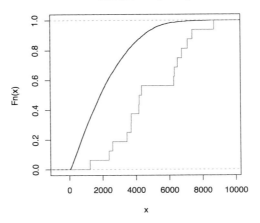

图 17-3　牛河梁 16 处遗址点视域累积百分比曲线

  r. cva -f input = dem50 sites = sites type = sites output = cum_views obs_elev = 1.75 target_elev = 1.75 max_dist = 10000
  r. colors map = cum_views color = rainbow

这里将观察点和目标点的高度均设为 1.75 米,是为了防止视域计算过程中可能存在的"回视"现象。调整输出栅格的显示效果,如图 17-4 所示。图中,栅格数值从 0—16 代表了该栅格分别能够为 0—16 个遗址所观察到。

图 17-4　牛河梁 16 处遗址点的积累视域

（2）统计检验

统计16处遗址点的互视性,并将结果输出。

  v. to. rast input = sites output = sites type = point column = siteid

  r. stats -n input = sites,cum_views output = stat_cvsites. csv fs = ,

设定总视域范围,并随机抽取其中10%的点,统计其对16处遗址点的可视性,将结果输出。

  r. null map = cum_views setnull = 0

  r. stats -c cum_views

  r. random input = cum_views n = 2468 raster_output = rndpoints

  r. stats -1 -n input = rndpoints output = stat_cvviews. csv fs = ,

将输出文件 stat_cvsites. csv 和 stat_cvviews. csv 拷贝到本章练习文件夹。启动 R 程序,设定工作目录。

  setwd("/[定位到本章练习文件夹]/")

导入数据

  stat. cvsites < -read. csv ("stat_cvsites. csv",header = FALSE,sep = ",")

  stat. cvviews < -read. csv ("stat_cvviews. csv",header = FALSE,sep = ",")

  stat. cvsites < -stat. cvsites[,2]

  stat. cvviews < -stat. cvviews[,1]

K-S 检验

  ks. test(stat. cvsites,stat. cvviews)

计算表明 P 值为 0.1763,说明 16 处遗址点之间互视性的显著性水平并不高。绘制百分比累计曲线,如图 17 – 5 所示。

  plot(ecdf(stat. cvviews),do. points = FALSE,verticals = TRUE)

  lines(ecdf(stat. cvsites),do. points = FALSE,verticals = TRUE,col = "red")

思考:这种方式计算遗址之间的互视性水平可能存在哪些问题?

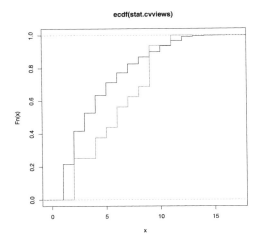

图 17-5　牛河梁 16 处遗址点视域累积百分比曲线

三　视觉网络分析

研究表明,牛河梁遗址群的 16 处大型遗址点均为红山文化晚期,尽管其修筑年代有早晚差别,但均在上层积石冢时期发展完善,可视为同时的宗教建筑类遗迹。其中,第 1 号和 13 号地点没有埋藏积石冢,但却发现有规模宏大的祭坛。因此,在 16 处遗址点组成的视觉网络中,考察 1 号和 13 号地点是否具有网络视觉结构的优势性,即是否起到遗址点之间的视觉联通作用,将显得十分必要。下面我们尝试使用蒙特·卡洛模拟的方法检验第 1 和 13 号遗址点的视觉网络优势性。

1. 生成视觉网络

(1)首先需要生成一个视觉网络矩阵,记录从每个遗址出发,是否能够观测到其他各个遗址。在 GRASS 命令行中编辑循环语句,生成视觉网络矩阵。

```
START = 1
END = 16
S = $ START
while [ $ S -le $ END ]
```

do

v.extract input=sites output=vpt layer=1 where="siteid=${S}" -overwrite

r.cva -f -o input=dem50 sites=vpt output=cva obs_elev=1.75 target=1.75 max_dist=5000

v.db.addcol sites layer=1 columns="from${S} integer"

v.what.rast vector=sites raster=cva column=from${S}

S=$((S+1))

done

(2)将视觉网络矩阵输出

查看 sites 图层的属性表,可以看到其中增加了视觉网络矩阵字段,以 0 和 1 的二元变量记录遗址点之间是否可以互视。下面将其输出。

v.report input=sites layer=1 option=coor units=me > visnet.txt

2. 检验第 1 和 13 号遗址点的视觉网络优势性

(1)将输出的视觉网络矩阵文件 visnet.txt 拷贝到本章练习文件夹下。启动 R 程序,设定工作目录。

setwd("/[定位到本章练习文件夹]/")

(2)导入数据,生成标签。

visnet<-read.table("visnet.txt",header=T,sep="|")

summary(visnet)

attr<-c(T,rep(F,times=11),T,rep(F,times=3))

(3)生成视觉网络矩阵

visnet<-visnet[order(visnet$siteid),]

visnet<-visnet[,5:20]

visnet<-as.matrix(visnet)

diag(visnet)<-NA

(4)计算 1 号与 13 号遗址点在视觉网络中的可视遗址点总数

```
altarsites <- visnet[attr,]
altarlinks <- colSums(altarsites, na.rm = TRUE)
linkedcount <- sum(altarlinks)
```

（5）进行9999次随机移动矩阵标签的模拟计算

```
nsims <- 9999
linkedcounts <- data.frame(Counts = numeric(nsims + 1), Type = "R")
linkedcounts[,2] <- as.character(linkedcounts[,2])
linkedcounts[nrow(linkedcounts),2] <- "O"
for (n in 1:nsims){
rattr <- sample(attr, length(attr))
raltarsites <- visnet[rattr,]
raltarlinks <- colSums(raltarsites, na.rm = TRUE)
linkedcounts[n,1] <- sum(raltarlinks)
}
```

（6）排序并计算显著性水平

```
linkedcounts[nrow(linkedcounts),1] <- linkedcount
ordered <- linkedcounts[order(linkedcounts[,1]),]
rownames(ordered) <- NULL
pval <- ((nsims + 1) - min(as.numeric(rownames(ordered[ordered$Counts >= linkedcount,]))))/(nsims + 1)
pval
```

（7）计算所得p值为0.19，表明在较低的显著性水平上可以认为牛河梁16处遗址点所组成的视觉网络结构中，1号和13号遗址点具有突出的视觉优势性。

思考：考虑到视域分析受到观察点高度以及数字高程模型精度的影响，如何增强上述视觉网络分析的有效性？

参考文献

Bevan, A. and Conolly, J. 2006. Multi-scalar approaches to settlement pattern analysis, In Lock, G. and Molyneaux B. (eds.), *Confronting Scale in Archaeology: Issues of Theory and Practice*, pp. 217-234. New York: Springer.

Conolly, J. and Lake, M. 2006. *Geographical Information Systems in Archaeology*. Cambridge: Cambridge University Press.

Lake, M., Woodman, P. and Mithen, J. 1998. Tailoring GIS software for archaeological applications: an example concerning viewshed analysis. *Journal of Archaeological Sicence* 25: 27-38.

Neteler, M. and Mitasova, H. 2008. *Open Source GIS: A GRASS GIS Approach*. 3rd edition. New York: Springer.

Renfrew, C. and Level, E. 1979. Exploring dominance: predicting polities from centers. In Renfrew, C. and Cook, K. L. (eds.), *Transformations: Mathematical Approaches to Culture Change*, pp. 145-168. New York: Academic Press.

Vita-Finzi, C. and Higgs, E. 1970. Prehistoric economy in the Mount Carmel area of Palestine: site catchment analysis. *Proceedings of the Prehistoric Society* 36: 1-37.

Zhang, H., Bevan, A. and Fang, Y., 2010. Archaeobotanical and GIS-based approaches to prehistoric agriculture in the upper Ying valley, Henan, China. *Journal of Archaeological Science*. 37. 1480-1489.

Zhang, H., Bevan, A. and Guo, D., forthcoming. The Neolithic ceremonial complex at Niuheliang and wider Hongshan landscapes in Northeastern China. *Journal of World Prehistory* 26:1-24.

高立兵:《时空解释新手段——欧美考古 GIS 研究的历史、现状和未来》,《考古》1997 年第 7 期,第 89—95 页。

刘建国:《考古与地理信息系统》,北京:科学出版社,2007年。

秦岭、傅稻镰、张海:早期农业聚落的野生食物资源域研究——以长江下游和中原地区为例,《第四纪研究》2010年30卷2期,第245—261页。

汤国安、杨昕:《ArcGIS地理信息系统空间分析实验教程》,北京:科学出版社,2006年。

张海:《数学计算模型与二里头早期国家的疆域》,见《中国聚落考古的理论与实践(第一辑)——纪念新砦遗址发掘30周年学术研讨会论文集》,北京:科学出版社,2010年。

张海:《GIS与考古学空间分析》,北京:北京大学出版社,2014年。

张海、陈建立、秦臻:《河南舞钢、西平地区战国秦汉冶铁遗址的景观考古学研究》,见《秦时期的冶金考古国际学术研讨会论文集》,北京:科学出版社,2014年。

张海等:《以WEB和3S技术为支持的南水北调禹州段考古区域系统调查》,《华夏考古》2012年第4期,第138—145页。

教师反馈及课件申请表

  北京大学出版社以"教材优先、学术为本、创建一流"为目标,主要为广大高等院校师生服务。为更有针对性地为广大教师服务,提升教学质量,在您确认将本书作为指定教材后,请您填好以下表格并经系主任签字盖章后寄回,我们将免费向您提供相应教学课件。

书名/书号	
所需要的教学资料	
您的姓名	
系	
院/校	
您所讲授的课程名称	
每学期学生人数	_____大学____年级　学时
您目前采用的教材	作者:_____　出版社:_____ 书名:_____
您准备何时用此书授课	
您的联系地址	
邮政编码	
联系电话(必填)	
E-mail(必填)	
您对本书的建议:	系主任签字 盖　章

我们的联系方式:
北京大学出版社文史哲事业部
北京市海淀区成府路 205 号　邮编:100871
联系人:韩成思
电话:010-62755910　传真:010-62556201
电子信箱:907067241@qq.com
网址:http://www.pupbook.com